어디로 가야 할지 모르겠다면
일단 가라

루이스 캐럴
『이상한 나라의 앨리스』 중에서

일러두기 1.
이 책은 『한번의 작은 생애』와 『그곳은 멀고 나는 여기에 있지만』(전2권 세트)의
개정 합본 입니다.

일러두기 2.
이 책에 등장하는 인물 중 몇몇의 이름은 가명입니다.

이상한 나라의 괜찮은 말들

하정

좋은여름

그때 어떤 일이 있었냐면

1년의 여행에서 돌아온 나는 새로운 직업을 갖기로 마음먹었다. 전처럼 출퇴근 행렬에 치이고 사무실 칸막이 안에 앉혀져 하루의 대부분을 보내고 싶지 않았다. 무엇보다 바깥 날씨도 모른 채, 기계적으로 쾌적하게 제어된 공간 안에서 '모니터와 일하는 일'은 꺼려졌다. 대신 몸을 적극적으로 쓰고 손에 잡히는 무언가가 남는 일을 하고 싶었다. 결정은 쉽고 자연스러웠다. 가난만 감수하면 됐다.

우선 살 곳부터 마련해야 했다. 방 두 개짜리 다세대 주택의 주인은 팔순을 목전에 둔 할머니였다. 셋집살이 20년 차, 대개 집주인들이란 막무가내라는 것은 알겠는데 이분은 유난했다. 두 달에 한 번 세대원 수로 나누어 내는 수도요금이나 계단 청소비 등 이쪽에 받아내야 할 것은 원래 금액보다 2천 원, 3천 원씩 교묘하게 더 붙여 받았다. 반대로 이쪽의 요구에는 귀가 어두운 척, 온몸이 아픈 척, 심지어 집에 없는 척까지 했는데, 너그럽게 보아 넘겨졌다. 이상했다. 나는 불의를 잘 참아내는 사람이 아닌데…. 이유는 다른 데 있었다. 이 동네, 북촌의 아늑한 기운이 현실의 좀스러움을 씻어내주었던 것이다.

창덕궁 숲이 힐끔 보이는 거실 풍경. 오르락내리락 보송보송 잘 마른 언덕 풍경. 한옥 지붕들이 검은 기왓장을 서로 포갠 풍경. 옛날 목욕탕, '머리방'이라는 이름을 쓰는 미용실 풍경. 볕 좋은 계단에 동그란 할머니들이 모여 앉아 주전부리를 드시는 풍경. 그 앞에 마을버스가 정차하자 할머니 한 분이 후다닥 버스에 올라타더니 기사에게 드시던 것을 나누는 풍경….

스크루지의 아랫집에 살면서도 돌아서면 당장 마음부자가 되어버리는 북촌 풍경 속에서 5년을 보내고 나니, 나는 그림 그리는 사람이 되어있었다. 어릴 때부터 땅바닥이든 교과서든 끄적이기 좋아했던 작은 재주. 가정용 프린터로 엽서를 출력해 동네 카페 앞에 매대를 펴놓고 천 원에 팔기부터 시작해 지인의 주선으로 의뢰를 한 번 받아 해내자 일이 다음 일을 데려와 어느덧 직업이 되어주었다.

처음부터 '그림이다!' 싶은 건 아니었다. 동네 담벼락에 붙어있던 〈외국인 관광객 대상 요리 강습 보조〉모집 전단을 보고 전화를 걸어 딩징 출근하기도 했고, 친구네 베이커리에서 빵을 굽기도 했다. 그때그때 눈에 걸리고 손에 닿는 일을 덥석 물었고 나의 전부를 사용했다.

고맙게도 이전 직장 동료나 가족들이 "제대로 된 일(=취직)을 해야 하지 않냐"며 나 대신 불안해주었다. 나는 그때마다 말했다. "지금 할 수 있는 걸 하는 게 '나의 일'이랍니다."

대견하게 봐주는 사람들도 많았다. 무작정 매대를 펴고 무작정 수강생을 모집하고 무작정 전시를 한다는데, 대단히 성공하지도 대단히 망하지도 않고 어찌어찌 되어가더니 종국에 그럴싸한 추억으로 마무리되는 게 신기하다고, 그 과정에 불안과 주저가 없는 게 이상하다고 했다. 우리(어느덧 '우리'가 되었다)는 말했다. "우리만 재밌으면 돼요! 당신도 같이 할래요?"

여하튼 당장 내일을 알 수 없는 하루하루였지만 리플릿, 다이어리 등에 내 그림이 찍혀 나올 때, 수강생이 직접 그린 그림으로 청첩장 등을 만들어 보여줄 때면 "제조업 만세, 가내수공업 최고!" 라며 만족스러워했다.

그러던 어느 날, 한 지자체에서 콘퍼런스 포스터 작업을 의뢰했다. 그동안 사기업의 아기자기한 일들만 해오다가 지자체도 처음, 무려 포스터도 처음이라 "저는 그림을 전공한 사람도 아니고 행사의 얼굴격인 포스터를 하기엔 내공이 약하다. 큰 그림을 그려본 적이 없다"며 고사하…기는커녕, 버릇대로 일단 잡았다. 주제는 〈배리어 프리 여행〉이라고 했다. "그게 무슨 말인가요?" 천진하게 묻자 담당자는 본인도 이 주제를 어떻게 이미지로 풀어야 할지 난감하다며 A4용지에 볼펜으로 스케치한 아이디어를 핸드폰으로 찍어 보내주었다.

사진 속에는 서울을 나타낸 듯한 꿀렁꿀렁한 원 위에 나침반, 휠체어 등이 머쓱하게 놓여있었다. 더욱 미궁으로 이끄는 스케치는 못 본 것으로 하고, 말로 풀어 들은즉슨 〈장애인이 어려움 없이 서울을 여행할 수 있도록 인프라를 마련하고 인식을 개선하는 콘퍼런스〉였다. 오케이!

동서남북에 광화문, 한강공원, 코엑스, 동대문디자인플라자 DDP, 한가운데에는 남산타워 등 서울의 상징물을 넣고 사이사이 상황 삽화를 넣었다. 장애인 전용택시에 달린 리프트로 장애인을 태우는 상황, 계단 대신 휠체어 오르막이 설치된 건물, 한강공원에서 펼쳐지는 재즈 공연에 마련된 장애인석, 장애인이 가구의 일원인 가족여행, 장애인이 휠체어를 스스로의 힘으로 시원하게 밀고 나가는 모습…. 쓱쓱 그려서 담당자에게 넘겼다.

담당자는 반색하며 시원하게 통과 사인을 내리더니, 이런 구성을 어떻게 생각해냈느냐고 놀란 목소리로 물었다. 그 순간에야 나는 그 그림을 그리는 게 숨 쉬듯 자연스러웠다는 걸 알아차렸다. 궁리할 필요도, 자료를 찾아볼 필요도 없었다. 나는 그 그림 속 풍경 같은 나라에서 살다 왔기 때문이다. 그곳에서 보고 겪은 장면들이 5년 만에 내 안에서 꺼내어져 종이 위에 펼쳐졌다. 마치 미래 여행에서 수집해온 전리품들을 보여주듯.

그러고 보니 한국에 돌아와 내가 살고 있는 모양, 고르는 취향, 하는 말들의 대부분이 그 나라에서 온 것이었다. 마트도 없는 불편한 동네에 사는 것을 가족들은 이상하다 했지만, 나는 괜찮았

다. 짐이 별로 없기에 방 하나를 손님방으로 만들어 카우치 서핑 (여행자 대상 무료민박)을 했는데 친구들은 "어떻게 낯선 사람을, 그 것도 외국인을, 심지어 무료로 재워줄 수 있냐"며 이상하다 했지 만, 나는 당연했다. 당장 할 수 있는 수준의 일을 이것저것 하며 경 력으로 다져가는 걸 누군가들은 이상하다 했지만, 나는 익숙했다.

그 나라에서는 불편한 것, 모자란 것을 버리는 게 아니라 삶에 데려가는 방안을 궁리했다. 공간과 물건, 시간은 점유하는 게 아 니라 타인과 나눌 수 있다고 했다. 일은 배워서 하는 게 아니라, 하 는 것으로 배운다고 했다. 완벽하지 않아도 되며 하는 사람이 즐 거워야 한다고 했다. 이상한 나라였다. 그 나라에 살며 마주한 말 들은 어색하고 때론 의심스럽기까지 했다. 그러다가 차차 괜찮아 지더니, 한국에 돌아와서는 처음부터 나의 말이었던 양 자연스럽 게 늘어놓게 되었다. 그러자 그 말들을 닮은 사람들이 하나둘 서 로를 당겨 함께 취미를 즐기고 일을 도모하는, 같은 결의 공동체 가 되었다.

이상한 말들이 어떤 경로로 괜찮아졌는지, 365일간의 여정을 여기에 적어둔다. 그러기 위해 나는 10년 전 매정했던 가을, 아일 랜드의 축축하고 어둑한 다락방으로 들어가 찬란했던 여름, 이탈 리아의 풍요로운 어시장에서 빠져나온다. 그 속에는 하나도 늙지 않은 사람들과 조금도 낡지 않은 경험들이 차근차근 되새겨지기 를 기다리고 있다. 나와 (바라건대) 당신에 의해서.

2022년 가을, 하정 씀

불완전한 수레바퀴들의
근면한 하루하루.
이곳의 누구라도 못하는 것은 없다.
어떻게든 끝까지 같이 간다!

박.

아인랜드

무언가 '안' 하는 연습

백밀빵과 호밀빵, 지난여름 졸여놓은 딸기잼, 사과잼, 그리고 따끈한 커피, 홍차와 허브차. 소박한 아침을 마치고 나면 다른 봉사자 둘과 함께 15인분의 점심을 준비한다.

언덕 꼭대기에 있는 정원에 가서 샐러드용 채소 따오기는 늘 자청하는 일이다. 아담한 비닐하우스 두 동. 기다란 호스에 한두 뼘 간격으로 작은 구멍을 낸 핸드메이드 스프링클러가 고랑마다 놓여있다. 아침이면 그곳에서 나오는 물줄기가 채소를 촉촉이 적셔놓는다. 채소를 따는 잠깐 사이 신발 속 양말까지 젖어버리지만 나는 개의치 않는다. 신발은 나중에 정원에 벗어두어 햇빛을 받게 하고, 바짓단이며 양말은 아가* 앞에 서서 요리하다 보면 금세 마를 테니까.

정원 마스터(책임관리자) 찰리는 아침부터 저녁까지 이곳을 지

---

* Aga cooker. 1900년대 초 스웨덴에서 개발된 통주물 오븐 겸 보일러. 영국에서 특히 유행했다.

키며 채소를 따러 온 봉사자들에게 "이것은 밑동을 남겨두고 잘라라, 이것은 뿌리째 뽑아라, 이것은 더 자라야 하니 건드리지 말아라" 하며 참견하느라 이 고랑 저 고랑 넘나들기 바쁘다. 그렇지 않으면 도시 출신 봉사자들이 소중한 유기농 채소 정원을 쑥대밭으로 만들 것이 뻔하기 때문이다.

"Summer! How~~~ are~~~ you~~~?"

찰리는 저어어어 끝에 서 있으면서도 이쪽 끝 입구로 누군가 들어오면 비닐하우스가 떠나가라 큰 목소리로 인사를 한다. 인사를 챙기는 다정한 사람이지만 그것은 단순 환영이라기보다 '나는 네가 어떻게 정원을 망치려 드는지 알고 있다. 내가 널 지켜보고 있다!'는 일종의 경고다.

"Ve~~~ry well!"

'노력은 해볼게요. 하지만 장담은 못 해요!'라는 의미의 미소를 띠며 외치는데 찰리가 이쪽으로 뚜벅뚜벅 걸어온다. 이런, 내가 벌써 뭔가 잘못한 건가? 막 움트고 있는 싹을 밟기라도 했나… 발밑을 확인하는데 어느새 코앞에 와 있는 찰리.

"썸머, 아이리시Irish들은 How are you에 어떻게 대답하는 줄 알아?"

"글쎄요. 아일랜드라고 다를까요? Fine, thank you and you?"

"질 보라구. 팔자 눈썹을 만들고 입꼬리 한쪽을 한 번 씰룩 들어줘. 어깨도 약간 들썩이지. 딱 한 번. 아주 슬쩍, 한 듯 만 듯. 그리고 이렇게 말하는 거야. Not too bad!"

"Not too bad? 하… 여기 사람들 무뚝뚝하기론 최고라니까요. 제가 배운 영어는 그렇지 않았어요. 폭풍우 치는 날에도 Good morning이라고 화창하게 인사한다고 배웠다구요!"

"내 말이 그거야. 아일랜드도 봄, 여름, 가을, 겨울, 엄연히 사계절이 있는 나라인데 문제는 하루에 사계절을 다 겪는다는 거지. 1분 앞을 몰라. 그러니까 지금 좋다 해도 호들갑 떨지 않고 지금 나쁘다 해도 한탄하지 않아. 그냥 좋지도 나쁘지도 않게, 적당히 Not too bad!"

20대에 캠프힐*에 들어와 정착한 지 40년이 다 되어가는 영국인 찰리. 깍쟁이에 본토 자부심이 강한 부인과는 달리, 그는 아이리시처럼 털털하고 투박하다. 영국보다 여기에서의 자신을 더 좋아한다고 말할 정도로 아일랜드 코드인 사람. 영어 악센트만은 꼬들꼬들한 영국식 그대로를 고수하지만!

"기가 막힌 적응력이네요."

"지금 이렇게 따사로워도 금방 우박이 쏟아져. 그러다가 언제 그랬냐는 듯 꿈결 같은 햇살이 내리쬐잖아. 그 기복에 일일이 반응한다고 생각해봐. 끔찍하게 피곤할 거야. 외국에서 온 사람들은 우울증에 걸리기도 해. 그래서 채소랑 과일을 많이 먹어야 한단다. 비타민으로 활력을 보충하는 거지!"

---

* 캠프힐. 장애인들이 직업 교육과 문화 혜택을 받으며 살아갈 수 있도록 돕는 마을 형태의 공동체. 1년 이하의 단기 자원봉사자와 1년 이상 또는 평생을 거주하는 장기 봉사자들의 노력으로 유지되고 있다. 봉사자에게는 숙식 이외에 매월 소정의 용돈과 의료 혜택 등의 복지가 제공된다. 미국, 캐나다, 인도 등 19개국에 100여 개 넘게 설립되어 있고 영국과 아일랜드에 48개가 집중되어 있다. Camphill.org.uk

찰리는 자부심 가득한 표정으로 우리의 비타민 공급처를 내려다보았다. 정원은 목장, 베이커리와 함께 캠프힐 식구들의 먹을거리를 책임지는 중요한 워크숍이다.

"아저씨, 사실 그게 제 문제예요. 하루에도 기분이 열두 번씩 바뀌어요. 당장 여길 떠나고 싶다가도 돌아서면 벅차도록 행복해요. 꼭 여기 날씨처럼요. 너무 불안해요. 한국에선 이렇게 변덕스럽진 않았어요. 피곤했을망정…."

"왜 피곤했지?"

"바쁘니까요. 할 일도 가득, 만날 사람도 가득, 봐야 할 영화, 가봐야 할 곳, 가져야 할 것도 가득이니까요."

"그거 아니? 지금 네가 미래나 의무에 대해 말하고 있다는 거. 하는 일, 가지고 있는 것이 아니라 해야 할 일, 가져야 할 것이 가득이라고! 내가 보기엔 가득 차서 바쁜 게 아니라 텅 비어버릴까 두려워한 것 같은데?"

나는 침묵으로 Yes를 대신했다.

"일단 무언가를 '안' 하는 연습을 해봐. 여기 오는 한국인들을 보면서 느끼는 건데 말이야, 너희는 1년이라는 공간을 만들고 그 안을 꽉 채우려는 것 같아. 봉사 기간이 끝나고 나서 Very good 배지를 받지 못하면 큰일이라도 나는 양, 눈에 보이는 성과가 없으면 실패했다고 생각하지."

출국 전에 오랜 친구를 만났을 때 그의 질문도 그랬다.

"거기엔 왜 가는 건데? 뭘 얻으러?"

"1년 후에 돌아와서 보여줄게!"

그때 나는 똑 부러지게 대답했다. 사실은 당장 할 말이 없어서 나온 말이었다. 분명 나는 당황해 눈동자가 흔들렸고 친구가 눈치챌까 어서 상황을 덮었다. 그렇게 덮으면 끝인 줄 알았지만 아니었다. 질문은 아무리 피해도 따돌릴 수 없는 그림자처럼 내 뒤꿈치에 붙어있었다.

그럴듯한 답을 찾으면 나의 불안은 해소될 것이다. 그런 다음 처음부터 다시 시작하자. 나는 찬물에 샐러드 거리를 씻으며 지난 일들을 역주행하기 시작했다. 이 나라에 떠밀려온 그 첫날부터.

찰리 아저씨! 무언가 '안' 하는 연습은 도대체 어떻게 '하는' 거죠?

첫날

"와앗! 이 바퀴 소리 엄청나구만. 사람들 다 깨우겠어!"

귓속을 찢을 듯한 소음. 이민 가방 밑바닥에 장착된 바퀴 4개가 새벽의 벨파스트 공항 주차장 바닥을 사정없이 긁었다. 마중 나온 거인 같은 백인 남자 에드윈은 도저히 안 되겠는지 20kg이 넘는 가방을 번쩍 들고 가기에 이르렀다. 아껴 보겠다고 우레탄 대신 플라스틱 바퀴가 달린 싸구려를 산 것을 후회했다.

"이 정도 했으니 아이리시들이 네가 온 걸 다 알 거야. 어쨌든 웰컴, 썸머! 유럽은 처음?"

"아뇨. 3년 전에 1주일간 체코, 오스트리아, 폴란드를 자동차로 돌았어요."

"1주일에 세 나라를? 그것도 차로? 미쳤네. 출장?"

"아뇨. 그냥 여행요. 한국 회사는 휴가가 짧거든요."

에드윈이 차 트렁크에 가방을 욱여넣는 동안 조수석 문을 열었는데, 아차, 운전석이다.

"하하, 운전하려고? 길은 알아? 모두가 하는 실수야. 일본인들은 제외하고!"

룰이 바뀌었다. 머리가 지끈거렸다. 에드윈은 최근 며칠간 비가 바람에 뒤섞여 내리는 주접스러운 날씨였다고 투덜거렸다. 창밖의 아일랜드는 보기에도 축축했다. 가로등도 건물도, 아주 간혹 출몰하는 사람들도 흠뻑 젖어 줄줄 흘러내리고 있었다. 우중충한 비바람은 이 나라의 상징이다. 이 땅에서 예이츠나 제임스 조이스 같은 문학가가 나올 수밖에 없는 이유다. 바깥으로 나오라고 유혹하는 날씨가 없으니 집에 틀어박혀 뭐라도 해야 했을 텐데, 그럴 때 제격인 것이 사색이나 독서 아닌가!

"원래 이렇게 사람이 없나요?"

"흠. 4년간 살아본 바에 의하면… 사람보다 양이 더 많은 것 같긴 해."

자정이 다 된 고요한 마을의 한복판, 눈에 익은 노란색 3층 건물 앞에 차가 섰다. 캠프힐 홈페이지에서 미리 보기도 했고, 작년에 이곳에서 일한 한국인 봉사자 제니에게 상세히 들어 내부 구조까지 훤했다. 한국을 떠나기 전에 친언니에게 사진으로 보여주기도 한 건물이었다. "위험한 데 가는 것 아니니 안심해." 언니의 걱정은 걷히지 않았지만 그 말이 내가 할 수 있는 최선이었다.

이제 갓 고등학교를 졸업한 여자아이, 캐시와 마리앤의 환영 인사는 동네 분위기와 다르게 발랄했다. 앞으로 이 둘, 그리고 한 명의 장애인과 함께 이 집에서 산다. 아이들이 부엌과 욕실 등을 안내하는 사이, 에드윈은 3층의 내 방까지 가방을 올려다 주었다. 5단 서랍장, 2단 선반, 싱글 침대, 전등갓 없이 전구가 그대로 노출된 스탠드, 수도승의 것처럼 최소한의 물건만 놓인 다락방이었다. 동시에 그 어떤 방이든 소녀 취향으로 만들어버리는, 하늘로 난 창문이 있었다. 창은 부드럽게 열렸고 새까만 하늘 아래 집으로 추정되는 블록들의 테두리가 보였다. 저들의 정체는 내일이면 알겠지.

　　침대 가운데에는 큰 수건과 작은 수건 하나씩, 도토리 모양의 유기농 비스킷 한 상자와 손수 구운 쿠키가 올려져 있었다. 그리고 노란 쪽지.

Welcome to Ireland. Welcome to Camphill!

　　쪽지를 침대맡에 붙이고 가만히 바라보다가 눈을 잠깐 감았다 떴을 뿐인데, 아침 9시였다. 핸드폰의 시계는 자동으로 이곳 시간으로 바뀌어 있었다. 공간이 아니라 시간을 이동한 듯했다. 한국보다 9시간 나중을 사는 세계로.

　　호기롭게 하늘창을 열었다가 들이닥치는 차가운 비바람에 그 자리에서 얼어붙었다. 겨울용 외투를 꺼냈다. 10월 중순인데 벌써 이걸 입을 줄이야. 밤 12시에서 아침 9시로, 가을에서 겨울로, 왼쪽에서 오른쪽으로, 우리말에서 영어로, 직장인에서 백수로, 현지인에서 이방인으로… 피식. 이런 뒤죽박죽 속에서도 웃음은 났다.

옆 동네에서 걸어왔던 나처럼 지구 반대편에서 19시간을 날아왔던 캠프힐에 오는 누구에게나 휴식은 하루뿐, 다음 날부터 바로 일을 시작한다고 했다. 숙소에서 쉬지 않고 길을 나선 이유는 바다가 보고 싶어서였다. 100미터만 걸어 나가면 바다가 있다던 제니의 말을 나는 잘 기억해두었다.

아일랜드라는 섬이 내 생의 배경이 되리라고는 지금으로부터 두 달 전까지 상상도 못 했지만, 그 바다만큼은 여러 영화의 배경이 된 덕분에 익숙한 이미지로 머릿속에 담겨있었다. 특유의 굴곡진 전통음악, 깎아지른 절벽, 짙푸른 대양, 새하얀 섬광으로 빛나는 수평선을 마주한 주인공. 영화 속 아일랜드 바다는 어떠한 문명의 산물도 없이 오로지 물과 빛으로 이루어진 세상처럼 보였다. 모든 이야기가 탄생한 곳이면서 어떤 이야기를 털어놓아도 흔적이 남지 않을 것 같은 곳.

몇 발짝 걷지도 않았는데 물빛이 어른거렸다. 횡단보도 하나만 건너면 바로 바다라니. 바다와 카페, 베이커리, 하늘에 달린 창, 친절한 거인 아저씨, 다정한 여자아이들, 1년이라는 시간… 비현실적이리만치 고마운 구성이라고 생각했다. 그 바다를 직접 마주하기 전까지는.

얼마 후 내가 선 곳은 뚝 떨어지는 절벽도, 내려다볼 대양도 없는, 무덤덤한 아스팔트 산책로가 펼쳐진 해안이었다. 바다는 고작 내 발등 높이였다. 건너편에는 수평선과 하얀빛 대신, 공동주택들이 늘어서 있었다. 새로울 것 없는 모양새는 차치하고 바닷바람에 실려 오는 생소한 냄새… 어마어마한 소금기가 낀 그 냄새에 온몸이 굳었다. 그렇지. 영화는 냄새를 데려오지 않지. 냄새는 상상의 영역에서 전혀 고려하지 않았던 터라 적잖이 당황스러웠다. 바람이 바다에서 소금기만 쪽 짜내어 내 콧속으로 불어넣는 것 같았다. 바닷물 안에 들어가 있어도 이보다는 짜지 않을 텐데. 바다 마주보기를 관두고 추적추적 비가 내리는 산책로를 따라 걸었다. 나도 모르게 자꾸 고개를 세차게 내둘렀다. 장거리 비행의 피로 때문인지 시차 때문인지 날씨 때문인지 소금기 때문인지 알 수가 없는 와중에 나는 생각의 길을 잃었다.

'큰일 났다. 나 이제 어떻게 살지?'

미국 이주를 준비했을 때부터, 회사를 관두었을 때, 미국 대신 캠프힐로 방향을 틀었을 때, 공항까지 배웅해준 친구에게 눈물을 보이기 싫어 서둘러 출국장에 들어설 때까지도 전혀 하지 않은 고민이었다. 캠프힐 생활 1년간 절대로 하지 않겠다고 마음먹은 고민을 첫날부터, 그것도 철저하게 생활감으로 가득한 바다 앞에서 하고 있다니. 대책 없이 가출을 했거나 예고 없이 해고를 당한 기분이었다. 뒤이어 귀에 익은 목소리들이 파고들었다.

"나이가 몇인데 자원봉사랍시고 돌아다니는 거야? 어서 자리를 잡아야지!"

"아빠가 걱정하니까 너 회사 관둔 건 말 안 할게. 회사에서 1년간 해외연수 보냈다고 해둘 테니 그렇게 알아."

왜 나의 미래는 걱정의 대상이 되었는가. 왜 나의 선택은 사람들을 불안하게 했는가. 왜 나는 이런 꼴로 여기에 있는가. 빗방울이 무거워져 우산이 주저앉을 듯했다. 평화롭다가도 예상할 수 없는 타이밍에 돌풍이 불어 산책로를 어지럽혔다. 내 우산, 정확히는 양산 겸용 3단 우산은 완벽하게 뒤집히기를 반복했다. 3단 우산은 일본에서 발명했지만 정작 일본인들은 쓰지 않는단다. 왜? 바람에 약하니까! 일본어 과외를 할 때 학생들에게 들려주던 에피소드가 뒤늦게 떠올랐다. 바람이 드센 섬나라 아일랜드에 3단 우산을 들고 오다니. 심하게 무대책이다. 이런 각성이 너무 늦었는지 너무 이른지도 가늠이 되지 않았다. 쫄딱 젖은 채 어깨를 늘어뜨리고 숙소로 돌아가니 캐시가 카우치에 늘어져 있었다.

"헤이, 썸머. 어디 갔다 와?"

"응. 바다에. 바람이 너무 세서 우산이 부러졌어."

너덜너덜한 우산을 본 캐시가 웃음을 터트렸다.

"이런… 여긴 아일랜드야. 우산 따위는 외국인만 쓰는 거야!"

재치 있고 쿨한 대답으로 받아치고 싶었지만, 얼른 영작이 되지 않아 머쓱한 웃음만 흘린 채 방에 들어왔다. 젖은 외투를 벗고 침대에 앉으니 어제의 노란 쪽지가 새롭게 눈에 들어왔다. 분명 환영 문구였던 그 말은 어느새 조롱으로 바뀌어 있었다.

Welcome to Ireland. Welcome to Camphill!
어서 와. 어디 한번 잘해보시지!

베이커리의 비극

소금에 절여진 첫날을 보내고 아직 어안이 벙벙한 나는 다음 날 아침 7시 30분부터 베이커리 업무에 전격 투입되었다.

"요오~~ 썸머, 어서 와!"

열여덟 독일 소년 알렉스가 푸른 눈을 반짝였다. 나의 요란스러운 가방을 창피해했던 에드윈 역시 기다렸다며 반겨주었다. 늘 일손이 모자라는 캠프힐에서는 모든 봉사자가 환대를 받지만, 이들이 나를 기다린 데는 이유가 있었다.

캠프힐은 대체로 외진 시골에 있고 정원, 목장, 베이커리, 위버리 등을 운영한다. 그것들을 '워크숍'이라 부르고 장애인과 봉사자들이 이끌어 나가는데 워크숍의 생산물은 대체로 자체 소비된다. 그런데 우리 캠프힐은 독특하게도 마을 한가운데 위치해 있으며 유기농 식품점, 카페, 베이커리를 운영한다. 지역 주민을 대상으로 장애 인식 개선 캠페인 겸 수익 사업을 하는 것이다. 특히 베이커리는 옆 동네 캠프힐에 대량 납품도 하고 있다. 두세 명의 봉사자, 두 명의 장애인이 함께 빵을 만드는데 봉사자들은 대체로 베이킹 경력이 없다. 그러니 제빵기능사 자격증뿐 아니라 현장 경험도 있는 나*를 이토록 반기는 것이다. 나는 우리 캠프힐 역사상 처음으로 존재하는 '전문 제빵사'였다.

에드윈이 베이커리 일을 설명하기 시작하는데 그 말들을 번역하느라 머릿속이 바빠졌다. 낯선 말들이 귀에 들어오자마자 바닥으로 떨어져 먼지처럼 흩어졌다. 이곳에서 나는 유일한 전문 제빵사인 동시에 유일하게 영어를 모국어 수준으로 하지 못하는 사람이기도 했다. 고개를 끄덕이며 알아들은 척을 하니 내게 폴더 하나가 주어졌다. 폴더 겉에는 〈Sweets recipes〉라고 적혀 있었다.

"자, 썸머의 오전 일은 스콘이야. 9시부터 아침 메뉴로 서빙될 거야."

"What???"

정신이 번쩍 들었다. 업무에 바로 투입되는 것은 알고 있었지만 문제는 내가, 한 번도, 스콘을, 만들어본 적도, 심지어 먹어본 적도 없다는 데 있었다. 스콘은 기능사 시험 항목이 아니기 때문에 관심 밖이었다. 카페 진열대에서 본 적은 있지만 딱히 구미가 당기지 않아 시도하지 않았다. 나는 당혹감을 들키지 않으려고 안간힘을 썼다. 국가공인 자격증까지 갖춘 사람이 왔다고 다들 기대

---

* 나는 2005년에 제과제빵 전문가 과정을 공부하고, 일본 케이크 브랜드에서 일하다가 자그마한 베이커리 카페를 차려 운영한 경력이 있었다.

하는데… 저 상냥한 사람들의 눈동자에 실망이 어리는 것을 감당할 자신이 없었다.

다행히도 레시피는 베이킹 경험이 없는 봉사자들을 위해 꽤 단순하게 정리되어 있었다. 하지만 손이 딱 멈추었다. 데이트Date* 는 뭐고, 버터도 밀크도 아닌 버터밀크는 도대체 뭐람? 생전 처음 들어 보는 재료의 연속이었다. 게다가 이미 알고 있는 재료조차 손에 넣기가 쉽지 않았다. 예를 들자면 이랬다.

"알렉스, 마가린은 어디 있어?"

"What?"

마가린Margarine을 분명 마가린이라고 발음했는데 알렉스는 알아듣지 못했다. 레시피를 그의 코앞에 가져다 대고 손가락으로 콕 찍어 보였다.

"아하! 마아줘린~~~."

세상에나! 영어는 하나가 아니었다. 독일인 알렉스와 네덜란드인 에드윈의 영어가 미묘하게 달랐고, 한국인 썸머의 영어는 심하게 달랐다. 아이리시 직원들과 장애인들의 영어는 아예 새로운 언어였다. 이미 알고 있던 것들조차 달랐다. 아니, 알고 있다고 여기는 그 자체부터 의심해야 했다. 내가 알던 것들이, 정말, 맞는 걸까?

뭔가를 물을 때마다 동료들의 아리송한 표정과 함께 "뭐라고?" "응?" "그게 뭐야?"라는 대답이 연거푸 되돌아왔고, 내 목소

---

* Date. 대추야자열매. 건포도처럼 말린 것을 베이킹에 쓴다.

리는 점점 작아졌다. 거대한 빵 반죽기 두 대가 맹렬히 돌아가고 모두들 분주하게 움직이는 아침 현장, 구석에서 확연히 다른 속도로 반죽을 매만지고 있는데 빨간 곱슬머리 소녀가 녹색 앞치마를 펄럭이며 베이커리에 뛰어 들어왔다.

"스콘 나왔어?"

시계를 보니 9시가 넘었다. 베이커리에 있던 네 명과 이제 막 베이커리에 들어온 한 명이 일제히 나를 쳐다보았다. 열 개의 눈동자가 찬찬히 나의 작업 테이블을 훑었다. 플레인 스콘, 데이트 스콘, 건포도 스콘, 치즈 스콘, 글루텐 프리 스콘… 레시피 파일, 재료와 도구, 반죽이 뒤엉킨 스콘의 난리 법석 속에 정작 내다 팔 스콘은 없었다. 얼굴이 확 달아올라 눈동자까지 데워지는 듯했다.

"하하. 아직 냄새도 안 나네?"

소녀는 오렌지색 주근깨가 가득한 코를 한 번 찡긋하더니 다시 주방으로 달려 나갔다. 캠프힐에 전문 제빵사가 영입된 역사적인 첫날, 스콘이 점심부터 서빙되는 초유의 사태가 벌어진 것이다.

새하얀 지옥

비극은 한 번으로 끝나지 않았다. 밀가루라고는 딱 세 종류, 강력분, 중력분, 박력분만 알던 한국의 전문 제빵사에게 White bread flour, Wholemeal flour, White plain flour, Brown plain flour, 팽창제가 이미 첨가되어 있는 Self-raising flour(그것도 일반, 글루텐프리 두 종류), Wheat, Spelt, Rye, Light rye, 글루텐 소화 장애가 있는 사람들을 위한 Gluten-free flour까지… 이곳은 새하얀 지옥이었다.

자기 작업을 하느라 바쁜 와중에도 나의 작업대를 힐끔거리는 에드윈의 눈빛에 얼굴이 따끔따끔했다.

"썸머, 글루텐 프리 스콘용 밀가루 포대나 도구들은 그렇게 다른 물건들과 섞여 있으면 안 돼. 일반 밀가루가 섞여 들어간 걸 먹으면 배탈이 날 수 있어. 장애인들은 소화기관이 약하니까 각별히 주의가 필요해. 일반 스콘을 다 끝내고 작업대를 깨끗이 청소한 다음 마지막으로 글루텐 프리 작업을 하면 안전할 거야."

글루텐 프리에 대한 개념이 확실히 서 있지 않던 나의 작업방식이 에디원은 불안했던 것이다. 일을 빨리 해내야 한다는 조바심만으로도 버거웠는데 나의 실수로 누군가 아플 수 있다니… 정신 바짝 차려야 한다!

가루부대의 습격에 휘청대다가 기어이 일을 냈다. White bread flour(빵용 밀가루) 10킬로그램으로 반죽을 해야 하는데 White plain flour(쿠키, 케이크용 밀가루)를 써버린 것이다. 반죽기 안을 들여다보던 에드윈이 차이를 알아차릴 때까지, 나는 내 실수를 꿈에도 몰랐다.

"하하, 괜찮아. 다시 하면 돼."

에드윈은 웃었다. 하지만 최상급 유기농 밀가루와 버터가 통째로 버려지는 모습을 보고 있자니 영혼이 지옥불 안에서 타오르는 듯 아무 말도 들리지 않았다. 스콘을 제때 만들지 못한 것은 그렇다 치고 밀가루를 혼동하다니… 있을 수 없는 일이었다. 이후로도 실수는 끝을 모르고 이어졌다. 같은 실수, 새로운 실수, 엉뚱한 실수, 심각한 실수… 평생 할 실수를 이곳에서 다 하고 있었다. 베이커리를 휘어잡기는커녕 실수만이라도 하지 말자는 자세가 되다니… 어깨가 자꾸 움츠러들었다. 실수하지 않으려고 온 게 아니라 잘하려고 온 건데 내가 이 정도밖에 안 되는 사람인가… 베이커리로 일하러 가는 발걸음이 천근만근이었다.

3주쯤 지난 날의 아침이었다. 9시가 되니 손님들이 몰려와 커피와 홍차, 요거트에 그래놀라, 스콘 등을 주문하기 시작했다. 10시가 좀 넘었는데 주근깨 아이리시 소녀, 헤르미온느가 또 베이커리에 뛰어 들어오더니 크게 소리치고 후딱 사라졌다.

"썸머! 오늘 스콘을 먹은 손님이 불평을 하고 갔어!"

가슴을 얻어맞은 듯한 충격이었다. 이쯤에서 고백하자면, 나는 늘 불안했다. 먹어본 적도 없는 사람이 만든 스콘이 현지 사람들 입맛에 맞을까? 아무리 같은 재료, 같은 레시피라도 분명 다를 텐데… 스콘 따위는 근처 카페나 베이커리에서 사 먹어볼 수도 있었는데… 불안을 해소할 방법을 알고 있으면서 도대체 왜!!! 주방으로 쫓아가 헤르미온느를 붙들었다.

"스콘 줘봐."

"무슨 스콘?"

"아까 손님이 불평했다는 거!"

이미 버렸다면 쓰레기통에서라도 꺼내 먹어볼 작정이었다. 다시는 그렇게 만들지 않으려고 노력할 작정이었다.

"응? 불평이 아니라 칭찬이었는데?"

세상에… 불안에 잠식당한 나는 과하게 예민해져서는 불평Complaint과 칭찬Compliment마저 헷갈리는 수준에 이른 것이다.

"아주 맛있다고 했어. 여기에서 일하며 스콘 칭찬받은 건 이번이 처음이야. 축하해."

해맑게 웃는 헤르미온느와 달리, 나는 하나도 기쁘지 않았다. 맥없이 쪼그라들어 있던 나에게, 눈치만 보며 불안을 주워 먹고 있던 나에게 화가 치밀어올랐다.

어른, 어른 노릇, 어른스러움

나는 우리 카페와 베이커리가 있는 건물의 3층에서 두 봉사자 캐시와 마리앤, 그리고 지적장애인 헬렌과 함께 살고 있다. 자폐 스펙트럼인 헬렌은 듣지도 말하지도 못한다. 하지만 서번트 증후군을 갖고 있어서 그림과 도예에 천재성이 있다. 우리 셋은 헬렌과 관련해 약 챙기기, 수영장 가기, 도자기 공방에 갔는지 확인하기, 용돈 지급하기 등을 삼분의 일로 나누어 해내고 있다.

이곳에 오기 전, 경험자들의 블로그에서 검색해본 캠프힐은 장애인을 돕는 일을 하며, 친절한 유럽의 10대들에게 영어도 배우고, 퇴근 후 함께 펍에 가 스트레스도 풀고, 서로 자기 나라의 문화도 공유하는 명랑한 곳이었다. 나 역시 그런 생활을 했다면, 이곳에서 흘린 눈물의 삼분의 일 정도는 내 인생에 언젠가 있을 감동적인 순간을 위해 비축할 수 있었을 것이다.

캐시는 지금까지 최소 다섯 번 이상의 거짓말과 모략질을 했다. 직접 목격한 것만 그 정도다. 아프다는 핑계로 저녁에 있는 봉사자 교육을 빼먹고 데이트를 나간 것은 애교 수준. 최악은 점심을 먹고 치우지 않은 걸 매니저가 지적하자 헬렌의 짓이라며 발뺌한 것이다. 자신을 변호할 수 없는 헬렌에게 덮어씌우다니! 곧 독일로 떠날 마리앤은 대충 눈감는 눈치였다. 나는 진실을 알고 있었고 캐시와 매니저의 대화 현장에도 있었지만 나서지 못했다. 한국에서라면 단호히 정의 구현을 했을 테지만, 이 나라에서 나는 쪼그라들었다. 서툰 영어로 띄엄띄엄 말하면 아무도 진지하게 여기지 않을 것 같았다. 무시를 당하느니 차라리 침묵하기를 택했다. 나의 입에서는 영어도 진실도 튀어나오지 않았다.

내가 진실을 알아도 말을 못 한다는 걸 눈치챈 캐시는 점점 더과감한 짓을 벌이기 시작했다. 며칠 전 밤, 자다 깨 화장실을 가려는데 계단 난간에 쪽지 한 장이 팔랑대고 있었다.

우리 클럽에 다녀올게. 헬렌은 자고 있어. 무슨 일 있으면 전화해.
- 캐시&마리앤

나는 쪽지를 집어 방으로 고이 모셨다. 그리고 다음 날, 할 말을 미리 머릿속으로 영작한 후 캐시를 불러내 쪽지를 내밀었다.

"이게 뭐니?"

"아~ 어제 기분이 좀 울적해서 클럽에 갔다 왔어."

"나는 너희가 나간 줄도 모르는 상황을 만들었다고? 헬렌에게 무슨 일이 생겼으면 어쩌려고?"

"괜찮아. 헬렌은 잠들면 잘 깨지 않거든."

"그건 네가 아는 거지. 난 헬렌에 대해 아직 잘 모르고 수화도 못해. 헬렌도 나를 신뢰하는 단계가 아니고. 그런데 나한테 알리지도 않고 클럽에 가셨다?"

"쪽지 남겼잖아."

"내가 그 쪽지를 못 봤다면?"

"그걸 못 볼 리가 없잖아."

"그걸 네가 어떻게 확신해? 내 방문도 아니고 계단 난간에 있었어. 바람에 날아갔다면?"

"창문도 닫혀 있는데 무슨 바람이야?"

"100퍼센트 확신해? 네가 신이야?"

목소리가 커지자 마리앤이 끼어들어 말렸다. 그러지 않았다면 "아무 일 없었잖아"와 "네가 신이야?" 두 문장이 꼬리에 꼬리를 물고 뱅뱅 도는 소란을 밤새 들어야 했을 테니까. 나는 이 건을 매니저에게 보고하지는 않기로 했다. 윗사람에게 이르는 건 유치한 일이고, 이 정도 했으면 캐시가 주의하겠지 싶었다. 그게 어른스러운 행동이라고 판단했다. 이 일이 나의 오판이었음을 깨닫게 된 사건이 곧장 벌어졌지만.

다음 날 매니저가 일정에 없던 회의를 소집했다. 회의 주제는 미리 공유되지 않았고, 그냥 긴급회의라고 했다. 다섯 명의 봉사자와 두 명의 매니저, 한 명의 본부 직원이 거실에 둘러앉았다. 우리 집을 관리하는 매니저 미아가 먼저 말을 꺼냈다.

"곧 마리앤이 떠나고 두 명의 봉사자가 새로 올 거예요. 오늘 이렇게 모인 건요. 음… 새 봉사자들이 우리 캠프힐에 잘 동화되려면 어떻게 해야 할지 의논하고 싶어서예요."

무슨 이런 주제로 회의를 하나 의아해하는데 미아가 목청을 가다듬고 말을 이었다.

"흠흠. 최근 새로 온 봉사자가 적응하는 데 어려움을 겪고 있다고 들었어요. 이 문제에 대해 우리가 뭘 할 수 있을지 다 같이 이야기해봐요."

미아가 말한 '부적응 중인 새로 온 봉사자'가 나라는 것은 에드윈의 네 살배기 아들도 안다. 알고 보니 캐시가 미아에게 "썸머는 방에 틀어박혀 나오지도 않고 다른 봉사자와 소통을 하지 않으며, 심지어 헬렌과 친해지려는 노력을 하지 않는다. 썸머가 헬렌을 잘 도울 수 있을지 참 걱정이다"라고 상냥하게 지껄였던 것이다.

다들 서로 눈치만 보며 어떠한 이야기도 풀어놓지 못한 채 시간이 흘렀다. 그러다가 본부 직원이 "저는 이만 약속이 있어서…"라며 일어나는 차에 모두 기다렸다는 듯 우루루 불편한 자리를 털었다. 나는 미아를 멈춰 세웠다. 당신들은 모두 영어를 잘하니 모르겠지만, 이런 일이 있으면 미리 알려주어야 나같이 영어를 '만들어' 말하는 사람은 할 말을 준비할 수 있다. 나는 여기에서 당장 내 의견을 말할 수 없다. 하지만 단 하나는 말할 수 있다. 나는 거짓말쟁이와는 살 수 없다.

미아는 곤란한 표정을 지었다. 우리의 이야기를 엿들은 캐시는 자신은 거짓말쟁이가 아니라며 길길이 날뛰었다. 그러거나 말거나, 선언을 마치고 얼굴이 벌게진 채 방으로 올라온 나는 문을 박살 낼 듯 세차게 닫았다. 작은 방이 뒤흔들렸고 곧장 초라함이 밀려왔다. 이따위가 내가 표현할 수 있는 분노의 최대치라니….

방에는 한국에서 가져온 짐들이 한 달 넘게 정리되지 않은 채 여기저기 흩어져 있었다. 왜 우리를 이 낯선 곳에 데려온 거지? 원래 자리로 데려다줘…. 나를 빤히 쳐다보는 물체들에 원망이 서려 있었다. 마주할 용기가 없어 불도 켜지 못했다. 어디에서도 적응을 잘하던 나인데, 할 말 다 하고 살던 나인데, 후배들을 이끌던 나인데… 난 왜 이곳에서 부적응자가 되어 있지? 난 왜 내가 아닌 거지? 베개에 얼굴을 파묻고 소리 죽여 울었다.

"네가 지금 그러고 다닐 나이야?"

아일랜드에서 1년간 자원봉사를 하겠다니 나보다 나이 많은 지인들이 말했다.

난 이렇게 건강하고 활기찬데 왜? 걱정을 이해할 수 없었다. 남들 다 가는 길 대신, 엉뚱한 곳에서 다시 시작하려는 친구에 대한 막연한 염려려니 생각했다. 하지만 지구 정반대편의 어느 컴컴한 다락방에 엎드려 울고 있는 나는 통감했다. 나는, 늙었다.

이제 고등학교를 졸업한 열여덟 살, 많아 봐야 스물한둘인 어린 싹들과 한집에서 먹고 한곳에서 일하며 한 언어로 이야기한다. 누구도 나이를 개의치 않는 이곳에서 나는 누구누구 언니도 누구누구 님도 아니라, 그냥 썸머이자 You일 뿐이다. 캐시는 '나이의 안경'을 끼고 있지 않았다. 그런 녀석을 나는 어떻게 바라보고 있었나. 너는 나보다 어려, 배워야 해, 버릇을 고쳐주겠어…. 캐시의 동료, 친구가 아니라 그놈의 '어른'이 되려고 했다. 그러나 나는 이곳에서 가장 이질적인 존재로, 실수만 연발하고 있었다. '어른 질'을 제대로 하지 못하니 반발심, 자격지심만 공고해졌다. 어설픈 나잇값이 나를 늙게 만들었다. 나는 심각하고 다가가기 힘든 사람, 겉도는 사람이 되어 있었다. 캐시가 매니저에게 한 말은 과장일지언정 생 거짓은 아니었다.

돌아보면, 나는 연장자가 좋았다. 선배들, 언니 오빠들, 이모들, 할머니들, 할아버지들… 이곳에서도 연장자인 미아와 에드윈 앞에서는 표정이 조금 자연스러웠다. 함께 있으면 그들의 연륜에 기댈 수 있었으니까. 무엇이든 수용할 듯한 눈빛, 관록 어린 매너, 무엇보다 그들은 Good listener였다. 진짜 어른 노릇을 하려면 내가 받은 그런 따스한 경험을 캐시에게 돌려주어야 한다. 그러지 못할 바에야 나이 따윈 집어치우고 녀석과 함께 뒹굴어야 한다.

어느 쪽을 선택해야 할지, 내가 어느 쪽을 잘할지 가늠조차 되지 않는다. 나는 지금 파릇한 새싹들 틈에 낀 오래 묵은 들풀, 뻣뻣한 잡초가 된 기분이다. 나의 지인들은 그것을 걱정했던 것일까? 지구 정반대편까지 날아가 고작 늙음이나 자각해버리는 상황을.

첫 번째 친구

헝가리에서 온 소시는 옆 동네 캠프힐에 살았다. 열여섯 살, 아직 고등학생인 그는 자원봉사자인 엄마와 함께 그곳에서 1년을 지냈다. 봉사자의 가족도 함께 거주할 수 있다는 방침에 따라, 소시는 숙식에 학업까지 지원받았다. 하지만 마냥 받을 수만은 없기에 우리 캠프힐에 와서 파트타임으로 주방 일을 돕기로 자원했다.

소시는 눈에 띄는 아이가 아니었다. 조용히 걷고 조용히 웃고 조용히 한자리에 서서 설거지만 했다. 사람들과 어울리는 법도 없었다. 그런 그가 먼저 내게 말을 걸었다. 활짝, 하지만 소리 없이 웃으며 "Are you Korean? How old are you?"라고.

뭐라고? 내가 몇 살이냐고? 이렇게 신선하고 반가울 수가! 나이를 물으며 첫인사를 한 건 소시가 처음이었다(이후로도 없었다!). 나이 많은 사람에게 '대접'이란 걸 좀 해줬으면 하는 우리의 바람은 이곳에서 통하지 않는다. 싸우다 말문이 막힌다고 "How old are you? Don't you have a mother or a father?"라고 따질 수 없는 것이다.

게다가 일상 영어에는 존댓말이라는 것이 따로 없다. 태도, 표정, 뉘앙스로 이 사람이 나를 어떻게 대하는지 판단해야 한다. 나역시 무례한 사람은 되고 싶지 않으니, 여러 가지를 살피다 보면대화는 쉽게 피곤해진다.

소시가 존댓말(?)을 쓴 건 아니지만, 나이를 묻는 첫인사에서나는 한국을 느꼈던 것 같다. 다른 문화에 치여 한껏 위축되어 있던 어깨가 약간 펴지더니 동포라도 만난 듯 와락 껴안고 싶었다. 그날 이후 우리는 마주칠 때마다 소리 없이 웃으며 따뜻한 눈인사를 나누는, 어쩐지 애틋한 사이가 되었다.

어느 날, 설거지만 하던 애가 "나 이제 카푸치노랑 라떼 만들줄 알아"라며 들뜬 얼굴로 다가왔다. "정말? 그럼 카푸치노 한잔만들어줄 테야?" 응답하자, 첫 손님을 맞이하는 카페 주인처럼 기쁘면서도 한편 긴장된 얼굴로 "응!" 하고 대답하는 소시. 소시의카푸치노는 그의 미소만큼이나 아늑했다. "헝가리로 돌아가면 카페를 열어도 되겠어" 칭찬해주었더니, 이후 소시는 나와 눈만 마주치면 "카푸치노?"라고 물었고 나는 당연히 "좋아!"라고 응했다. 카페인 과민증인 나는 그렇게 매일 커피를 마셨다. 손이 부들부들떨리고 심장이 사정없이 날뛰어도 내 친구의 커피는 마셔야지!

그러던 소시가 곧 떠난다고 했다. 엄마의 자원봉사 기간이 끝나 헝가리로 돌아간다고. 소시는 파트타이머인데다 우리 캠프힐

소속도 아니었지만, 송별회를 열어주기로 했다. 나는 자진해서 케이크를 만들었다. 소시가 스치는 말로 헬로키티를 좋아한다고 했던 게 떠올라 한국에서 챙겨온 천연색소로 헬로키티를 그려 넣었다. 판매용이 아닌 케이크를 만들기는 처음이었다. 이곳의 레시피와 상관없이 내가 하고 싶은 대로 만들었다.

소시의 마지막 근무일인 어제, 케이크를 테이블에 가져다 놓고 소시를 앉혔다. 소시는 그 큰 눈이 더욱 커지더니 눈물을 뚝뚝 흘렸다. 정말정말 고맙다고 했다. 사진을 찍으려 하자 손으로 얼굴을 가리며 "안 돼, 안 돼!" 했다. "싫어. 너랑 네 눈물을 찍을 거야." 그제야 소시는 웃음을 터트렸다. 캐시는 케이크를 보고 놀라더니 정말 예쁘다는 둥 자기가 좋아하는 색이 뭐라는 둥 궁금하지도 않은 정보를 쏟아냈다. 캐시에게 염화미소를 띄워 보내며 나는 속으로 말했다. '네 케이크를 만들 생각은 없어. 꿈도 꾸지 마.'

소시와 첫인사를 나눈 후 나는 그쪽 캠프힐 사람을 통해 소시가 외롭게 지낸다는 이야기를 들었다. 봉사자들보다 어리고 내성적인 소시를 누구도 챙겨주지도, 무리에 끼워주지도 않는다고. 그러던 중 윤미라는 한국인 봉사자가 소시를 다정하게 대해주었고, 한국인의 정을 맛본 소시는 이후 한국인을 무척 좋아하게 됐다고. 웃음에조차 소리를 담지 않고 무존재로 존재하던 그가 나를 발견했을 때 용기 내서 먼저 말을 건 사연이다.

나 역시 이곳에서 불안과 초조에 빠져 버거운 나날을 보내고 있었다. 맘껏 웃은 일도, 내 뜻을 시원스레 말해본 기억도 가물가

물했다. 동병상련… 우리는 서로가 가여웠겠지. 소시가 떠난다는 소식을 들었을 때 그쪽 캠프힐에서는 소시를 위한 송별회가 없으리라는 걸 어렵잖게 짐작할 수 있었다. 그래서 더 잊지 못할 선물을 만들어주고 싶었다.

'소시야, 너는 참 예쁜 아이야. 이런 선물을 받을 자격이 있어'라고 말해주고 싶었다. 나는 누구에게나 "나의 첫 번째 캠프힐 친구는 소시"라고 말한다. 그 친구는 이제 가고 없지만.

좋은 캐치볼 상대란?

대화라는 것은 테니스나 탁구처럼 상대방이 공을 받아내지 못하도록 공격하는 게 아니다. 캐치볼처럼 주거니 받거니 해야 하며, 상대방이 잘 받아내도록 힘과 방향을 조절해야 한다. 그렇다고 마냥 오냐오냐한 공만 주고받으면 금세 지루해져 버린다. 미묘한 선을 눈치껏 타야 즐거운 놀이가 된다.

영어로만 대화한 지 한 달이 되어가는 지금, 내가 좋은 캐치볼 상대가 되지 못하는 게 분하고 슬프다. 미국인 제이슨은 이곳의 카페에서 3년 넘게 일한, 농담을 좋아하고 시끌벅적한 남자다. 가끔 끝맺어야 할 지점을 놓치고 한없이 가는 바람에 사람들과 티격태격하지만, 지루하고 힘든 이 생활을 재미있게 보내고 싶어 그러는 것뿐이다. 다정한 포물선을 그리며 떨어지는 평이한 공보다, 커브나 슬라이더의 아슬아슬한 긴장을 즐긴달까? 제이슨과 나의 캐치볼은 그래서 위험했다.

한국어였다면 제이슨의 농담을 시원하게 받아칠 자신이 있는데 그게 당연히! 안 됐다. 할 말을 머릿속으로 영작하느라 번번이 타이밍을 놓쳤고, 공은 늘 엉뚱한 곳으로 날아갔다. 다음번엔 잘 받아쳐야 한다는 각오와 다짐뿐인 대화는 소통, 교감이 아닌 '시험'으로 변해갔다.

제이슨이 친해지자는 의도로 공을 던져도 나는 여전히 재미없게 받아쳤고, 가끔은 못 들은 척했다. 이해하지 못한 걸 들키느니 가는 귀가 어둡다고 오해받는 게 나았다. 제이슨은 "썸머는 나를 싫어해. 내 말을 무시해"라는 말을 공공연히 하고 다녔고 그러던 어느 날, 치명적인 빈볼Bean ball 하나가 나의 명치를 가격했다.

"헤이! 스콘 아직도 안 나왔어? 네가 온 후로는 도무지 팔 게 없어. 우리 카페 망하겠어!"

나는 할 말을 잃고 그 자리에서 엉엉 울고 말았다. 내가 우리 카페를 망치고 있다니… 내 모습이 믿기지 않았다. 제이슨은 깜짝 놀라 굳어버렸고 소란을 들은 매니저가 나를 따로 불러냈다.

"썸머, 걔는 아무 뜻 없이 한 말이야."

매니저의 위로는 뻔했다. 한참을 운 다음 겨우 말을 꺼냈다.

"제가 첫날부터 실수한 거 아시죠?"

"알지. 그게 왜?"

"전 그런 실수를 하던 사람이 아니란 말예요."

"세상에. 그걸 아직도 마음에 품고 있단 말이야?"

"제이슨이 맞아요. 전 일을 제대로 못 하고 있어요. 그게 절 미치게 해요."

"여기에 있는 누구나 실수로 일을 시작하고 꾸준히 실수하고 있어."

"사람들이 제게 어떤 기대를 하고 있는지 알아요. 그런데 이런 꼴이라니…."

"잘 들어. 우린 어떤 기대도 하지 않아. 에드윈은 4년째 베이커리에서 일하지만 아직도 빵을 태워. 아무도 그걸 심각하게 여기지 않아. 넌 지금 너무 날카로워. 이러면 누구와도 친구가 될 수 없을 거야."

기대를 하지 않는다니… 내가 이해할 수 있는 말이 아니었다. 제이슨은 나를 찾아와 사과했다. 절대로 공격할 의도가 아니었다고 했다. 나는 기운 없이 고개만 끄덕였다. 시도 때도 없는 내 실수 때문에 예민해져 네 농담을 받아주지 못한 거라고, 제대로 설명하기조차 힘겹고 창피했다. 그날 이후 제이슨은 내게 어떤 공도 던지지 않았다. 나뿐만 아니라 그도 상처를 받았다. 우리의 캐치볼은 끝.났.다.

평범한 공을 던지던 사람들과도 슬슬 문제가 생겼다. 이제 의례적인 대화를 벗어날 때가 되었는데, 커브도 슬라이더도 던져보고 싶은데, 조금 멀리 던져서 상대가 바둥바둥 뛰어가 멋지게 캐치하는 것도 보고 싶은데, 내 공은 여전히 평범하다 못해 지루했다. '카페 망하겠어 사건' 이후로 사람들은 내게 말 걸기를 어려워했다. 농담도 모르는 심각한 사람이 바로 나였다.

오해는 두터워지고 억울한 일은 쌓여갔다. 여기가 한국이었으면, 한국어로 말했으면, 하는 가정은 아무런 도움도 되지 못했다. 긴장과 불안 속에서 낯선 날들이 흘러갔다.

바람이 불기도 전에 고개를 숙이는 버릇

　마리앤이 독일로 떠나고 두 명의 봉사자가 하루 차이로 연달아 들어왔다. 열아홉 인도네시아 소녀 티카와 스물여덟 폴란드인 올라였다. 그 사이 나는 다른 집으로 숙소를 옮겼다. 캐시를 피해 달아난 것이었다. 그렇게 나와 마리앤 대신, 올라와 티카가 장애인 헬렌과 함께 살며 카페에서 일하게 되었다.

　지난 두 달간 우리 캠프힐 내 유일한 아시아인이었던 나는 티카가 겪을 외로움을 걱정했다. 그나마 나는 옆 동네 캠프힐의 한국인, 일본인 봉사자들과 종종 만나 고충을 토로하고 외로움을 달랠 수 있었지만, 그는 정말 혼자였다. 무엇보다 그의 영어는 내 영어보다 더 엉망이었다.

　그러나 웨걸! 티카는 자주 웃었고 늘 신이 나 있었다. 작은 새가 노래하듯 재잘대는 그의 목소리를 어디에서나 들을 수 있었다. 함께 들어온 올라가 잘 챙겨줘서 그렇겠지… 낙엽이 굴러도 웃는다는 10대만의 활기겠지… 나는 내가 가지지 못한 것을 부러워하고 있었다.

베이커리와 카페 주방은 마주 보고 있어서 굳이 찾아가지 않아도 누가 빵을 태웠는지 누가 컵을 깼는지 소리로 알 수 있었다. 내 몸은 베이커리에 있었지만 귀는 언젠가부터 카페 식구들을 향해 있었다. 티카와 사람들의 캐치볼을 라디오 듣듯 듣다 보면 나도 모르게 웃음이 스며 나왔다.

하루는 베이커리에 대량주문이 들어와 올라가 우리 일을 돕게 되었다. 일하는 틈틈이 그는 한국의 베이커리에서는 어떤 빵을 만드는지, 유럽의 베이커리에 대해서 어떻게 생각하는지 등을 물었다. 모자란 영어로 손발을 동원하며 답하는 사이, 빵이 나와 있었다. 대화를 했을 뿐인데 일이 되어 있다니. 생각해보니 알렉스와는 오로지 '일'을 했었다. 대화 역시 당장의 일을 위한 게 전부였다. 내 영어가 알렉스에 비해 한참 모자라니까 교제가 어렵다고, 어쩔 수 없다고 체념했었다.

쉬는 시간, 알렉스는 부모님께 편지를 부치러 우체국에 가고 올라와 단둘이 차를 마셨다. 이날 올라와 30분간 나눈 영어가 지난 두 달간 말한 것보다 많았다. 그것도 박장대소와 함께. 내 영어가 갑자기 늘었을 리도 없는데 신기한 일이었다.

올라는 남자친구의 뜨거운 구애를 받고 있는 행복한 아가씨였다. 결혼이라는 일생일대의 결정을 하기 전에 심사숙고의 시간을 갖고 싶어서 캠프힐에 왔고, 석 달간 머물 거라고 했다. 그의 생각은 신중하고 사려 깊으며, 말은 간결하고 직선적이었다. 마음을 터놓을 수 있는 사람 같았다.

"올라. 나도 주방에서 일하고 싶어."

"무슨 소리야. 넌 베이커잖아. 설거지나 하고 싶다는 거야?"

"하지만… 재밌지가 않아."

의아해하는 올라에게 사건 하나를 말해주었다. 며칠 전, 플라스틱 스크래퍼로 빵 반죽을 분할하고 있는데 알렉스가 대뜸 나섰다.

"헤이, 반죽은 손으로 떼어내는 게 좋대. 제이슨이 그러는데 믹싱이 끝난 반죽은 글루텐이 한참 형성되고 있기 때문에 그렇게 싹뚝 자르면 글루텐 조직이 끊긴대."

제빵학원에서도 현장에서도, 반죽을 자를 때마다 늘 스크래퍼를 썼는데…. 나는 군소리 없이 스크래퍼를 내려놓았다. 속도가 현저히 느려졌지만 계속 손으로 반죽을 떼내며 작업했다. 며칠 후, 에드윈이 내게 왜 스크래퍼를 쓰지 않느냐고 물었다. 나는 말없이 알렉스 쪽을 쳐다보았다. "쟤가 시켰어요"라는 뜻이었다. 알렉스는 내게 말한 그대로 에드윈에게 답했고, 에드윈이 스크래퍼를 알렉스에게 흔들어 보이며 말했다. "이 도구의 공식 명칭이 뭔 줄 알아? Dough cutter라고!"

Dough 반죽, Cutter 자르는 도구. 상황은 깔끔히 정리되었다. 그날 이후로는 모두 스크래퍼로 반죽을 잘랐다.

"이것 봐. 알렉스는 내 방식은 무시하고 제이슨이나 에드윈이 하는 말은 곧장 따르잖아. 늘 이런 식이야. 난 베이커리가 싫어.”

올라가 옹호해줄 거라 생각했지만, 예상 밖의 답이 돌아왔다.

“너야말로 왜 그 도구를 쓰는지 알렉스에게 설명하면 좋았잖아. 에드윈처럼 말야. 오히려 넌 에드윈보다 전문가인데 왜 아무 말도 안 했어?”

“그야… 알렉스가 나보다 먼저 온 선배고, 베이커리에 대해 더 잘 아니까….”

나는 ‘틀린 말을 하고 있다는 걸 자각하면서 그 말을 계속하는 것’이 얼마나 멍청하게 느껴지는지 깨달았다. 적어도 베이커리 일에 대해서는, 이제 갓 고등학교를 졸업하고 여기 와서 처음 밀가루를 만져보는 알렉스보다 내가 한참을 더 안다.

“푸하하! 썸머! 농담하는 거지? 알렉스는 에드윈이나 제이슨이 여기 먼저 온 사람이라서 그들 말을 들은 게 아니야. 그만한 이유를 제시했기 때문에 따른 거라고. 누구나 자기 의견을 말할 수 있고 그렇게 대화하면서 배우고 일하는 거야.”

말문이 막혔다.

“캠프힐은 누굴 일방적으로 따르는 곳이 아니야. 보스라는 건 없어! 아무도 네게 알렉스 말을 들으라고, 알렉스를 모시라고 시킨 적 없어. 그렇지? 알렉스에게 널 무시할 힘을 준 건 바로…?”

나다. 누구도 시키지 않았다. 베이커리의 불편한 침묵을 만든 것의 정체가 드러났다. 바로 나, 한없이 위축된 나.

“알렉스에게 그런 권위를 주지 마. 난 말이야. 누가 내 자존심을 건드리거나 속상하게 하면 속으로 이렇게 외쳐. '너는 나를 화나게 할 힘이 없어!' 그렇게 떨쳐내고 나면 내 안에서 어떤 힘이 솟는 게 느껴져. 남에게 휘둘리지 않게 된다고 할까? 정답은 아니겠지만 네게 도움이 될지도 몰라. 한번 해봐! Good luck!"

다음 날, 나는 베이커리 역사상 처음으로 '베이커리 회의'를 주최했다. 참석자는 알렉스와 나 단둘. 일단 나는 주문량 파악, 계량, 빵 굽기, 포장, 설거지, 청소를 두 덩어리로 갈라 일주일씩 번갈아 하기를 건의했다. 초반에는 그렇지 않았는데 어느샌가 녀석이 일을 떠넘긴다는 느낌이 들었기 때문이다. 특히 설거지나 청소가 내 전담이 되어가고 있었다. 알렉스의 꼼수가 훤히 보이는데도 나는 신참이 허드렛일을 하는 건 어쩔 수 없다고 받아들였다. 그 태도부터 당장 바로잡아야 했다. 업무 전반에 걸쳐 비효율적이라고 느꼈던 것들 역시 이야기했다. 전날 미리 수첩에 적어둔 내용을 보면서 또박또박 읽는데 하나도 창피하지 않았다. 말을 끝내고 침을 꼴깍 삼키며 알렉스의 반응을 살폈다. 가만히 듣던 그는 이렇게 말했다.

"와, 네 의견을 말해주니까 정말 좋다! 오늘부터 바로 그렇게 할까?"

밥하듯이 만드는 빵

"저울을 이용해 계량하고 정해진 정도로 반죽을 해야 해요. 정해진 습도와 온도에서 정해진 정도의 발효를 하고 정해진 시간 동안 굽습니다. 보관 역시 습도와 온도를 잘 살피며…" 제과제빵 강사의 말에 학생들이 고개를 끄덕인다. 모두 심각하고 진지한 얼굴이다.

"베이킹은 어렵습니다. 밀리리터, 퍼센트, 그램, 분… 단위들과 친해지고 레시피를 따르세요. 레시피는 어명입니다. 제때 제대로 하지 않으면 쓰레기통 행이예요."

나에게 베이킹은 학문이자 기술이었다. 무엇 하나 놓치거나 어기면 큰일이 났다. 어렵고 까다로운 과제를 정확히 수행해 제대로 된 결과물을 만들어야 했다. 나는 베이킹의 이런 깐깐한 면이 좋았다.

세계 각지의 캠프힐 지부를 검색한 후 지금의 캠프힐에 지원하기로 결정한 것은 바로 베이커리 때문이었다. 카페를 운영하고 납품도 하는 등 다른 캠프힐에 비해 베이커리를 본격적으로 운영하고 있다는 점은 큰 매력포인트였다. 자원봉사를 하며 유럽의 베이커리 현장을 경험할 수 있다니 얼마나 탐나는 기회인가!

아니나 다를까, 이 나라의 베이커리는 놀라운 세상이다. 알렉스가 빵을 만들다니, 그 자체부터 그렇다. 알렉스는 대부분의 봉사자가 그렇듯 오븐 한 번, 세탁기 한 번 돌려본 적 없이 학교 교실에서 캠프힐 베이커리로 공간이동한 아이였다. 그는 베이킹파우더와 이스트가 어떻게 생겼는지 여기에 와서 알았다고 했다. 그런데 고작 3개월 만에, 매일 아침 15종이 넘는 빵을 수십 개씩 구워낸다.

지난 두 달간 관찰한 그의 베이킹 프로세스는 이렇다. 40그램의 소금을 넣으라고 레시피가 명령했다 치자. 저울이 38이나 42그램을 가리켜도 더하거나 덜지 않고 그냥 쓴다. 1리터의 물을 넣으라고 하면 2리터짜리 계량컵의 절반 치를 대충 담아 쓴다. 반죽기가 돌아가는 중간중간 반죽을 쿡 찔러보고는 물이나 밀가루를 더 넣는다. 어느 정도 되었다 싶으면 반죽 표면을 손바닥으로 눌러보고 반죽기를 더 돌리기도, 바로 꺼내기도 한다. 보통은 반죽이 다 되면 한 덩이를 뜯어 양손으로 쭉쭉 늘려가며 글루텐 형성 정도를 체크하는데 녀석은 하지 않는다. 발효가 잘되었는지 체크? 그런 절차들의 존재 자체를 몰랐다니 말 다한 것 아닌가!

진기명기의 정점은 굽기에 있었다. 오븐은 늘 210도로 세팅되어 있고 호밀빵도, 백밀식빵도, 스콘도, 브라우니도, 케이크용 스펀지도, 사과파이도 모두 같은 온도에서 구워낸다. 심지어 서너

종의 빵을 한 칸에 같이 굽기도 한다. 알렉스는 온도를 조절할 생각이 없고 그래야 하는 이유도 모른다.

내가 배운 베이킹과는 천지 차이였다. 계량 상의 오차는 그렇다 치고, 빵의 종류마다 글루텐을 형성해야 하는 정도, 발효시키는 정도가 다르고 굽는 온도도 다르다. 나는 반죽을 마친 후에는 반죽 온도도 체크해야 한다고 배웠고, 그렇게 시험을 쳐 자격증을 취득했으며, 그렇게 현장에서 일했다.

알렉스가 만든 빵의 맛이 궁금해졌다. 나는 빵 주문량을 체크해 적어놓는 업무를 담당했는데, 알렉스가 모든 빵을 한 개씩 더 만들도록 수치를 조정했다. 맛보기용 빵을 받아들고 적당히 식힌 후 빵의 결, 발효 향, 수분 정도를 손과 코로 확인하고 맛을 보았다. 놀랍게도, 이것은, 보통, 빵이었다. 놀랍게도 '끔찍'하지 않았다. 질기거나 발효 과다로 쉰 냄새가 고스란히 남아있거나 어느 한 군데에 큰 오점이 반드시 존재하리라 예상했는데, 완벽히 평범한 빵이었다. 내가 정확히 계량하고 정확히 반죽하고 정확히 발효해서 정확히 구워내면 이런 빵이 나올 것이다. 아니, 이런 보통 빵을 만들기 위해 그 절차들을 정확히 준수하는 것인데! 나는 알렉스의 정체를 의심했다. 이 녀석, 사실 독일 제빵왕이면서 정체를 숨기고 캠프힐에 잠입… 엉뚱한 상상이 무색하게 알렉스는 자신의 제빵 비결을 이렇게 말했다.

"글쎄, 그냥… 하는 건데? 그냥 빵 만드는 거야."

모호하게 답하고는 총총 사라지는 알렉스. 비싼 수강료를 들여

교육받은 나도 조심스럽게 해내는 것을 아무 경력도 없는 어린 애가 이렇게 쉽게 해내다니 불공평했다.

얼마 후, 저녁으로 김밥을 만들기로 한 날이었다. 밥을 지으려는데 올라가 밥 짓는 법을 가르쳐 달라며 다가왔다. 노트와 펜까지 챙겨서.

"우선 쌀을 씻어야지."

"어느 정도?"

"대충 두어 번 헹궈. 너무 열심히 하지 않아도 돼. 그러고 나서 손바닥을 이렇게 쌀 위에 대. 손등 정도만큼 물을 채우면 끝!"

"아니!!! 이게 도대체 뭐야? 계량컵은? 쌀 한 컵에 물 한 컵 반… 뭐 이런 레시피 없어?"

"하하. 계량컵? 레시피? 우린 그런 거 안 써. 손만 있으면 돼."

올라는 나의(=우리 민족의) 손등측량법에 대해 집요하게 파고들었다.

"신기해! 그런데 사람마다 손두께가 다르고 냄비의 너비도 다를 텐데?"

"글쎄… 달라봤자 얼마나 다르겠어? 일단 불에 올려보고 물이 모자라다 싶으면 더 넣으면 되고, 많다 싶으면 생쌀을 넣거나 뚜껑을 열어서 수분을 날리면 돼."

"물이 많은지 적은지는 어떻게 알아?"

"그냥, 하다 보면 알아!"

올라의 질문이 줄을 이었다. 몇 컵? 몇 분? 몇 도? 언제? 왜? 내가 대답할 수 없는, 사실 생각해본 적 없는 질문이 대부분이었다.
올라가 혀를 내두르며 말했다.

"어쩌면 그렇게 쉽게 해? 나는 못할 거야."

"글쎄, 그냥… 하는 건데. 그냥."

아… 이것은 알렉스가 내 질문에 대답했던 그대로다. 웃음이
났다. 한국에서 베이킹을 했을 때 나의 태도, 알렉스가 빵을 만드
는 기적에 대해 올라에게 말해주었다.

"아, 그런 느낌이구나. 네가 밥을 하는 건 우리가 빵을 만드는
느낌 같은 거야. 너무나 자연스러워서 어떻게 하는지 의식조차 하
지 않는 것. 의식을 하면 어려워지는 거지. 그렇게 생각하니까 밥
짓기가 조금 쉽게 느껴지는데? 빵 만들듯이 하면 되겠지?"

너무나 자연스러워서 대수롭지 않은 것, 처음부터 완벽할 필요
없는 것, 지금 틀려졌다 해도 끝이 아닌 것, 하면서 고칠 수 있는
것. 빵 굽기에만, 밥 짓기에만 적용되는 룰이 아니었다. 오점을 용
납하지 않던, 늘 긴장하고 날카롭던, 내가 정한 기준으로 칼같이
재단했던 나의 삶과 그 안에 갇힌 내 사람들의 삶. 나는 사람들을
얼마나 지치게 했을까. 나는 얼마나 피곤했을까.

"참, 썸머, 이거 하나 말해주고 싶어. 네 영어 말이야."

가슴이 쿵 내려앉았다. 올라의 입에서 나올 말이 무서웠다.

"충분해."

"무슨 말이야. 사람들은 아직도 내 영어를 잘 못 알아듣는 걸.
다시 말해야 할 때마다 창피해 죽겠다고."

"다른 생각하다가 못 들을 수도 있고, 말투나 억양에 따라 잘 못 알아들을 수도 있잖아. 한국에서 한국어로 대화할 때를 생각해 봐. 넌 사람들 말을 늘 한 번에 알아듣니?"

아니다. 전혀 아니다.

"우리는 상대를 배려하는 마음으로 다시 묻고 다시 말해주는 거야. 그게 왜 창피해? 오히려 친절한 태도지. 그러니까 완벽한 문장으로 말하려고 애쓰지 마. 넌 뉴스 앵커도 영어 강사도 아니야. 알렉스가 빵 굽는 것만 관찰하지 말고 우리들이 어떻게 대화하는지 잘 들어봐. 나라마다 사람마다 악센트가 얼마나 다양한지, 얼마나 서로 못 알아듣고, What? Pardon?을 얼마나 자주 쓰는지! 힘을 좀 빼. 네가 밥하듯이 말이야! Take it easy!"

올라의 영어는 문법이 완벽하지도 발음이 교과서적이지도 않은데 의도를 분명히 전달한다. 그야말로 충분한 영어다.

"문법을 의식하지 말고 관계를 의식해. 얼마나 유창한 영어를 쓰는지가 아니라, 얼마나 서로를 알고 싶고 존중하는 대화를 하고 있는지 말야. 다시 한번 말하지만 네 영어는 충.분.해. 김밥 만들기 재밌었어. 고마워!"

올라의 인사가 바람이 되어 살랑 날아들었다. 고마워할 사람은 나였다. 올라는 몰랐겠지만 그가 온 이후, 고통으로 무겁던 나의 다이어리가 조금씩 가뿐해지고 있었으니까. 그날은 12월 12일, 캠프힐에 온 지 60일째였다. 첫눈이 조용히 내리는 밤이었다.

정리에도 용기가 필요해

"어쩌나… 이런 일은 처음이야."

에드윈은 곤란한 눈으로 나를 바라보았다. 매년 최소한 두어 명은 캠프힐에 머물며 크리스마스와 신년 연휴를 보냈는데 올해는 모든 봉사자와 장애인이 각자의 나라와 집으로 돌아간다고 했다. 그 말은 곧, 나 혼자 덩그러니 연말연시를 지내야 한다는 뜻이었다.

"괜찮아요. 작년도 재작년도 혼자였어요. 익숙해요."

에드윈을 안심시키려던 말이 오히려 그를 놀라게 만들었다. 가족과 함께 하지 않는 크리스마스는 상상할 수 없다는 에드윈.

"흠… 열흘이나 쉬는데, 뭘 할 거니?"

"No plan is the best plan!"

12월 24일, 크리스마스 벨 콘서트가 카페에서 열렸다. 이 시간을 위해 봉사자들은 지난 한 달간 퇴근 후 졸린 눈을 비비며 연습을 했다. 악보를 읽을 줄 모르는 나는 '도레미파솔라시도'와 '하나 둘셋넷'만 알면 된다는 지휘자의 말을 반만 믿고 시작했는데, 그 말은 사실이었다. 한 옥타브 안에서 해결되는 4분의 4박자의 쉬운 캐럴을 봉사자 여섯 명이 두 음씩 맡아 연주했다. 나는 반음 낮은 라와 솔을 맡았는데 어떤 곡에서는 벨을 딱 한 번 흔들면 끝이었다. 이 단순한 행위가 여럿 모이자 몽롱하고 아름다운 음악이 되었다. 손님들과 함께 크리스마스 캐럴을 부르고 대청소까지 마친 후 카페 문을 잠갔다. 모두들 피곤한 몸을 이끌고 비행기로, 차로, 기차로, 각자의 집으로 떠났다.

떠나기 전날 밤, 알렉스가 내 방을 노크하더니 '설렘' 가득한 어린이의 얼굴로 "Merry Christmas! Summer!"를 외치고는 전에 없이 다정한 포옹을 했다. '우린 이 정도로 친하지 않은데? 얘가 왜 이럴까?' 싶었지만 나중에 알았다. 크리스마스 시즌에는 전쟁도 쉰다. 이때만큼은 어떤 감정도 다 잊고 서로에게 착한 사람이 되어주는 제스츄어. 나는 한국에 가져가려고 사두었던 기네스 맥주 잔 모양의 초콜릿을 녀석에게 건넸다. 부모님께 아일랜드 토산품으로 드리라고 하니, 알렉스는 또 한 번 천사 같은 표정을 짓고 독일로 날아갔다. 에드윈은 집의 난방 시스템을 비롯, 각종 관리방법을 인수인계하고 네덜란드로 떠났다. 나는 3층짜리 저택에 홀로 남았다.

12월 25일, 옆 동네 캠프힐을 찾았다. 그 캠프힐은 우리보다 10배는 큰 단체로, 연말연시에 캠프힐에 남아있는 봉사자와 장애

서로에게 줄 선물을 11월 말부터 마련해 거실 한편에 그득 쌓아두고 한 달 내내 두다가 모두 모여 풀어보는 시간을 가진다. 방한용품이나 간식거리 등 빤한 선물이지만 매서운 겨울 출근길에 선물더미가 눈에 들어오면 기분이 좋아지는 건 어쩔 수 없는 일이다. 1년 열두 고개의 마지막 고개를 앞두고 지쳐 포기하지 않도록 힘을 주는 장치랄까. 사진 속 인물은 에드윈과 올라인도 그만큼 많았다. 윤미를 포함한 여섯 명의 한국인 봉사자들 역시 고스란히 남아있었다. 캠프힐 내의 아담한 교회에서 크리스마스 예배가 치러졌다. 예배 끄트머리에 세 명의 목사가 참석자 한 명 한 명 앞에 다가가 축복을 내려주었다. 원치 않는 사람은 제자리에 앉아있으면 된다고 했다. 나는 기독교도 가톨릭도 아니지만 자리에서 일어나 축복을 기다렸다. 어느 나라 신이든 상관없었다. 내 앞에 선 목사가 읊조렸다. "네 마음에 예수가 있으리니…." 예배 후 자정이 가까워졌을 때 캠프힐에 남아있던 모두가 다 함께 소 축사에 가서 소 떼를 마주 보며 찬송가를 조용히 불렀다. 예수가 마구간에서 태어난 것을 되새기는 이벤트였다. 찬송가와 낮은 소 울음이 뒤섞였다.

12월 26일, 다시 혼자가 되었다. 아일랜드의 12월 26일은 일명 'Boxing day'로, 달력에도 빨간색으로 표기된 공휴일이다. 국가적으로 큰 복싱 경기가 있는 날이라는 알렉스의 농담에 깜빡 속았지만, 이때의 Boxing은 권투가 아닌 '상자 싸기'를 말한다. 집 안을 장식했던 크리스마스 소품들을 떼어내 상자에 넣어 정리하는 날이자, 선물로 받았지만 당장 쓸 일이 없는 것들 역시 박스에 넣고 창고 깊숙이 치워두는 날이란다. 이때 상점들은 재고를 털기 위해 블랙프라이데이나 크리스마스 세일에 버금가는 대규모 할인행사를 펼친다.

이 생소한 기념일의 시기와 의미가 각별하게 다가왔다. 단지 물건만을 정리하는 게 아니라, 새로운 해를 맞아 내 삶을 번거롭게 할 요소들이 있다면 함께 치우자는 의미가 아닐까. 필요한 것만 남겨 머릿속과 마음속을, 삶 자체를 단출하게 만들려는 의지의 표현.

나는 한국에서 가져온 짐들을 대충 방 여기저기에 늘어놓고 살았다. 발 디딜 곳이 부족해지자 꼭 필요한 겨울 옷가지만 남기고 이민 가방에 도로 욱여넣은 지 3개월째. Boxing day를 맞아 나는 청개구리가 되어 Unboxing을 하기로 작심했다. 오래 미룬 만큼 용기가 필요한 일이었다.

이민 가방을 뒤집어 와르르 짐을 쏟아냈다. 사계절용 옷가지 한가득, 열두 달 치 생리대, 상황별 신발, 갖가지 크기의 가방, 최신형 전자사전, 제과제빵 책… 온갖 경우에 대비하자고 리스트까지 짜며 챙겨온 '필수품'들. 웃음이 새어 나왔다. 필수품일수록 세상 어디에나 있기 마련인데, 사람 사는 방법은 다 똑같은데, 우리가 서로를 이해하지 못할 때 필요한 것은 사전이 아닌데… 그걸 몰랐다. 오히려 빈틈없는 리스트를 보고 뿌듯했다. 나는 이렇게 철저히 계획하고 갖추는 사람. 당황할 일은 없으리라 장담했다. 물건들은 나의 한계이자 아집의 증명이었다.

짐 더미 앞에 앉아 정리를 시작했다. 자선단체 기부함에 넣을 것을 빼두고 나머지는 접고 개키고 짝을 맞추어 수납장에 넣었다. 제 모양, 제자리를 찾은 물건들을 마주 보며 다짐했다.

'1년 후 집에 돌아갈 때는 데리고 가지 않을 거야. 이 나라에서 잘 쓰이고 우리 헤어지자.'

1월 2일, 초인종 소리에 문을 열자 바스락거리는 햇살과 함께 건강한 아이들이 뛰어 들어왔다. 에드윈 가족의 얼굴에 고향의 활기가 고스란히 담겨있었다.

"헤이, 썸머. 뭐 하고 지냈어?"

"묵은 청소!"

"개운해?"

"아주! 진작 했어야 하는데 너무 늦었죠."

"늦은 때라는 건 없어. 네가 했을 때가 가장 적당한 때야. 그건 그렇고, Happy new year!"

"그건 확실히 늦었네요. Happy new year!"

에드윈이 등을 구부려 내게 포옹을 건넸다. 나는 느낄 수 있었다. 새로운 해가 오고 있다는 것을, 아주 확실히 새로운 해가.

이제 너를 조금 알 것 같다

매주 화요일 저녁에는 모든 봉사자와 매니저가 모이는 회의가 있다. 한 주간 있었던 일과 다음 주 할 일을 말하는 자리다. 두어 시간 내내 영어가 빠르게 오가기 때문에 내가 끼어들어 한마디 거들 틈도 없다. 귀에 걸리는 영단어를 수첩에 적느라 바쁜, 아주 빠른 속도의 받아쓰기 시간이다.

이 시간이 버거운 것은 나뿐이 아니었다. 다들 고된 업무를 마친 터라 어서 끝나기만을 기다리는데 매니저 미아가 마지막으로 한 가지만 더 이야기하잔다. 우리는 동시에 미아에게 원망의 눈빛을 쏘아 보냈지만, 미아는 아랑곳하지 않았다.

"우리가 처음 이곳에 왔을 때 무엇이 힘들었는지 이야기하고 싶어요. 새로 온 봉사자들에게 도움이 될 거예요."

침묵이 흘렀다. 회의를 빨리 끝내려고 회피하는 것이 아니다. 이곳 사람들은 대화의 공이 던져지면 그것을 피하지 않는다. 현란한 솜씨든 헛발질이든, 주도하여 드리블한다. 가끔은 회의에 어울리지 않는 지극히 소소하고 개인적이고 한심한 소재가 등장하기도 하는데, 모두 진지하게 그것을 들어준다. 나는 종종 어디에도 초점을 두지 않고 무표정으로 가만히 앉아있는 버릇이 있는데 그 모습이 마치 수심에 찬 사람 같아 보였나 보다. 그것을 본 매니저가 다가와 이렇게 조언한 적이 있다. "Silence never protect us!" 걱정이나 의견이 있으면 누구든 붙잡고 이야길 하라고. 감정을, 특히 부정적인 감정의 노출을 절제하는 문화에서 33년을 살아온 내게 그것이 쉽지 않다는 걸, 이들은 모른다.

3개월 차인 나, 6개월 차 캐시, 3년 차 제이슨과 미아 부부, 4년 차 에드윈, 평생을 이곳에 몸담은 60대 부부 벤과 베로니카까지 모두 회상에 잠겼다. 이제 들어온 올라와 티카만이 눈을 반짝이며 우리 입에서 나올 말을 기다렸다. 가장 먼저 입을 연 것은 알렉스였다.

"전 첫날부터 사고 쳤죠. 빵 반죽에 Warm water를 넣으라길래 전기 주전자로 물을 끓여 넣었는데 에드윈이 달려들었어요. 이스트를 죽일 참이냐면서. 제 기준으로는 그게 warm인데 좀 뜨거웠나 보죠? 하하하!"

"말도 마! 얘는 소금을 빼먹은 적도 있어. 옆 동네 캠프힐 100명이 일주일간 머을 빵이었는데… 신기한 건 아무 불만 사항도 없었다는 거지. 가끔 소금을 뺄까 봐. 재료비도 아끼고 좋잖아?" 에드윈이 웃으며 거들었다.

"한번은 재료 업체에서 배송이 와서 트럭에서 박스를 내리는데, 박스 옆구리가 터지는 바람에 안에 있던 게 다 떨어지는 거예요! 마침 요거트랑 딸기잼이 들어있던 박스라 온 도로가 하얗게 도포되고 그 위에 빨간 잼이 뚝뚝… 백설공주 오프닝이 따로 없었죠!"

"하루는 주문 전화를 받았는데 아이리시 악센트를 도저히 못 알아듣겠더라고요. 나도 아이리신데… 그래서 그냥 끊었죠. 뭐!"

우리 캠프힐에서 가장 수다스러운 헤르미온느가 전화 응대를 못 했다니! 회의는 어느새 박장대소, 고해성사 분위기로 흐르고 있었다.

"다들 얼간이 같았어. 그렇지?"

40년째 캠프힐에 살고 있는 베로니카 할머니, 그만큼 다양했을 경험을 하나하나 지켜봐 온 할머니의 눈가 주름이 일렁인다. 캠프힐 사람들은 자기 자신에게 너그럽고 실수에 관대하다. 나였으면 쥐구멍에 들어가 칩거했을 일도 대수롭지 않게 넘어간다. 자기 자신을 쿨하게 용서하는 만큼 남의 결점도 물고 늘어지지 않는다. '누구에게도 어떤 기대도 하지 않는다'던 말의 진의를 이제 조금 알 것도 같다.

미아가 날 바라보았다. 바깥으로 꺼내면 사실 별거 아니라는 것을, 네가 꺼내기 힘들면 우리부터 꺼내 보여주겠다고 말하는 듯한 눈빛. 소리 내지 않고 입 모양만으로 답했다. "Thank you"라고. 그리고 용기를 내어 내 이야기를 꺼냈다. 늘 생각해온 터라 영작

을 준비할 필요도 없는 이야기를.

"전 이곳의 제가 어색해요. 한국에서는 주장도 뚜렷하고 곧잘 나서는 사람이었는데 제 뜻도 제대로 표현하지 못하는 모습이 낯설어요. 자기 자신을 잃어버린다는 게 이런 기분일까요?"

호들갑스러운 위로나 연민은 없었다. 하지만 이제야 너를 조금 알 것 같다는 듯이, 모두 나에게 가볍고 넉넉한 미소를 보내주었다. 창피한 이야기, 힘든 이야기를 남에게 하면 못난 사람이 되는 줄 알았는데, 아니었다. 내가 무엇에 고통을 느끼는지 알아간다는 것, 그 과정을 사람들과 공유할 수 있다는 것, 감정에 매몰되지 않고 바깥에서 나를 바라보듯 이야기하는 경험. 나는 처음으로 이곳에서의 내가 좋았다.

지금껏 깜깜한 속을 손바닥으로 더듬거리며 내 범위를 알아가고 있었다. 얼마나 더 바닥까지 내려가야 하는지, 도대체 끝이 있기는 한지 불안했지만, 손가락 끝으로 나의 범위를 단단히 느낄 수 있을 정도가 되자 모든 것이 놀라우리만치 선명하고 단순해졌다. 나는 내가 정의하고, 그 정의만이 내 삶에서 가치 있는 지표가 될 것이다. 평판이나 오해는 이제 두렵지 않다. 과정이 치열했던 만큼 응답은 확고했다.

일주일 후, 같은 요일 같은 시간에 다시 회의가 열렸다. 회의의 시작 부분에는 서로에게 고마움을 표하는 시간이 있다. 어색하고 민망하지만 슬쩍 미소를 짓게 만들어주는 시간. 나는 손을 번쩍 들었다. 처음으로 '나서서' 말을 하는 순간이었다.

"저는 로이에게 감사합니다. 오늘 오후에 일을 하는데 로이가 베이커리 하늘창을 뚫어지게 바라보더니 저를 불렀어요. 그리고 손가락으로 하늘을 가리켰죠. 쌍무지개였어요. 저는 밖으로 나가 무지개 사진을 찍었어요. 쌍무지개는 행운의 상징이니까요. 그리고 오늘 한국에서 열린 온라인 이벤트에 당첨되어 상품으로 책을 받게 되었어요. 저는 로이가 행운을 가져왔다고 생각해요."

잠시 쌍무지개에 대한 이야기로 자리가 들썩거렸다. 나는 그 짧은 문장을 말하면서도 얼굴이 뜨거워졌다. 회의의 끝 무렵, 미아는 "더 하실 말씀 있나요?"라며 좌중을 훑었다. 나는 또 손을 들었다. 하루에 두 번이나 목소리를 내는 내가 신기했는지 다들 눈이 동그래졌다. 목소리를 가다듬고 에드윈을 한 번 바라보았다. 그는 고개를 가볍게 끄덕였다. 나는 미리 외운 문장을 또박또박 말했다.

"아시다시피 그동안 제게 힘든 일이 있었습니다. 문제가 이곳에서 깨끗이 해결될 것 같지 않습니다. 저는 여길 떠나기로 결정했습니다."

온전한 축복

캐시와 같은 공간에서 숨 쉬는 것도 싫을 만큼 틀어져 버렸다. 어느 한쪽도 먼저 다가갈 엄두를 못 냈다. 아니 안 냈다. 캐시는 나를 뺀 파티를 열었고 나는 옆 캠프힐의 일본인 봉사자와 일본어로 캐시의 험담을 했다. 그것도 캐시가 보는 앞에서! 옹졸할수록 통쾌한 싸움이었다.

우리 캠프힐의 큰 어른인 베로니카 할머니는 나와 캐시의 대립각이 다른 사람들을 찌르는 것을 원치 않았다. 할머니에게만 둘의 문제를 풀어놓기로 약속했는데 더 이상 그를 견딜 수가 없다는 나의 마지막 토로에 할머니는 다른 캠프힐의 자리를 알아봐 주기로 했다.

얼마 후 나는 우리 캠프힐에서 두어 시간 떨어진 다른 지역 캠프힐로부터 연락을 받았다. '베이커리'에서 일할 '여자'가 필요하다고 했다. 정원과 들판, 목장이 있는 시골이었다. 아침을 먹으러 오는 손님도, 단체 납품도 없는 곳이었다. 생각보다 빠른 연락에 두 가지 이유로 두근거렸다. 새로운 환경에서 다시 시작할 수 있다는 설렘과 더 이상 이 일을 비밀로 할 수 없다는 두려움.

그새 정이 들어버린 티카와 올라, 사랑스러운 에드윈 가족, 특히 에드윈은 나에게 할 수 있는 모든 배려를 아끼지 않았다. 아픈 곳은 없는지, 방은 춥지 않은지 늘 살펴준 그에게 실망을 안기다니… 슬픈 일이었다. 나 때문에 한국인은 무책임하다는 이미지가 생기면 어떡하나 걱정도 생겼다.

저쪽 캠프힐에는 에드윈과 상담 후 연락하겠다고 말해두었다. 며칠을 혼자 고민하다 더 이상 미룰 수 없을 때 에드윈과 마주 앉았다.

"베로니카 할머니에게서 이야기 들었어. 결정은 내렸니?"

그는 너무나 담담했다. 오늘 저녁 메뉴를 묻는 정도의 무게랄까? 내가 떠나는 것이 이렇게 아무렇지도 않은 문제인가? 당장은 서운했지만 이내 홀가분했다. 볼링공을 혼자서 끌어안고 있다가 툭 내려놓고는 슬렁슬렁 캐치볼을 하는 기분이었다.

"우리야 아쉽지만 전적으로 네 선택이야. 아무도, 어떤 강요도 하지 않아."

나는 우려하고 있던 것들을 털어놓았다. 결론도 쉽게 입 밖으로 나왔다. 전적으로 이 무덤덤한 공기 덕이었다. 내 마음의 짐을 덜어주려고 에드윈이 애써 서운함을 감추었던 거라고 나는 지금도 철석같이 믿는다.

"캠프힐은 누구나 올 수 있고 또 누구나 떠날 수 있는 곳이야. 네가 떠나도 여긴 굴러가게 되어있어. 그리고 넌 너희 나라 홍보 대사가 아니야. 우리에게 너는 썸머, 너 자신이야. 너 자신만을 대표하렴. 그리고 이 단어 하나만 생각해. Happy. 네가 어디에서 무얼 해야 행복할지!"

에드윈은 잘 맞이할 줄도 잘 보낼 줄도 아는 사람이었다. 모든 쓸데없는 무게 반대편에 세상 어느 가치보다 묵직한 추 하나가 놓였다. 나는 행복하기로 결정했다.

"사람들에게 어떻게 알려야 할지 모르겠어요."

"전체 회의에서 말해."

"아뇨. 문장 말이에요. 평소처럼 어설픈 영어로 말하면 이 상황이 가볍게 여겨질 것 같아요. 이번만큼은 제대로 된 영어로 진지하게 말하고 싶은데…."

"그래? 그럼 내가 써줄게!"

아시다시피 그동안 제게 힘든 일이 있었습니다.
문제가 이곳에서 깨끗이 해결될 것 같지 않습니다.
저는 여길 떠나기로 결정했습니다.

남의 마음을 대신 쓰는 에드윈의 마음이 어땠을지 나는 알 수가 없다. 단 하나, 그가 나의 행복을 무조건 바란다는 것만은 안다. 내 사정을 전적으로 이해해서도, 이해관계가 없어서도 아니다. 행복을 아는 사람은 누군가의 행복도 사심 없이 마주할 수 있다.

며칠 후 전체 회의에서 나의 선언은 에드윈과 베로니카를 뺀 모두를 놀라게 했다. 눈물을 비치며 서운해하는 사람도, 자기 알 바 아니라는 표정을 지은 사람도 있었다. 남은 시간은 즐거웠다. 올라, 티카와 함께 큰 도시에 나가 불량식품을 사 먹고, 봉사자들을 모두 초대해 불고기와 김밥도 대접했다. 베이커리와 카페 멤버들에게는 케이크 장식하기 팁을 전수했다. 그렇게 내가 이 공동체에 있었음을 기록했다.

에드윈의 말대로 나는 누구에게도 미안하지 않았다. 의무감이나 아쉬움에 발걸음이 떨어지지 않는다거나 하지 않았다. 나는 온전한 축복을 받으며 행복의 속도로 내달렸다.

365개의 하루하루

"우리 캠프힐에서는 설날 전야에 큰 파티를 해요. 사실 난 전야보다 설날이 좋아요. 전야에는 온갖 후회만 가득한데 설날엔 힘이 나거든요. 새로운 365일을 선물 받는 거잖아요. 딱 하루 차이인데 정말 다르죠."

조앤이 두 주먹을 불끈 쥐며 말한다. 수척한 얼굴에 웃음이 돌고 입술도 반짝인다. 지난해 그의 남편은 캠프힐 생활에 적응하지 못하고 조앤에게 두 아이를 맡긴 채 혼자 본국으로 떠나버렸다. 그 후 조앤은 반년을 심하게 앓았다. 겨우 털고 일어났다가도, 다시 자리보전하는 일이 많았다. 자신을 도와 집을 이끌어갈, 어느 정도 나이가 있는 여자 봉사자가 필요하다고 했다. 가냘픈 조앤의 손에 내가 먼저 악수를 청했다.

"깨끗한 365개의 하루하루가 현관으로 뛰어 들어올 거예요. 하얀 토끼처럼. 우리 친구 해요!"

싫은 마음도 중요하다

새 캠프힐에서의 내 업무는 상당히 복잡하다. 앞서 나는 아터반Artaban이라는 집에 소속되었지만 그 집에 살지는 않는다. 1층에 소 축사가 있어 팜 플랫Farm flat이라고 불리는 건물에 산다. 방이 두 개 있고 내가 하나, 다른 집 매니저가 하나 사용한다. 나는 하루에 네 번 출근을 한다. 첫 출근은 아침 8시, 아터반으로 가서 아침을 차린 후 그곳 소속 장애인, 봉사자들과 함께 먹는다. 두 번째로 리버사이드Riverside라는 집으로 출근, 그곳 소속 봉사자 말리, 마가야와 함께 점심을 짓는다. 리버사이드 사람들이 먹을 점심을 차려놓고 나는 다시 아터반으로 돌아가 아터반에 소속된 봉사자 마티아스, 장애인 조세핀이 차린 점심을 먹는다. 오후에는 베이커리로 세 번째 출근, 공동체가 먹을 빵을 굽는다. 베이커리 퇴근 후에는 다시 아터반으로 돌아와 네 번째 출근, 저녁을 차린다. 저녁까지 먹고 치우면 하루 일정이 모두 끝나는데, 정리하자면 나는 아터반 소속으로 팜 플랫에 살면서 리버사이드와 베이커리로 파견을 나가는 것이다. 왜 이런 식으로 일을 배정한 걸까? 제빵 기술이 있는 사람이니 베이커리 붙박이로 두면 효율적일 텐데! 처음엔 의아했지만 얼마 지나지 않아 알아차렸다. 이곳에서 일의 '효율'이란 하나도 중요하지 않다는 것을(그 이야기는 「사람이 있기에 일이 있다」 꼭지에서 풀어놓겠다).

　　보다시피 부엌에 있는 시간이 확연히 늘었다. 이전 캠프힐에서는 아침은 각자 알아서 먹고 점심은 카페 메뉴로 해결했다. 저녁을 함께 지어먹었지만 봉사자 셋에 장애인 하나로, 구성이 단출했다. 이곳은 한 집에 최소 열 명, 많을 때는 열다섯 명이 넘기도 하고 삼시 세끼를 함께 먹는다. 본격적으로 요리'일'을 하다 보니 이런 생각이 들었다. 단언컨대, 캠프힐의 이념을 체감하고 싶다면 반드시 요리를 해봐야 한다는 것.

　　예를 들자면 이렇다. 오늘 리버사이드의 점심은 김밥이었다. 물론 나의 제안이었는데 예상치 못한 난관이 기다리고 있었다. 자고로 김밥이란 '오늘은 좀 귀찮으니 있는 재료로 대충 말아볼까' 하는 기분으로 슬렁슬렁, 이것저것 다 넣고 만들수록 맛있는 것 아닌가? 하지만 캠프힐에서는 김밥을 말 때야말로 세심함과 창의성을 최대치로 끌어올려야 했다. 〈그냥 김밥, 채식 김밥, 채식주의사인네 파프리카를 먹지 않는 한 사람을 위한 김밥, 김 냄새를 싫어하는 한 사람을 위한 김 없는 김밥, 각종 알레르기를 안고 사는 한 사람을 위한 파프리카와 배추만 넣은 김밥, 그밖에 채식주의자가 아니고 김 냄새도 잘 맡는데 파프리카를 싫어하는 두 사람을 위한 김밥〉까지, 이렇게 열네 명을 위해 여섯 종, 총 스무 줄의 김밥을 싸야 하니까 말이다. 이쯤 되면 〈김밥천국 캠프힐 지점〉을 개업할 각오여야 한다.

요리를 준비하기 전에 우리는 반드시 이런 과정을 거친다. 누가 어떤 음식에 알레르기가 있으며, 누가 어떤 음식을 싫어하는지(못 먹는지가 아니다. 싫어하는지다!) 하나하나 꼽아가며 이야기를 나눈다. 그러고선 레시피를 조정한다. 테이블에 둘러앉을 사람들의 면면을 파악하는 것이 최우선이다. 그것도 매일, 끼니마다. 알레르기야 치명적인 문제니 그렇다 치고, 그저 '싫다'는 이유조차 존중받는 곳이 캠프힐이다. 나는 어릴 때부터 단무지를 정말로 싫어했는데, 엄마가 김밥을 말 때 단무지를 빼달라고 하면 귀여운 셋째 딸의 취향을 존중하…기는 무슨! 등짝을 한 대 맞으며 "그냥 먹어. 가리지 말고 다 먹어야지!" 소리를 들어야 했다. 그래야 사람들이 흉을 보지 않는다고. 나는 이곳에서 사람들을 위해 기쁘게 오이를 빼고, 고기를 빼고, 김을 뺀다! 엄마가 이 광경을 보면 얼마나 아연실색할까. 하하하!

어제는 음악에 맞추어 몸으로 언어와 감정을 표현하는 유리드믹스Eurhythmics 수업이 있었는데, 강사가 독일인 봉사자 한나에게 피아노 반주를 부탁했다. 한나는 강사가 원하는 곡은 치기 싫다며 다른 곡을 연주하겠다고 했다. 강사가 재차 부탁했지만 한나는 고개를 저었다. 이곳의 봉사자들은 세미나 강사나 매니저들과 동등하게 의견을 나누며 주장도 분명하다. 나이가 어리거나 직급이 다르다고 자기 자신을 달리하는 일이 없다. 연장자를 You라고 부르는 것조차 여전히 죄스러운 나에게는 일상이 문화충격이다.

아무튼, 10대 꼬마들이 열댓 명분의 요리를, 그것도 각종 식이요법과 취향의 지뢰를 쏙쏙 피하며 해내는 것은 경이로울 따름이다. 우리가 캠프힐에서 하는 건 단순히 '요리'가 아닐지도 모른다. 끼니마다 사람들의 이름을 손꼽으며 타인의 취향을 존중하면서도 자신의 개성을 지키는 방법, 한 명의 사회 구성원으로서 무리에 희석되지 않으면서도 함께 어울려 사는 방법을 배우고 있는 것은 아닐까. 남에게 휘둘리는 이기적인 삶이 아닌, 타인을 받아들이는 주체적인 삶을 말이다.

세상에 흉이 될 김밥이란 없다!

밤은 어둡지 않다

　나의 파란만장한 캠프힐 생활은 2011년 3월 7일 월요일에 일어난 작은 해프닝을 기점으로 큰 변화를 겪는다. 이를 일컬어 BC와 AC 즉, Before Clara와 After Clara라 하겠다.

　이곳은 시내에 나가려면 콜택시를 부르거나 두 시간을 걸어야 하는 촌구석. 평일에는 심심하고 휴일에는 한층 심심하다. 봉사자마다 요일을 달리하며 하루의 휴일을 갖는데, 이전 캠프힐에서는 베이커리에 대량주문이 들어오거나 마켓출점 등의 이벤트가 있다면 휴일이라도 일에 동원되어야 했다. 그러나 이곳은 휴일을 맞은 봉사자를 투명 인간 취급한다. 특히 업무와 관련된 이야기는 절대 꺼내지 않고, 일에서 완전히 벗어난 시간을 보장해준다. 나의 휴일은 월요일로 정해졌는데 한국에서도 아일랜드에서도 쉼에 익숙하지 않던 나는 넘치는 여유시간을 두고 어찌할 바를 몰랐다. 그러던 차에 남들은 어떻게 일하나 궁금한 마음에 소 축사에 가보았다.

기점은 바로 그때다. 말 한마디 나눈 적 없는 더벅머리 여자아이가 대뜸 "안녕, 난 클라라야. 우유 짜기 해볼래?" 하지 않았더라면, 그 후 방에 돌아와 뭉클함이 채 가시지 않은 손과 마음으로 내가 그의 캐릭터를 그리지 않았더라면… 다음 날 용기를 내 클라라에게 캐릭터 드로잉을 보여주지 않았더라면, 또 다음 날 그가 나에게 "드로잉 고마워. 오늘 저녁에 내 방에 놀러 올래?" 하지 않았더라면… 그날 저녁까지도 한참을 망설이다가 전화를 걸어 "나더러 오라고 한 거 맞지?"라고 재차 묻지 않았더라면, 나는 지금도 일만 하면서 방 안에 틀어박혀 도대체 뭘 하는지 모르겠는 음습한 봉사자로 살고 있을지 모른다.

처음 가보는 동료의 방. 클라라의 방은 히피의 동굴 같았다. 침대는 프레임 없이 바닥에 매트리스로 끝, 책상도 의자도 없었다. 어둑한 조명 아래 벽에는 영적인 그림이 한가득, 바닥엔 아시아에서 온 나도 가지고 있지 않은 오리엔탈 스타일의 물건들(캠프힐에서 불상을 볼 줄이야!)로 제단을 쌓아두었고, 그 꼭대기에서는 향이 피어오르고 있었다. 조약돌이나 양털 뭉치, 깃털을 비롯해 정체를 알 수 없는 자연물이 그득 담긴 상자도 있었다. 클라라는 대뜸 자기 방에 이상한 냄새가 나지 않느냐고 물었다. 나는 "네가 모은 물건들의 냄새와 향이 콤비네이션 되어 꽤 야릇한 냄새가 난다"고, "자연물 중 일부는 부패하고 있을지도 모른다"고 알려주었다. 그는 오른손 두 번째 손가락으로 머리카락을 베베 꼬며 곤란해했지만

어떤 조처도 취하지 않았다.

동굴, 아니 방의 분위기도 냄새도 익숙해질 무렵, 우리는 서로의 흑역사, 캠프힐 수난기, 남부끄러운 취향까지 다 알아버렸는데 자정이 넘은 것은 알아채지 못했다. 클라라는 공동체의 울타리 바깥에 있는 아담한 시골집에서 은퇴한 할머니 봉사자와 살고 있었다. 거기서 내 숙소까지 새까만 시골 밤길을 혼자 걸을 엄두가 나지 않았다. 나는 클라라에게 공동체 입구까지만 데려다 달라고 부탁했다. 그는 어이가 없다는 눈빛을 보냈다. 하지만 자연의 때가 묻지 않은 순수한 도시 겁쟁이 썸머와 자진하여 엮여버린 것을 어쩌겠는가!

클라라와 함께 시골길을 걸으며 처음 알았다. 밤은 어둡지 않다. 밝다. 그것도 아주 밝다. 달님이 땅 위의 모든 것에게 차별 없이 자기 빛을 뿌렸다. 길은 물론 축사, 농기구, 울타리에 기대둔 자전거의 바퀴살까지 다 보였다. 그리고 클라라를 바라보았을 때, 나는 달빛이 사람 몸에 반사되어 사람 자체가 빛이 되는 것을 보았다.

우리는 그 후로도 서로의 방에 늦도록 머물렀다. 나는 어느 순간부터 클라라의 배웅 없이 혼자 집으로 돌아왔다. 서로를 드러내며 우리가 얻은 결론은, 우리는 아주 다르지만 결국 You are me, I am you, 우리는 똑같은 사람이라는 것. 사람은 원래 외롭지만 원래 혼자도 아님을, 늘 존재했지만 느끼지 못했던 위대한 섭리를 깨닫게 해준 클라라.

철저한 도시 여자였던 클라라(오스트리아 비엔나 출신이다)는 남미를 여행하던 중 유기농장에 처음 발을 들였다고, 이후로 식물과 동물을 다루는 일이 좋아져 지구 곳곳의 농장을 돌아다니며 경험을 쌓고 있다고 했다. 캠프힐도 그 정거장 중 하나였다.

근사한 추락

"썸머! 네가 그려준 클라라 봤어. 나도 하나 그려줄래?"

얼굴만 알고 지내던 옆집 매니저의 딸이 다가와 말했다. 그럴 수는 있지만 그가 원하는 대로 '어서 빨리'는 안 된다. 추억이 쌓이고 마음이 따르지 않으면 하고 싶어도 할 수가 없다. 클라라를 시작으로 말리, 디타를 차례차례 쉽게 그리며 나는 웃는다. 단순히 익숙해졌다거나 적응해서라고 설명하기에는 부족한, 어떠한 힘이 있다.

평범했던 삶의 궤도에서 갑작스레 벗어나 즉흥적인 결정으로 낯선 곳에 왔고 언어의 장벽이나 문화, 세대의 차이를 시험으로 받아들였던 나는 사람을 만나는 자체가 고역이었다. 물론 즐거웠던 일도 있었다. 하지만 상처받은 내가 더 먼저, 더 아프게 떠올라 좋은 기억을 덮어버렸다. 우린 너무나 다르다는 말을 쉽게 꺼냈고 '그래서 어떻게 해보자'가 아니라 '그래서 어쩔 수 없다'며 마음의

나의 쿠킹 메이트 말리, 히피 클라라, 쉬는 시간이면 음악을 틀고 춤을 추는 위버리 마스터 이바, 살림꾼 디타. 이렇게 좋은 사람들을 그리는 일이 내 마음에도 즐겁기까지 꼬박 석 달이 걸렸다.

벽에 회칠을 해댔다.

마음을 연다는 것은 다가갔다가 물러섰다가, 내질렀다가 살폈다가 할 여유가 있는 것, 때로는 물릴 수도 있는 것인 줄 알았다. 하지만 지금은 낙하산이 펼쳐지는 순간을 떠올린다. 우리의 마음이란 낙하산처럼 퍼질 때 쓸모가 있다. 낙하산을 사용하는 순간은 절체절명이다. 펴져도 그만, 아니어도 그만이 아니다. 물러서거나 주저해서는 안 된다. 한순간에 전부를 열어젖혀야 한다. 마음을 열어야 하는 순간, 마음이 열리고 마는 순간은 어쩌면 추락 중에 올 수도 있음을 나는 캠프힐에서 배운다.

낙하산은 제대로 펴졌고 나는 안도하며 근사한 추락을 즐긴다. 간질간질한 발끝에 펼쳐진 장관을 이제야 즐긴다. 누가 나를 비행기에 태웠는지, 누가 나를 떠밀었는지는 중요하지 않다. 나는 낙하산을 펼쳤고, 이제 안전하다.

시간의 파도, 경험의 산맥

같은 집에서 일하는 열아홉 살 독일인 봉사자 마티아스와 몇 번이나 티격태격했다. 10대와의 다툼은 이전 캠프힐에서 끝난 줄 알았는데… 이번 상대는 신경전이나 얄미운 짓은 통하지 않았고 논쟁도 펼쳐봤지만 포기. 우리는 조금씩 멀어지고 있었다.

지난 일요일 아침이었다. 서로가 맡은 일에 대해 잘 몰라 오해가 생겼는데, 별 시답지 않은 일인데도 녀석은 공동체 만방에 자신의 삐짐을 전시했다. 심지어 안톤과 마르탱을 불러다 미주알고주알 고자질을 했다. 고자질이야 하든 말든 상관없었지만, 내가 좋아하는 안톤과 마르탱을 끌어들였다는 부분은 참을 수 없었다. 곧장 공동체의 어른인 하이디 할머니에게 상황을 보고했는데, 할머니의 대응이 실망이었다. 내 사정은 듣는 둥 마는 둥, 대충 흘려보내라며 무마하실 줄이야.

그날 밤, 클라라가 이상한 낌새를 눈치채고는 내 방을 찾아왔다. 마티아스 때문에 도저히 못 살겠다, 녀석이 내 이미지를 스크램블드 개떡으로 만들어놓았다, 해명할 기회도 없이 유야무야된 상황이 억울하다, 모든 걸 때려치우고 집에 가고 싶다고 구구절절 토로했다.

"흥!" 클라라는 대번에 콧방귀를 꼈다.

"내가 여기에 왔을 때 애들이 나를 따돌렸거든. 그때 울며불며 오스트리아까지 국제전화로 친구에게 하소연을 했단 말이지. 딱 너처럼. 흑… 여기 독일애들이 나 따돌리고 흑… 이상한 소문 내고… 너무 힘들다 친구야… 흑흑… 이러니까 친구가 뭐라고 한 줄 알아? "클라라, 걔들 몇 살이니? 열여덟, 열아홉? Fuck up, Clara! 틴에이저에게 뭘 바라는 거야. 그게 걔들 나이에 하는 짓이야. 우리도 그랬잖아." 위로 좀 받으려고 했는데 욕만 얻어먹었지 뭐. 썸머… 마티아스는 오늘 너랑 있었던 일은 내일이면 새까맣게 잊을 걸? 그러니까 제발 오버하지 마서. 걔들은 그저 10대야! Fucking teenagers라고!"

Fuck이라는 단어가 이토록 딱 맞아떨어지고 입에 짝 달라붙는 용례를 내 사전에 본 적이 없다. 아랫입술을 살짝 깨문 후 터트리는 강력한 F의 에너지 덕분인지 나는 불끈 용기가 솟는 동시에, 현명한 하이디 할머니가 왜 이 문제를 구렁이 담 넘듯 처리했는지 단박에 이해했다.

각양각색의 10대들과 수십 년을 함께 생활한 어른들은 녀석들을 꿰뚫고 계시는 거다. 고등학교를 갓 졸업하고 갭이어*를 채우기 위해 캠프힐에 온 녀석들. 혈기 왕성한 녀석들이 제한된 공간과 단조로운 시간 속에서 어떤 재미로 사는지를! 그런 재미마저 제거한다면 녀석들은 지루해 나자빠질 테고, 억지로 무릎 꿇려 가르친다면 튕겨 나갈 게 뻔하다. 이곳은 수련회도 템플스테이도 아니다. 녀석들이 오늘 맹랑한 짓을 하면 오늘로 끝내고 말 일. 아아, 이 Fu…아니, 이 잔망스러운 10대 녀석! 쥐뿔만 한 사건을 소뿔만 하게 취급하고 절망했던 나 자신이 부끄러워졌다. 클라라가 이어 말했다.

"만약 5년 후에 마티아스를 만난다면 녀석은 완전히 다른 사람이 되어있을걸?"

나는 10대가 아닌 마티아스와 10대들이 없는 캠프힐을 상상해 보았다. 아일랜드는 양과 소의 속도로 움직이는 나라, 그 안에서도 더 느릿느릿 살 수밖에 없는 캠프힐 사람들. 자칫 침울해질 수 있는 이곳에 활기를 불어넣는 것은 10대들의 진동과 리듬이다. "젊은이들은 별 이유 없이 웃는다. 그것이야말로 그들의 가장 큰 매력이다." 아일랜드 출신 작가 오스카 와일드의 말이다. 작가는 별 이유 없이 웃고 별 이유 없이 들썩이는 존재들의 소중함을 알았다. 웃으려면 별 이유가 필요한, 소위 철든 사람들끼리 산다면 세상은 얼마나 지루할지 상상하고 싶지 않다.

순수미 가득한 영혼의 정화수 안톤. 김밥 한번 싸달라고 눈망울을 아롱대는 탄야. 올라와 티카가 우리 캠프힐에 놀러왔을 때, 기타를 가져와 한밤의 콘서트를 열어준 음악 청년 니클라스. 그와 함께 첼로로 즉흥 연주를 벌였던 예의 바르고 똑똑한 네덜란드 소년 마르탱까지. 삐죽삐죽 제각기 자라고 있는 나무들이 뿜어내는 에너지야말로 캠프힐의 연료다.

클라라, 네가 옳다. 녀석들은 시간의 파도를 타고 경험의 산맥을 넘으며 성장하겠지. 그냥 봐주자. 피곤하게 어른 노릇 할 필요도 없고 함께 뒹굴 필요도 없다. 좌충우돌하고 끓어 오르는 녀석들을 그저 우리 자리에서 지켜보자. 우린 이미 그때를 지나온 사람들. 우리의 그림자를 돌아보듯 녀석들을 봐주자.

5년 후, 10년 후… 우리들은 어떤 모습일까? 과연 마르탱은 바라는 대로 제약회사 연구원이 되어있을지, 안톤은 축구 잘하는 언어학자가 되어있을지, 니클라스는 농부가 되어 낮에는 밭을 갈고 저녁엔 펍에 가서 에릭 클랩튼 못잖게 기타를 연주하고 있을지. 그리고 클라라, 너와 나도 녀석들이 봤을 때 나름 괜찮은 어른이 되어있을까.

* Gap year. 몇몇 유럽 국가에는 고등학교 졸업 후 바로 취업이나 대학 진학을 하지 않고 한동안 '비는' 시간을 갖게 하는 제도가 있다. 당시 독일은 갭이어 1년이 의무였고, 입대나 자원봉사 중 하나를 택해야 했다. 입대를 하면 꽤 많은 돈을 벌 수 있지만, 자유로운 생활이나 새로운 경험, 여행을 선호하는 아이들은 캠프힐 같은 봉사단체를 선택해 갭이어를 보낸다.

I don't know yet. It's opened.
아직 모르겠어. 내가 뭘 좋아하는지, 뭘 해야 할지.
모든 것에 가능성은 열려있어.

"캠프힐을 마치면 뭘 할 거야?"라는 질문에 너희는 이렇게 답하곤 하지.
모른다는 것이 불안을 의미하지 않는 대답, 시간을 날 것 그대로 즐기는 너
희들의 아무렇지 않은 그 대답이 참 좋아.

사람이 있기에 일이 있다

　이곳에서는 누구나 하나 이상의 일을 한다. 금요일마다 베이커리에서는 토요일 아침 식사를 위해 200개의 작은 모닝롤을 굽는데, 마스터와 내가 200개의 반죽을 완성하면 마틴은 그것들을 하나하나 베이킹팬에 올린다. 빵을 굽고 식힌 후 내가 20개씩 비닐봉지에 넣으면, 데니스가 끈으로 봉지 입구를 묶는다. 베이커리 문 앞에 봉지들을 놓아두면, 나무 공방에서 일하는 제임스가 토요일 아침에 수거해서 집마다 배달하는 식이다. 얼핏 보면 섬세하게 쪼개진 '분업 시스템'이나 여기에는 간단하지 않은 개념이 들어가 있다. 본디 분업이란 효율을 목적으로 하는데, 이곳의 분업은 효율과는 다소 무관하게 굴러가기 때문이다.

　일례로, 토요일마다 나는 조세핀이라는 장애인과 점심을 준비하는데, 내가 채소를 씻고 껍질을 벗겨 조세핀에게 넘기면 그가 썬다. 그는 채소를 써는 일이라면 타의 추종을 불허하지만, 사실 채소를 손질한 내가 바로 후다닥 썰면 훨씬 빠르고 그야말로 '효율적'이다. 만약 채소 썰기가 필요 없는 요리를 한다면? 조세핀은 할일이 없어지고 부엌 한쪽에 그저 서 있기만 해야 한다. 그러니 내가 그와 부엌에 함께 있는 한 나는 그에게 '일을 만들어주는 일'을 해야 한다. 일이 있어서 사람이 필요한 게 아니라, 사람이 있기에 일이 생긴다.

베이커리에서도 마찬가지. 나는 한국에서 다섯 곳, 이전 캠프힐에서 한 곳, 총 여섯 곳의 베이커리 현장을 경험했다. 보통의 베이커리는 정신없이 돌아간다. 육중한 반죽기가 맹렬히 돌아가고, 무겁고 뜨거운 철판이 날아다니며 냉장실과 냉동실 문을 열 때마다 소음과 한기가 휘몰아친다. 생산과 배송 등에 관한 대화가 쉼없이 오가고, 그 와중에 베이커들은 서로 부딪히지 않도록 기민하게 움직인다. 그런데 이곳 베이커리가 풍기는 분위기는 뭐랄까… 보통의 베이커리와는 어울리지 않는 정서가 있었다. 그것은 바로 '평화로움'이었다. 베이커리가 평화롭다니….

베이커리에 있으면 정원의 새가 노래하는 소리도, 꽃이 피는 소리도 들린다. 일하면서 명상을 하라면 할 수도 있겠다. 이곳에서 봉사자가 하는 일은 생산 목표를 채우는 것이 아니라 장애인이 수월히 일할 수 있도록 돕는 일이었다. 예를 들어 1550그램의 밀가루가 필요하다면, 1000그램, 500그램, 50그램씩 세 번에 나누어 계량하도록 레시피를 조정하고 장애인이 제대로 계량하는지 옆에서 지켜보는 일이다. 장애인과 봉사자는 짝을 이루어 일하는데 반죽기, 오븐 다루기 등 위험한 일을 제외한 모든 것은 장애인이 하고 봉사자는 그 곁에서 지켜보며 소극적으로 돕는다. 마틴이 스테인리스 볼에 쿠키 반죽을 넣고 나무 주걱으로 휘저을 때는 볼이 흔들리지 않도록 두 손으로 붙드는 것이 내 일이다. 그러다가 마틴이 갑자기 일하기 싫다며 뛰쳐나가면 추격해 붙잡아온다던가… 왼손은, 아니 '봉사자는 거들 뿐!'이다.

그리고 한 봉사자에게 한 가지 일만 배정하지 않는다. 클라라역시 오전에는 농장, 오후에는 위버리에서 일한다. 어느 날 보면 목공방에서 나무를 깎고 있다. 그러니 나도 풀타임 베이커가 아니라 이집 저집에 쪼개져 일하도록 배정된 것인데, 처음엔 이런 비효율적인 업무분장에 회의적이었지만 얼마 후에는 끄덕끄덕 수긍하게 되었다.

물론 처음에는 답답해 죽을 지경이었다. 과정을 줄이고 효율을 높여 군더더기 없이 딱 떨어져야 개운한 우리들 아닌가! 마틴이 어서 반죽을 철판에 올려놓아야 발효도 하고 굽기도 틈 없이 바로 할 수 있는데, 그는 멍하니 천장만 바라보기 일쑤. 200개의 반죽은 작업 테이블 위에서 무럭무럭 자라고, 내 마음은 타들어 간다. 조세핀에게 "이 감자는 오븐에 구워야 하니 크게 썰어주세요"라고 시연까지 보였는데 채를 썰어버리는 정도는 애교다. "어휴! 내가 하고 말지!" 직접 나서서 해치우고 싶은 일들이 가득. 그러나 시간이 흘러 어느덧 채 썬 감자의 산을 앞에 두고도 당황하지 않고 "그렇다면! 오늘 점심은 코리안 포테이토 팬케이크다!"라며 감자 축

멀쩡히 일하다가 슬슬 도망칠 준비를 하는 마틴과, 빵을 만드는 척하지만 슬슬 마틴을 잡으러 뛸 준비를 하는 나 사이에 (나름) 숨 막히는 눈치전이 펼쳐지는 중이다.

제의 성패에 사활을 건 부녀회장에 빙의해 대량의 감자전을 부치고 있는 나 자신을 발견하게 된달까?

사고 수습이나 체념이 아니었다. 장애인들이 자기 일에 임하는 태도를 보면서 저절로 바뀌었다. 나는 이제 어떻게 하면 일을 빨리, 많이, 잘 할까가 아니라, 어떻게 하면 일을 쉽게 할 수 있을까, 우리 모두가 할 수 있도록 잘 쪼갤까 궁리한다. 토요일 아침마다 모닝롤을 배달하는 제임스는 금요일 오후가 되면 반드시, 100퍼센트, 꼭 베이커리에 들러 빵을 뜻하는 수화를 마스터에게 계속 보여준다. 매일 저녁 다음 날 아침 테이블을 세팅하는 크리스는 평소 짓궂고 장난을 잘 치지만, 이때만큼은 차분하고 진지하다. 접시와 시리얼 사발, 칼과 포크, 스푼, 냅킨을 한 명 한 명의 자리에 세심히 내려놓는다. 어서 끝내고 쉬고 싶어서 내가 도우려 들면 "No! It's my job!"이라며 정색하고 뿌리친다. 모두가 한결같이 자기 일에 진지하고 애착이 강하다. 느리고 서툴지만 열심인 사람들을 보며 "내가 앓느니 죽지!" 대신 "그래! 같이 죽자!"를 택한다. 나는 우리 사람들이 일을 흡족히 끝낼 때까지 지긋이 지켜보면서 인내의 금자탑을 쌓아 올리는 '일'을 하면 된다.

엊그제 조세핀에게 줄 채소를 다듬다가 문득, 20대 후반에 지인과 동업으로 베이커리를 운영했던 일이 떠올랐다. 그때는 모든 것을 내 손으로 했다. 기존 시설물을 철거할 업체를 찾는 것부터, 전구 한 알 고르기까지 모두 내 발로 뛰고 내 손으로 엮었다. 내가 더 잘 알고 더 잘하니까, 내가 하는 게 당연히 효율적이니까. 동업자에게 맡기면 성에 차지 않을 것이 뻔하니 버거워도 그냥 해버렸다. 나는 피곤했고 그는 서운했다. 내 옆에 사람이 있었는데 나는 모른 체 했다. 우리는 틀어졌고 일은 오래가지 못했다. 그야말로 일을 일로만 여기던 때였다.

이 나라에서 6개월이 흐른 이제, 나는 일이란 일종의 신호가 아닐까 생각한다. 인간으로서 일을 한다는 것은 이름을 부르고 손을 맞추어 서로의 존재를 인지하는 것, 그러면서 실은 자기의 존재가치를 확인하는 것. 깜빡깜빡 파란불처럼 내가 여기 있음을 알리는 처절하고 아름다운 신호다. 이곳에서 나의 일은 신호를 예의 주시하는 것이다. 우리 사람들의 신호를 놓치지 않고, 내 신호를 제대로 보내기 위해.

〈혹시나 마틴이 내가 어디갔는지 잘 납득하지 못하면 이 그림을 이용해 설명해주세요.〉 베이커리 마스터 스티븐이 여름휴가로 자리를 비우며 남긴 메모. 자신의 일을 다른 사람이 쉽게 이해할 수 있도록 신경을 쓰는 것도 중요한 '일'이다.

Learning by Doing

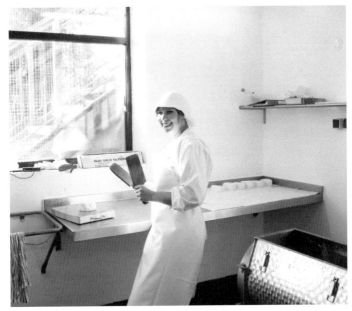

'일은 하면서 배운다'는 캠프힐의 근간이 되는 철학. 캠프힐을 만들고 초기에 정착한 사람들은 의사, 간호사, 교육자 등 대부분 육체노동과는 거리가 먼 사람들이었다. 그들은 농부, 제빵사, 목수, 정원사, 보모 등이 되어 소매를 걷어붙이고 어떤 일에든 뛰어들어야 했다. 모든 일이 온전히 대접받는 공동체를 만들기 위해 그들 자신부터 원래 있던 자리에 연연하지 않았고 서로의 노동에 감사하며 살았다고 한다.

그들처럼 우리도 본래 있던 자리를 떠나 낯선 일과 환경에 몸을 담는다. 익숙지 않은 일을 배우는 우리에게 잘해내야 한다는 강박을 주는 사람은 없다. 우리 삶을 구성하는 **모든 것이 일이 될 수 있고, 일이란 몸으로 익히는 것.** 캠프힐에서 일한 후 나의 직업관도 한결 유연해졌다.

(위) 크리머리에서 버터를 만들고 있는 탄야
(왼쪽) 클라라는 농장, 목장, 위버리를 오가며 일하는 고급인력이다.

이곳에서 나는 '일을 돕는 일'과 '일이 되게 하는 일'을 한다. 동료들이 안전하고 쉽게 일할 수 있도록 준비를 하거나 독려하며 지켜봐 주는 일이다.

목공방 멤버들은 캠프힐에 필요한 가구나 장식품을 만든다.
형태와 색감이 독특해 오픈데이에 인기리에 팔린다. 캠프힐
봉사자들도 귀국할 때 기념품으로 사 가기도 한다.

일 도우러 왔다가 잠에 빠져버린 검은 머리 외국인.
여기는 캠프힐에서 가장 고요하고 시간이 느리게 흐
르는 곳, 바로 위버리다. 베틀을 이용해 아일랜드 양
모로 테피스트리나 카펫을 짠다. 베틀을 볼 때마
다 늘 비슷한 상태여서 위버리 사람들은 도대체 일
을 하긴 하는 건가 싶었는데, 어느 날 문득 보면 완성
이 되어있곤 했다. 한 작품 당 수개 월이 걸리는 작
업. 아무도 재촉하지 않는 곳에서도 일은 마무리된
다. 시간은 힘이 세니까.

(오른쪽) 장애인이 짠 테피스트리를 캔버스 삼아, 클
라라가 니들펠트로 어린왕자 이야기를 새겨 넣었다.

113

더 자주 웃고 우는 인생

정원이와 나는 중학교 때 단짝이었다. 같은 가수를 좋아하고 나중에 고등학교도 대학도 같이 가자, 어른이 되면 한집에 살자며 노트에 공간 배치도를 끄적이던 소녀시절의 친구. 학교 근처의 아파트나 주택가에 옹기종기 살던 다른 아이들과 달리 정원이는 시내를 벗어난 한적한 동네에 살았다. 방과 후에는 으레 가까운 우리 집에서 놀았지 내가 정원이네 집에 가는 일은 없었다. 그러던 어느 날 정원이가 나를 집에 초대했다. 초대라고는 했지만 특별한 이벤트가 있던 것은 아니었다. 정원이는 '그냥' 자기 집에 가자고 했다. 버스를 타고 흙길을 달려 도착한 정원이네 집에서 정원이네 엄마가 준비해준 간식을 먹으며 잘 놀다 돌아왔다. 다음 날 학교에서 어제의 일을 말했는데 나중에 한 친구가 다가와 말했다.

"정원이네 오빠 봤어?"

오빠라니? 정원이는 첫째였다. 여동생이 하나 있다고 해서 새

필통을 준비해 선물했는걸. 친구는 말을 이었다.

"방에 숨겨둔다고 했어. 집에 사람이 오면."

친구는 정원이네 가족과 어릴 때부터 알고 지낸다고 했다. 정원이에게는 세 살 많은 오빠가 있는데 장애인이라고, 늘 집에만 있고 가족은 그의 존재를 아무에게도 말하지 않는다고 했다. 나는 놀라지 않았다. 중학생이지만 철이 들어 타인의 사정을 품을 수 있었던 게 아니라, 가족 중에 장애인이 있다는 게 어떤 의미인지, 가족의 일원을 숨겨야 하는 상황이 어떤 의미인지 아예 몰랐기 때문이다.

비행기 바퀴가 아일랜드에 닿기 직전까지 내 인생에 장애인이라는 키워드가 들어온 것은 그 찰나가 유일했다. 가족의 비밀이니, 정원이가 나서서 말하지 않으니 나도 못 들은 일로 삼았고 그 일은 순수하게 잊혔다. 그로부터 20년 후, 계획한 일이 어그러져 당장 갈 곳이 없고 한국에는 있기 싫던 차에 친구가 캠프힐을 소개해주었고 자원봉사자 비자가 나오자마자 날아왔다. 봉사 기간 1년 역시 비자 유효기간이 1년이라 그에 맞췄을 뿐, 어떤 인식도 채비도 없었다.

첫 캠프힐의 장애인들은 외견상 비장애인과 다를 바 없었고, 스스로 먹고 자는 수준을 넘어 방 청소, 빨래, 다림질도 가능했다. 혼자서 기차나 버스를 타고 일터에 나갔고 돈 계산도 척척 했다. 말을 하지 못하는 장애인을 제외하고는 다들 영어도 나보다 훨씬 잘했다.

이런 상황을 미리 알았던 터라 나는 내 사정, 내 걱정만 잔뜩 들고 날아왔다. 실은 '쉽겠다'고 생각했다. '봉사'를 하겠다고 인생의 1년을 비워 먼 곳으로 기어이 왔으면서도, 힘든 일은 피하고 싶은 마음이 없지 않았다.

캠프힐에 도착 후 예상대로 장애인들과 이질감 없이 첫 대면을 하고 생활을 이어 나갔다. 이곳의 모두가 모든 면에서 나보다 나았다. 그러던 어느 주말, 옆 동네 캠프힐의 일본인 봉사자가 라이어* 콘서트에 출연한다며 나를 초대했다. 매니저는 시내에 있는 콘서트홀까지 태워다 줄 사람을 주선해주었다. 동네 교회의 목사님이고, 콜린이라는 장애인을 데리고 온다고 했다. 숙소 앞에서 인상 좋은 목사님을 만나 차에 올라타려는데 그가 뒷좌석에 이미 타고 있는 한 청년을 가리키며 말했다. "여긴 콜린이에요. 콜린, 여긴 썸머!"

차에 타려던 동작에 주춤 제동이 걸렸다. 작은 머리, 두꺼운 목, 보는 방향이 다른 두 눈동자, 벌어진 입… 다운증후군의 전형이었다. 콜린은 나를 힐끔 보더니 부정확한 발음으로 "안녕"이라고 하곤 두 손을 양 볼에 대고 계속 떨었다. '아, 나는 캠프힐에 와 있었지.' 이상한 시점, 이상한 곳에서 이런 실감을 하는 나였다.

누가 봐도 부자연스러웠겠지만 태연하려 노력했다. 그런데 콘서트홀 입구에 도착하자마자 목사님은 뭔가를 가지러 차에 다시 갔고 나와 콜린만 덩그러니 남겨졌다. '어떡해! 어떡해!' 마음의 소

---

* Lyre. 아일랜드 전통 악기 중 하나로 품 안에 쏙 들어오는 크기의 하프. 아일랜드의 저비용 항공사 라이언 에어Ryan Air의 심벌이기도 하다.

리가 온 정신을 사로잡았다. 그때까지 장애인과 단둘이 있어 본 적도 없고, 다운증후군에 대한 지식도 없으니 당황할 수밖에 없었다.

내 사정을 봐줄 리 없이 콘서트는 정시에 시작했고, 목사님은 돌아오지 않았다. 나는 쭈뼛대며 콜린의 옷자락 끝을 잡고 홀 안으로 들어가 빈자리에 앉았다. 그는 콘서트 내내 두 눈동자를 천장에 고정하고 입을 벌린 채 가만히 앉아있었다. 나는 라이어의 우아한 선율이 하나도 들리지 않았다. 이상한 낌새가 느껴지면 즉각 대처해야 한다는 '업무', 그것도 한 번도 해본 적 없는 어려운 '일'이 주어졌으니까. 베이커리에서도 실수 연발인데 아는 사람 하나 없는 콘서트홀이라니….

미끈거리는 손바닥을 연신 바지에 비볐다가 팔짱을 꼈다가 어수선한 나와 달리, 콜린은 점잖았다. 돌발 상황은 없겠다는 안도감이 들자 나는 콜린을 관찰하기 시작했다. 그는 음악이 연주되든 멈추든, 늘어지든 몰아치든 어떤 반응도 하지 않았다. 자신이 콘서트에 와 있는 것을 알까? 그는 앉혀졌기 때문에 앉아있는 걸까? 음악을 알까? 예술이 장애인에게 어떤 의미가 있을까? 그동안 베이커리 일과 인간관계에 치여 가져본 적 없던 의문들이었다.

콜린과의 인연은 이것으로 끝이 아니었다. 신규 봉사자들이 한꺼번에 들어와 방이 동난 적이 있다. 동네 교회에 빈방이 있으니 2주 정도만 누군가 그곳에서 지내주면 좋겠다는 매니저의 말에 내가 나섰다. 교회에 가보니 익숙한 얼굴이 있었다. 나를 콘서트홀까지 데려다준 그 목사님이었다. 나의 임시 거처는 소공녀가 머물

렀을 법한 교회 꼭대기의 검소하고 아늑한 방이었고, 옆방의 주인이 바로 콜린이었다. 젊은 스위스인 목사와 간호사 커플이 척박한 아일랜드 땅으로 넘어와 봉사하며 평생을 살았고, 자녀들을 다 키워 내보낸 후 콜린을 입양했다고 했다. 콜린은 평소에는 어느 시골의 캠프힐에서 지내다가 주말이나 휴일에 이곳으로 돌아온다고. 어느 주말, 콜린을 응접실에서 마주쳤다. 그는 처음과 마찬가지로 시선은 바닥, 양손은 볼에, DVD를 틀어놓고 조용히 앉아있었다. 나는 멀찌감치 서서 어색하게 "안녕!" 하고는 또 어찌할 줄을 몰라 냉큼 자리를 피했다.

얼마 후 나는 지금의 캠프힐로 옮겨왔다. 콜린이 평일을 보낸다는 그 시골 캠프힐이 여기였고 심지어 나는 콜린이 사는 집에 배정되었다. 새 캠프힐은 아주 달랐다. 몇몇 장애인은 스스로 씻지 못했고, 신경이 마비되어 침대와 휠체어 위에서만 지내는 사람도 있었다.

이전 캠프힐에서 나의 포지션이 베이커였다면, 이곳에서 내가 하는 일은 '직업'이 아니라 '생활'이 되어야 했다. 베이커리에 출근한 첫날부터 달랐다. 앞치마를 다부지게 고쳐매고 당장 투입될 채비를 하는데 베이커리 마스터 스티븐이 나를 휴게실로 불러내 앉혔다. 그리고는 검은색 서류철을 하나 건넸다.

"썸머, 반가워. 이곳에서 일하고 살기 위해 네가 알아두어야 할 것들이야. 오늘은 이 서류만 읽으면 돼."

꽤 두툼한 서류에 적힌 것은 빵 레시피도, 처리할 주문도 아니었다.

- 데이비드는 홍차에 집착한다. 하루에 세 잔 이상 마시지 않도록 돕는다. 몰래 마시려고 할 테니 주의를 기울인다. 기분이 좋을 때는 코를 만진다. 식사 자리에서 코를 만지면 주의를 준다.
- 마야는 화가 나면 소리를 지른다. 가만히 두면 스스로 풀린다. 시간을 준다.
- 데이브는 손등을 자꾸 긁는다. 피가 날 수 있으므로 주의해서 지켜본다.
- 마이클은 정리 정돈에 집착한다. 그의 물건을 빌려 썼다면 제대로 잘 돌려줄 것

함께 살 장애인들에 대한 섬세한 관찰이었다. 스티븐은 천천히 다 읽으라고 했다. 앞으로 베이커리든 집에서든 누군가와 일이 생기면 이 서류철을 열어 그 사람의 특징을 살펴보라고. 예를 들어 마야가 갑자기 울거나 화를 내는 등 이해할 수 없는 행동을 한다면, 무서워하거나 외면하지 말고 마야에 대해 알아본 후 그의 방법으로 그를 도우라고 했다.

베이킹 용어와 겨우 친해지니 이제 각종 질환과 증세, 대처법에 대한 단어가 쏟아졌다. 생소한 의학 용어를 사전으로 검색해가며 수십 명분의 파일을 꼬박 읽는 동안 생각했다. 누군가 나의 과거와 지금을 관찰해서 행동, 버릇 따위를 정리해 이 서류철 어디에 끼워 넣었더라도 크게 도드라지지 않았을 거라고. 이런 식의 〈누구누구 사용설명서〉가 내 인생에 있었더라면 인간관계가 훨씬 수월했을 거라고….

스티븐이 덧붙였다. 장애인들은 루틴과 습관에 집착하는 경향이 있고 일상이 틀어지면 돌발행동을 할 수도 있다고. 세상에, 누군들 안 그런가! 정도의 차이가 있을 뿐이지. 나는 한국에서 '장애

인도 우리와 같은 사람'이라는 뉘앙스가 들어간 캠페인을 종종 마주쳤다. 이상할 것 하나 없는 말이었다. 하지만 이곳에서 서류를 넘기며 느낀 것은 '내가 장애인과 같은 사람'이라는 점이었다. 그렇게 새로운 지점을 더듬는 일로 두 번째 캠프힐 생활을 시작했다. 일이 곧 생활이고 생활이 곧 일인 채로.

한집에 장애인과 봉사자가 비슷한 수로 배정된다. 폴은 취침 전에 얼굴과 등에 연고를 발라주어야 하고, 사지마비인 데이브는 하루 두 번 기저귀를 갈아야 한다. 나는 매일 아침 콜린의 면도를 도왔는데, 면도기를 들고 거울 앞에서 콘서트 때와 똑같이 멍하니 서 있는 그에게 "You shave! You handsome!" 외마디 영어를 외쳐가며 독려했다. 그러면 콜린은 스스로 면도를 했다. 결코 베이는 일 없이! 콜린은 변비 때문에 건포도를 규칙적으로 먹어야 했는데, 집에 건포도가 끊이지 않게 창고에서 조달해두는 것도 내 마음이 늘 기억하는 일이었다. 신발을 왼쪽 오른쪽 바꿔서 신으면 다시 신도록 알려줬다. 어려운 말은 필요 없었다. "Your shoes, left here! Right here!" 정도면 충분. 단순한 내 영어로도 뜻은 모두 전달됐고, 그렇게 내 목소리는 차츰 단단해져 갔다.

두 달이 지났을 때, 콜린이 이사를 가게 되었다. 한 봉사자가 특정 장애인을 전담하는 일은 없지만, 조금 더 정이 쌓이는 사람이 생기기 마련. 나에게는 콜린이 그랬다. 그를 떠나보내는 시점에서 콜린에게 나는 어떤 존재였을까 생각하니 조금 착잡해졌다. 그에게 '관계'나 '추억'은 어떤 모양일까. 오늘 일을 내일이면 잊는 그에게 지금 이 순간이란 어떤 의미일까.

　콜린이 떠나기 전날 송별회를 열었다. 여느 때처럼 열댓 명 되는 사람들이 정신없이 식사를 하고 야단법석을 떨며 케이크를 나눠 먹었다. 마티아스와 나는 설거지를 맡고 다른 봉사자는 장애인들의 취침 준비를 도왔다. 보통 때라면 저녁 약을 받고 세수하러 갈 콜린이 부엌을 떠나지 않고 서성였다. 왜인지 안절부절 어찌할 줄 모르는 그에게 "You're moving tomorrow! Give me a hug!"라고 말하며 양팔을 활짝 벌렸다. 그러자 그가 내 품에 뛰어 들어와 나를 꼬옥 끌어안았다. 평소 느릿느릿 걷던 콜린의 발걸음이 이렇게 빠른 적이 없었다. 그제야 알았다. 콜린이 작별 인사를 하고 싶어서 자기 방으로 가지 않았다는 것을. 콜린은 나보다 어리고 체구도 작은데, 어른의 포옹을 받는 기분이었다. 뒤이어 자기보다 50센티는 더 큰 마티아스를 아이 대하듯 다정히 안고 눈을 지그시 감는 콜린. 아무 말 없이 한참 그렇게, 어른의 포옹이 이어졌다.

　콜린에게 시간이나 관계란 그저 단편적일 거라 넘겨짚었던 내가 틀렸다. 콜린 안에는 오늘과 어제, 어제보다 더 먼 날들이 켜켜이 쌓여있었다. 눈을 지그시 감은 콜린의 표정에 고스란히 비쳤다. 소통하는 방법이 나와 다를 뿐. 나의 무지와 오만이 부끄러웠다.

　그러고 보니 콜린은 나의 시작부터 지금까지의 과정을 모두 봐온 사람이었다. 차 문을 벌컥 열더니 갑자기 난감해하던 이상한 사람, 아름다운 콘서트 내내 왜인지 혼자 초조해하던 사람, 부모님 집의 하숙생이었는데 어느 날 한집에 살게 되었다는 엉뚱한 사람, 처음에는 눈도 못 마주치더니 엉터리 영어로 자신의 일상을 돕던 웃긴 사람, 굿바이 케이크를 구워준 고마운 사람, 작별 인사를 하자며 먼저 품을 연, 그냥 사람…. 콜린은 그런 나에게 "이제야 조금 자연스러워지고 있는데?"라고 포옹으로 말하는 듯했다.

장애인과 함께 생활한다는 것, 나와 다른 언어를 쓰고 다른 문화권에서 자란 사람과 함께 산다는 것은 '시험'이 아니었다. 잘하려고 애쓰며 좋은 평가를 기대하지 않아도 되었다. 비유하자면, 좋아하는 TV 채널을 하나 늘리는 일이었다. '내 인생'이라는 TV에 '관계'라는 채널을 추가하는 것! 채널의 스펙트럼이 다채로워지고 경험의 해상도가 높아지면 세상에서 벌어지는 갖가지 현상을 이해하는 폭이 넓어진다. 그 이전보다 더 자주 웃고 더 자주 우는 인생이 된다.

서로 다른 사람들이 함께 만든 빵, 함께 먹은 음식, 함께 걸은 산책길을 통해 우리도 모르는 사이에 수많은 채널이 추가된다. 그 과정은 사람이 사람에게 주는 선물이다. 오랜 시간과 수많은 감정이 집약된, 꼭 진주알 같은 선물.

산책 중에 마주친 은퇴한 할아버지 봉사자. 평생을
헌신하고 일선에서 물러난 봉사자들은 캠프힐의 보
호와 혜택을 받으며 여생을 보낸다.

'완벽할 필요 없어' 주의

음악가 김태원 씨에 대한, 정확히는 그의 '아픈 아들'에 대한 기사 제목이 눈에 들어와 클릭해봤다. 그의 아들은 '마음의 병'을 앓고 있고, 가족은 한국 땅에서 많은 상처를 받았으며, 현재는 해외에서 생활한다는 내용이었다. 마음의 병이 무엇인지 기사는 명시하지 않았지만, '아들과 대화해보는 것이 소원'이라는 김태원 씨의 말로 어렵잖게 짐작할 수 있었다. 눈을 마주치지 않는 아이, 마음을 닫은 아이, 자폐스펙트럼이다.

우리 캠프힐 사람들을 보자면, 자폐인데다 듣지도 말하지도 못하는 아주머니, 의사 표현은 Yes와 No만 가능하며 태생적으로 등이 굽어 평생 휠체어 신세를 지는 할아버지, 막대로 쿠키 반죽을 휘젓기나 빵 반죽을 옮기는 일 정도만 가능한 다운증후군 청년 등이다. 우리는 주 1회 이상 마트나 극장, 콘서트홀, 수영장을 드나드는데 누구에게도 불편한 시선을 받은 적이 없다. 장애인 스스로나 그들의 가족도 위축되어 있지 않다. 공동체 소속이 아닌 장애인을 길에서 마주치는 것도 일상이다. 한마디로, 장애를 이유로 태어난 나라를 떠날 필요가 없는 사회다.

캠프힐의 시스템은 장애인들을 격리하고 봉사자들이 수발을 드는 방식이 아니다. 장애인들은 사소할지라도 각자 맡은 바 일이 있어서 캠프힐 내의 베이커리, 나무공방, 위버리, 목장 등으로 출퇴근한다. 휠체어 할아버지도 봉사자가 베이커리에 데려다주면 사람들이 일하는 것을 지켜보는데 그것도 엄연한 '일'이다. 워크숍과 집에서 열리는 정기 회의에 소속 장애인도 모두 참여하며, 자신의 의견을 자유롭게 표현하고 의사 결정에 영향을 끼친다.

꽤 먼 공원이나 타 도시로 소풍을 가기도 한다. '중증 장애인은 야외활동에서 제외되겠지?'라고 예상했지만 오산이었다. 장애인 전용 택시를 불러 휠체어를 통째로 싣고 간다. 휠체어에 장애인이 탄 채로 택시를 운행하려면 휠체어 고정용 안전장치가 이중 삼중으로 필요한데, 벨트와 고정장치 등을 채우고 푸는 데만 한나절이 걸린다. 여행지에 도착하면 모두 휠체어의 속도에 발걸음을 맞춘다. 먼 길을 돌아가기도, 이도 저도 안 될 때 휠체어를 번쩍 들고 가기도 한다. 이곳의 누구라도 못 하거나 안 되는 것은 없다. 어떻게든 같이 간다.

고작 반년 만에 내 나라 사정이 먼 나라의 이야기처럼 생소해지다니. 그만큼 이곳 생활에 익숙해진 나는 장애인들이 사회의 일원으로 인정받지 못한 채 안으로 숨겨지거나 밖으로 내몰리는 그곳의 이유를 어렴풋이 짐작할 수 있었다.

경쟁, 생존에 대한 강박. 한번 실패하면 다시 일어서기 힘든 사회. 한 가지만 잘해서는 불안하니 멀쩡한 직장이 있어도 다른 재주를 더하려고 새벽에 학원을 다니는 사람들. 더 먼저, 더 많이 가지려고 손톱을 물어뜯는 분위기. 그런 곳에서 자란 내가 여기에 와서 가장 많이 듣는 말이자 가장 해내기 어려운 일은 바로⋯

It doesn't need to be perfect.

완벽할 필요 없어.

잘하면 칭찬받고 못하면 그림자가 되는 사례에 익숙한 나로서는 처음엔 이 말이 그저 부담을 덜어주려는 빈말인 줄 알았다. 하지만 참말이었다. 이 캠프힐에 온 지 2주째 되는 날, 봉사자들이 마을 주민들을 초대해 자선 콘서트를 연다고 했다. 누군가 악기를 기차게 연주하거나 노래를 잘하나보다 했는데, 리허설에 가보고는 깜짝 놀랐다. 기타를 잘 치는 아이가 하나 있고, 하나는 기타 케이스를 퍼커션 삼아 손바닥으로 두들기고, 나머지는 노래방 기계가 "음치는 아니시네요" 판정할 수준의 노래를 하고 있었다. 그 와중에 가장 신기한 점은, 모든 봉사자가 한 명도 빠짐없이 참여한다는 사실이었다.

강제 동원? 아니면 근거 없는 자신감? 콘서트가 당장이라는데, 함께 모여 연습할 기회가 딱 두 번 남았다는데, 이건 아니 될 수준이었다. 리허설이 끝난 후, 콘서트의 총기획자라는 기타 소년 니클라스가 상기된 얼굴로 내게 물었다. "헤이, 썸머. 우리 공연 어때?" 나는 답했다. "이걸… 이틀 후에 한다는 거지?" 대놓고 염려를 표했다. 사고를 단단히 치고 있는 것 같은데 왜 녀석은 해맑은지, 자랑스러운 듯 어깨까지 으쓱하고 있는지 의아했다. 니클라스는 걱정은커녕 "괜찮아. 완벽할 필요 없어. 우리가 즐거우면 돼. 뭐라도 좋으니 썸머도 같이 하자!"라며 웃었다. 나는 그가 속으로는 걱정하면서 겉으로는 센 척을 하는 거라고, 이 콘서트는 하는 사람도 보는 사람도 민망할 거라고 예단했다. 같이 하자는 권유도 기겁하며 거절했다. 나는 누구 앞에 내놓을 만큼 노래도, 연주도 못한다. 내가 왜 사서 창피를 당하겠는가!

결론부터 말하자면, 콘서트는 매우 훌륭했다! 피나는 노력에 벼락같은 기적이 더해져 봉사자들이 '콘서트'라는 이름에 걸맞은 실력을 갖추게 되었을 리 없다. 흠집을 찾자면 한도 없을 테지만, 그러고 싶은 마음이 티끌만치도 들지 않았다. 봉사자들은 무대 위의 긴장과 흥분을 즐겼다. 시간이 갈수록 봉사자들의 입에서 나오는 노래, 손끝에서 나오는 연주, 몸에서 나오는 춤이 아니라 그들의 입과 손과 몸이 보였다. 누군가를 위해 무언가를 하는 '사람'이 보였다.

봉사자들의 빨간 뺨이 사과처럼 반짝이는 모습을 바라보며 나는 그동안 간과했던 중요한 포인트를 알아차렸다. 콘서트는 연주자만의 일이 아니다. 관객과의 협업이다. 이날 함께한 우리 캠프힐 식구들과 마을 주민들은 최고의 관객이었다. 신나는 곡이 나오면 환호와 박수를 아끼지 않았고 진지한 곡에서는 숙연한 분위기를 자아냈다. 연주자와 관객이 서로의 빈틈을 채우고 응원해가며 만드는 콘서트였다. 나는 니클라스에게 인사치레가 아닌 진심으로 말했다. Perfect 했다고. 그리고 후회했다. 나도 뭐라도 할걸, 나도 저 위에 함께 있었으면 좋았을걸⋯.

일에서도 다를 바 없었다. 이곳에도 자기 일을 제대로 못하는 민폐 봉사자들이 왕왕 출몰하는데, 신기하게도 어찌어찌 잘 굴러가고 당사자들도 움츠러드는 구석이 없다. 한번은 피에르라는 봉사자가 일을 대충대충 하고 요령을 피우길래 오래 지켜보다가 하이디 할머니에게 일러바쳤다. 그러자 이런 대답이 돌아왔다.

"썸머, 누구도 완벽할 순 없어. 피에르를 있는 그대로 받아들이렴."

이에 "완벽을 바라지도 않아요. 성인인데 자기 일은 제대로 해야죠!"라고 발끈했다가 더 기가 막힌 답을 들었다. "피에르가 그 정도인 건 그의 한계이고 그의 인생이지, 네가 화낼 일이 아니야. 피에르가 나아질지 아닐지는 스스로 결정할 문제야."

나는 투지를 잃어버렸다. '나아진다'는 개념, 개인이 추구하는 '이상' 자체가 각자 다르다는 것부터 인정하라니. 그러니 "그 수준으로는 곤란해!"라는 일이 없다. 스스로 나서서 '하겠노라' 하면 그 길로 나의 역할과 자리가 생긴다. 잘하기 이전에 '스스로 하기'와 '함께하기'에 가치를 둔다. 바이올린을 켤 줄 아는 마이올랭은 일요일 예배에서 연주를 하겠다고 손을 들고, 클라라는 화요일 저녁마다 강당에 봉사자들을 모아놓고 요가 세션을 진행한다. 나는 케이크가 필요한 자리가 생기면 어디든 나서서 굽는다. 이곳의 모두가 각자의 재주를 거리낌 없이 드러내고 산다. 남들은 다 하는 것을 나만 못한다고 자책하는 사람도 없다. 솔직히 세상에 남들 다 하는 것이 어딨는가!

캠프힐 뜨내기들(나 포함)의 좌충우돌에 정신이 아득해질 때마다, 나는 농장의 대장 안야와 하이디 할머니 같은 어른들에게서 힌트를 얻곤 했다. 안야의 집에 새 봉사자가 온다고 하길래 무심결에 "좋은 사람이 오면 좋겠네요"라고 말했더니, 그는 "하하, 어떤 사람이 와도 괜찮아"라고 답했다. 그 말이 그렇게 싱그러울 수 없었다. 그 사람의 있는 그대로를, 그 사람의 시간과 마음이 스스로 허락하는 만큼만 받겠다니. 수많은 봉사자가 길게는 1년, 짧게는 몇 주 머물다 가는 터라 이별이 일상이 된 이곳에서 '괜찮다'는 말이 나오기까지 얼마나 부침이 심했을까. 그런데도 새로운 만남을 두고 자기 방어차 거리를 두지 않는다. 열일곱 짜리들이 만든 엉터리 음식을 앞에 두고 그들의 애씀에 감사하는 기도를 올린다. 밖에서 받은 상처를 고스란히 품고 들어오는 우리들을, 그 뾰족한 각을 묵묵히 받아낸 삶이다.

완벽이라는 말을 한자로 풀자면 온전할 완完, 둥근 옥 벽璧, '온전하게 둥근 옥구슬'이다. 불완전한 구성원을 울타리 바깥으로 내몰면 남은 사람들은 옥구슬처럼 또르르 굴러갈 수 있을까? 지금 내가 사는 나라는 아무도 완벽에 관심을 두지 않는 곳. 삐거덕대고 엉성할 듯지만 놀랍게도 꽤 오래 꽤 멀리 굴러가고 있다. 이

모난 수레바퀴를 굴리는 힘은 무엇일까. 이곳에는 인간의 불완전을 아는 지혜, 함께에 가치를 두는 여유가 있다. 그것은 체념이나 나태와는 전혀 다른 에너지를 발산하고 서로에게 용기와 감동을 준다.

일을 혼자 하는 게 편했던 나는 이제 이스트와 베이킹파우더도 구분 못 하는 봉사자, 봉사자의 자녀, 우리 장애인들과 함께 뭐라도 만들 건수를 고안해낸다. 저효율과 불완전의 틈새는 '함께'라는 가치로 자연스레 매워져 동그르르해진다. 견고하고 건강하고 Perfect 해진다.

무슨 일이 있어도, 문은 꼭 열어두세요

캠프힐은 기독교 기반의 단체로, 관련된 연중행사가 달력에 빼곡하다. 이번 달에는 부활절이 있는데, 옆 동네 캠프힐의 윤미와 근황을 나누어보니 이쪽이나 그쪽이나 하는 일은 똑같았다. 색색의 달걀로 집 안을 장식하고, 숲속에 달걀과 토끼 인형을 숨겨놓고 보물찾기를 한다. 그리고 캠프힐 전통인 부활절 연극을 한다.

연극의 내용은 이렇다. 아테네 신전 앞에 한 시각장애인이 도움을 청하며 서 있다. 곧이어 청각장애인, 기형아를 품은 어미, 한센병 환자, 지적장애자, 뇌전증 환자 등이 하나둘 모여든다. 로마 군인들이 이들을 잡아 섬에 격리하려는 탓에 이들은 공포에 떨고 있다. 그 와중에 서로의 완전치 못함을 보고 멸시하기도, 두려워하기도 한다. 하지만 결국, 자신의 몸과 마음의 병을 극복하기로 하고 로마 군인들과 당당히 맞서며 극이 끝난다.

이 연극은 캠프힐의 창작극이다. 제2차 세계대전 당시, 나치가 장애인을 격리 수용하고 학살했던 상황을 고대 로마 시대로 배경만 옮겼다. 캠프힐은 나치의 박해를 피해 유럽 대륙에서 스코틀랜드 섬으로 이주한 학자, 예술가들이 만든 공동체다. 주축은 발달장애 아동을 연구하던 오스트리아인 소아과 의사이자 교육자 칼 쾨니히(Karl Koenig, 1902~1966)였다. 연극은 캠프힐의 태동을 은유하여 보여주고 있었다.

하이디 할머니가 총감독을 맡고 강당에 모여 배역을 나누었다. 가장 많은 대사를 하는 배역부터 꺼내어졌다. 우리는 하이디 할머니와 눈을 마주치지 않은 채 일사불란하게 마르탱을 바라보았다. 마르탱은 우수한 성적으로 고등학교를 졸업한 모범생이었는데 모두 은연중에 그의 공부머리를 믿고 있었던 것이다. 셰익스피어의 작품처럼 시적인 표현이 많고 지금은 쓰지 않는 오래된 영어로 된 쉽지 않은 연극이었으니 마르탱은 난감한 표정이었지만, 이내 수락했다. 우리 상태(?)를 보니 자기가 십자가를 매는 편이 낫겠다고 여긴 듯했다.

나는 아주 특별한 역을 받았다. 다들 서 있는데 혼자만 끝까지 앉아있는 Woman이라는 역할이었다. 그것도 무리의 정중앙에서. Woman은 강보에 싸인 아이를 안고 장애인들의 소란을 묵묵히 지켜보다가 최후에 그들에게 "자기 자신을 당당하게 바라보라"며 엄중히 타이르는 역이다. 그렇다. Woman은 무려, 피에타의 성모 미리아다. 지저스! 내가 마리아라니! 난 붇곤데!

그렇게 난생처음 배우로서 무대에 서게 되었다. 평생 역할극을 해본 적도 없으면서, 극을 정리하는 중요한 역을 맡다니. 원어

민들도 어려워하는 영어 대사를 소화해야 한다는 부담감에 밤잠을 못 이루기는커녕, 소풍을 앞둔 아이처럼 마냥 두근거렸다. 봉사자들의 콘서트를 지켜본 후로 나는 사람들 앞에 나를 있는 그대로 내놓는 것에 두려움이 없어졌다. 무대 뒤의 두근거림, 무대 위의 긴장과 교감, 다시 무대 뒤의 벅차오름을 처음으로 맛볼 좋은 기회였다.

최종 드레스 리허설을 마치고 방으로 돌아온 나는 새로운 경험이 주는 감동을 한참 붙들었다. 오감을 동원해 느끼고 싶은 생경한 감동, 그것은 우리가 너무 일찍 인생을 닫지 말아야 할 이유다. 닫았더라도 다시 열어야 할 이유다.

이윽고 2011년 4월 22일 부활절 금요일 오후 3시, 우리는 무대에 섰다. 입던 옷, 신던 신발, 쓰던 말을 벗은 우리는 같은 옷을 입고 맨발로 서서 주어진 말을 하고 눈동자로 뜻을 맞추었다. 숨을 곳을 허락하지 않는 조명 아래에 서서, 수많은 관객이 보내는 눈길의 무게를 고루 나누어 받아냈다. 그렇게 우리와 나는 한 무대에 함께 섰다. 마르탱이 두 번쯤 대사를 실수했지만 누구도 당황하지 않았다. 마가야는 대사를 읊다가 감정에 복받쳐 목이 메었다. 몇몇 관객이 눈물을 훔쳤는데 그것이 장애인 당사자인지 장애인의 부모인지 봉사자인지… 객석이 어두워 알 수 없었다.

나는 처음부터 끝까지, 묵묵히, 앉아서, 우리들을 보았고 나도 모르게 영어 대사 대신 한국어 문장을 반복해 읊조렸다. '나는 지금이 더없이 좋다. 나는 우리가 더없이 좋다. 나는 삶의 무대를 더

없이 사랑하겠다.'

　　자, 이제 내 차례다.

You should never turn against yourself.

자신에게서 등을 돌리지 말라.

Become what you are.

있는 그대로의 너 자신이 되어라.

His heart was dumb, not he himself.

말을 잃는 것은 사람이 아니라,

사람의 마음이다.

Therefore he can not speak.

그런 연유로 사람은 말을 하지 못하는 것이다.

'어찌어찌 된다'의 법칙

　대부분의 캠프힐은 설립기념일을 즈음해 '오픈데이Open day'를 열고 마을 주민들을 초대한다. 마켓, 서커스, 인형극 등의 이벤트와 각종 먹을거리를 준비하는데, 아이나 어른이나 장애우나 봉사자나 주민이나 모두 함께 즐기는 시골 동네의 작은 축제 같은 날이다.

　이날은 워크숍끼리 경쟁하는 장이 되기도 한다. 워크숍들은 작업 공간을 개방하고 자신들이 하는 일을 세상에 내보인다. 만든 물건을 팔아 수익을 올리기도 한다. 나무 공방과 위버리는 조각품과 직물을 판매하고, 농장에서는 쇠고기 햄버거와 아이스크림 스탠드를 운영한다. 내가 속한 베이커리는 빵(캠프힐의 사워도우 브레드는 지역에서 명성이 자자했다), 비스킷, 케이크, 피자를 팔고, 어린이들이 할 수 있는 '컵케이크 장식하기. 1개에 단돈 80센트!' 코너를 마련했다.

베이커리는 매년 빵과 비스킷, 피자만을 만들었다는데 올해는 달랐다. 나와 눈을 맞추고 "케이크를 꼭! 만들었으면 좋겠어!"라고 말하는 베이커리 마스터 스티븐. 거기에 대고 "일단, 케이크를 미리 만들어두어야 하는데 보관할 냉장고가 없어요. 이단, 행사 당일에 선보일 냉장 쇼케이스도 없어요. 삼단, 다 떠나서 포장용기도 없어요. 결론은 무리무리!"라고 똑 잘라 거절할 수가 없었다. "그래, 합시다!"라고 저질러 버린 데에는 나 또한 믿는 구석이 있기 때문이었다. '완벽할 필요 없어' 주의와 '어찌어찌 된다'의 법칙. 캠프힐 생활을 하며 터득한 삶의 위대한 진리!

동네에서 가장 큰 마트에서도 원형 케이크 틀을 구할 수 없어, 사각 케이크와 무스케이크로 아이템을 급히 변경한 것은 빙산의 일각이었다. 알루미늄 베이킹 컵조차 파는 곳을 못 찾아 집마다 부엌을 뒤져 먼지 낀 머핀 틀을 찾아내던 일 등등… 열거하자면 눈물이 날 지경이다. 그때마다 저 두 가지 '믿는 구석'은 우리를 어떻게든 해내게 만들었다.

좌충우돌 그러나 신나게 준비한 오픈데이는 대성공이었다. 행사 전까지 일주일 내내 태풍이 불어닥쳤고 이날 역시 바람이 매서웠음에도 많은 마을 주민이 찾아와주었다.

무탈하게 행사가 끝나고, 워크숍들은 그날 벌어들인 돈을 세느라 여념이 없었다. 스티븐은 하루 종일 피자를 구워내느라 벌게진 얼굴이었는데, 매출을 확인한 후 한층 더 벌게질 수밖에 없었다. 베이커리 사상 최고 매출을 경신한데다, 늘 1등이던 나무공방보다도 높았기 때문이다! 베이커리 식구들은 팔짝팔짝 뛰었다.

집에 가보니 봉사자들이 기분 좋게 방전되어 카우치며 식탁에 젖은 빨래처럼 널브러져서는 이날 있었던 각종 사건, 사고에 대해 눈물이 나도록 웃으며 떠들고 있었다. 너무 들뜬 나머지 일어나자마자 밥도 약도 안 먹고 집을 뛰쳐나간 마틴을 잡으러 다닌 이야기부터, 독수리 활공 서커스에서 독수리 녀석이 조련사의 팔뚝 대신 나무 위로 날아가 앉더니, 영 돌아올 생각이 없었다는 안타까운 소식까지. 하지만 가장 큰 이슈는 따로 있었다. 평소엔 순둥이 같은 워크숍 마스터들도 경쟁심으로 불타게 만든 최고의 이슈, 매출! 내일이면 다 공개될 텐데도 아직 결과를 모르는 봉사자들은 서로 떠보기에 여념이 없었다.

"너희 얼마 팔았어?"

"너희는?"

"내가 먼저 물었잖아!"

"됐고, 너희는?"

유치한 대화가 난무하는 가운데 팔다 남은 아이스크림, 피자, 햄버거를 해치우며 오픈데이가 저물어갔다. 완전히 에너지를 쏟아낸 스티븐이 말했다. "이런 날이 일 년에 한 번이라 다행이야!" 그래 맞아. 생일은 하루면 족해. 두 번이면 그건 생일이 아니지!

똑같이 모양을 잡아도 발효나 굽기를 거치고 나면, 어디는 많이 무뜔고 어디는 터지고 어디는 유독 주지않는다. 제과가 '원하는 모양대로 나무 인형을 깎는 것'이라면, 제빵은 '나무를 심고 지켜보며 물과 시간을 주는 것'에 가깝다. **어찌 할 수도, 미리 알 수도 없는 부분이 존재한다면 시작은 내가 해도 끝은 내맡길 수밖에. '어찌어찌 된다'의 법칙에 기대면서!**

그렇게 케이크가 된다

캠프힐에서 대외업무를 담당하는 해티가 사무실로 와달라고 했다. 우리 베이커리에서 굽는 케이크에 대한 기사를 소식지에 싣고 싶다며 캠프힐 본부에서 연락이 왔단다. 사진은 케이크를 만들 때마다 찍어둬서 걱정이 없는데 문제는 원고였다. 이건 '영어' 소식지 아닌가! "제가 뭔가를… 직접… 써야… 하나요?" 하고 옹알이를 하자 눈치 빠른 해티는 "허허~ 내가 자네를 인터뷰해서 원고를 작성하겠네"라며 안심시켰다.

며칠 후, 해티와 함께 사진을 보며 이런저런 질문과 대답으로 인터뷰를 진행했다. 한국에서 제과제빵을 배워 작은 베이커리 카페를 운영했고, 자원봉사로 복지관 아이들과 케이크를 장식하기도 했고, 지구 정반대 편에 와서도 오븐 불을 지피고 있는 나는 한번도 생각해본 적 없던 질문을 받았다.

질문 1. 케이크를 만드는 데 가장 중요하게 생각하는 것은 무엇인가요?

질문 2. 정성스레 만든 케이크가 순식간에 먹어 치워지는데 허무하거나 안타깝진 않나요?

글쎄… 케이크를 만든다면, 먼저 주인공을 알아야 하지 않을까? 케이크를 만드는 일정이 잡히면 나는 주인공에 대한 정보를 모으기 시작한다. 마틴은 리버풀과 아스널을 좋아하는 축구 광팬. 하이디는 공동체의 큰 어른으로 우아하고 따뜻하면서 겸손한 분. 한나는 패션도 사고방식도 톡톡 튀는 독특한 아이라 평범한 건 절대 거부! 비키는 사시사철 산타클로스를 찾는 꼬마.

케이크는 특별하다. 어떤 음식이라고 특별하지 않겠냐만 케이크는 더욱 그렇다. 일 년에 단 하루, 내가 주인공인 날 차려지는 테이블 한가운데에 반짝반짝 초를 꽂은 케이크가 있다. 모두가 케이크와 나를 바라본다. 생일 주인공과 케이크는 일종의 커플이다.

나는 생일을 맞은 사람에게 꼭 맞는 옷을 선물하듯 꼭 맞는 케이크를 만들고 싶어 그들을 관찰한다. 그러다 보면 자연스레 그 사람이 가깝게 느껴진다. 누군가의 취향을 살피고 그를 위해 무언가를 하는 것, 그것이 '관계'라는 단어의 정의가 아닐까.

　케이크는 단 몇 분 안에 먹어 치워진다. 예뻤던 모양도 간데없다. 그렇다고 잊히는 것은 아니다. 하나, 생일 주인공을 관찰하고 케이크를 만든다. 둘, 주인공이 보지 못하도록 숨겨두었다가 파티 시간에 맞추어 초에 불을 붙여 들고나온다. 셋, "Happy birthday to you" 노래를 부르며 그에게 다가간다. 넷, 그 순간 주인공의 표정을 나는 본다. 이 시간은 잠깐이면서 평생이다. 그렇게 케이크는 잊히지 않고 평생을 산다.

언젠가 가수 이소라가 이런 말을 했다. "내가 노래를 부를 때만큼은 상대방이 나를 사랑하게 만들고 싶어요." 해티의 질문에 더듬더듬 답하는 동안, 나는 그 말의 뜻을 조금 알 것 같았다.

데이비드 할아버지는 뇌 손상의 후유증으로 홍차 집착증이 생겼다. 시도 때도 없이, 하루에도 수십 잔의 홍차를 마시려 드는 할아버지와 그걸 막으려는 봉사자들의 술래잡기가 일상이다. 그의 60세 생일에는 찻잔 모양의 비스킷 60개를 올린 대형 케이크를 만들어드렸다.

"나도 그랬어"라고 말해주는 사람

"10대한테 뭘 바래! 너도, 나도 그땐 그랬잖아!"

클라라와 신나게 뒷담화를 했던 얄미운 녀석, 마티아스가 독일로 돌아간다. 그리고 곧 고2짜리 독일 여자아이가 온다는 소식을 들었다. 탄야나 말리처럼 듬직한 아이? 아니면 한나처럼 발랄한 아이? 나는 새 식구를 맞을 생각에 한껏 들떠있었다.

일주일 후, 우리 집에 온 것(?)은 색달랐다. 발도르프 학교에 다니는 사라는 이번 여름방학을 캠프힐에서 지내야 했다. 일종의 현장 실습이었다. 길쭉하고 바싹 마른 몸, 푸르고 큰 눈망울, 호기심으로 가득 차 이것저것 들춰보기를 좋아하는 사라. 명랑하고 사랑스러운 아이지만 치명적인 결함이 있었으니… 바로 '영어를 못한다는 것'. 어느 정도로 못하냐면, 나보다 못했다. 그건 우리 공동체에서 가장 못한다는 뜻이다. 보통 독일 봉사자들은 독일어 악센트는 있을지라도 영어를 모국어 수준으로 구사하는데, 이런 경우는 처음이라며 다들 놀라고 있다. 원, 투, 쓰리 숫자 읽기도 힘들어하고 무엇을 물으면 배시시 웃거나, 무조건 "옛스"라고 답하기 일쑤.

첫째 날, 사라는 힘겹게 자기소개를 하다가 뚝 막히자 자못 전위적인 질문을 했다.

"음… 독일어 할 줄 알아요?"

나는 답했다.

"영어도 못해."

내 말을 잘못 이해한 건지 뻔뻔한 건지, 이 아이는 말하다가 막히면 독일어로 조잘댔다. 심지어 영어 공부도 안 하는 나에게 독일어를 가르치려 들었다. 칼을 가리키며 "이게 독일어로 뭐랬죠?" 하루에도 몇 번씩 나를 붙들고 교육했다. "아, 몰라. 저리 치워!" 아무리 무시해도 사라는 기죽지 않았다. "메사! 메사라고 했잖아요. 나 원 참…!" 쯧쯧쯧 혀까지 찼다.

사라의 주 임무는 요리인데 여기에서 또 하나의 결함이 발견되었다. 태어나서 단 한 번도 요리해본 적이 없다는 고해성사… 자르다, 볶다, 끓이다, 튀기다 등의 동사가 가리키는 행위를 해본 적이 없다고! 샐러드용 채소를 뜨끈한 물에 담가 씻는 사람을 본 적 있는가? 나는 있다. 이유는 "손이 시려서"란다. 참치캔을 20분째 못 따고 있는, 선진 과학의 나라 독일에서 온 소녀에게 지렛대의 원리와 응용에 대해 설명하는 날이 올 줄이야. 장영실 1승.

사라와 일주일을 보낸 후 나는 협심증과 부정맥이 함께 오는 것을 느꼈다. 내가 여길 떠나면 사라는 새 봉사자와 조세핀을 데리고 10인분이 넘는 요리를 해야 한다. 어서 가르쳐서 최소한 우리 집 사람들은 굶기지 않게 해야 하는데! 마음이 급해졌다. 계속 시범만 보이다가 어제 처음으로 과제를 내주었다. 아가 오븐으로 쌀밥 하기 미션! 유리 볼(Bowl이란 단어도 물론 몰랐다지)에 쌀과 물을 넣고 아가 오븐에 넣었다가 30분 후에 빼기만 하면 되는 일이었다. 그 간단한 일을 하면서도 사라는 대형 사고를 쳤다. 오븐에서 유리 볼을 빼면서, 장갑도 없이 맨손으로 그 뜨거운 유리를 잡아 버린 것! 그리하여 사라는 열 손가락 끝 모두를 공평하게 데었다.

다행히 큰 화상은 아니었지만 지옥불 위에서 탭댄스라도 추듯 사라는 펄쩍펄쩍 날뛰었다. 일단 아이를 진정시키고 찬물 그릇에 손가락을 담그게 했다. 자꾸 손가락을 빼서 들여다보길래 차가워도 그냥 두라고 재차 당부했다. 그렇게 두어 시간 동안 사라는 우두커니 카우치에 앉아있었다. 엉터리 영어든 독일어든 늘 재잘재잘 떠들던 아이가 웬일인지 아주 조용했다. 요리를 대충 마치고 사라를 돌아보았다. 녀석은 손가락을 내려다보고 있었다. "넌 어떤 음악을 좋아하니? 팝? 클래식?" 시답지 않은 질문을 하며 옆자리에 털썩 앉았다. 그때 보았다. 녀석의 큰 눈이 눈물로 가득 차 있는 것을.

엄마, 아빠, 언니가 보호막처럼 지켜주던 집을 떠나온 막둥이. 말도 안 통하는 곳에서 아침 8시부터 오후 7시 반까지 요리하고, 목공예 워크숍에서 일하고, 장애인의 생활을 보조한다. 그러고 보니 사라는 내가 만난 첫 '신입' 봉사자다. 탄야, 말리, 안톤, 마티아스… 모두 내가 오기 수개월 전부터 이곳 생활을 해온 선배들. 대량의 요리를 척척 해내는 그들도 처음엔 사라 같았을까? 다른 사람을 예로 들 것도 없다. 나 역시 얼마 전까지 생소한 유럽 생활에 치여 몸도 마음도 고단했으니까. 피해의식에 젖어서는, 작은 일도 확대해석하며 언제든 눈물 떨굴 준비를 하며 살지 않았나.

또르르. 사라의 눈물이 기어코 떨어졌다. "Are you okay?" 대신 "에구, 요 녀석아!"라고 한국어로 말하며 이마에 딱밤을 콩! 놓자, 녀석이 "What? What?" 하면서 배시시 웃는다. 서러운 와중에도 생소한 한국어가 궁금하긴 했나 보다.

오늘 아침, 사라는 부엌으로 출근하자마자 열 손가락을 활짝 펼쳐 물집을 보여준다. 웬만큼 자세히 보지 않으면 발견하지 못할 쥐똥만 한 물집을 두고 이것 좀 보라고 마구 들이민다. "세상에, 정말 아프겠다. 오늘은 일하지 말고 그냥 앉아서 언니 하는 거나 봐!" 이 꾀병 환자는 사양도 없이 넙죽 받아들이더니, 파스타 15인분을 만드느라 분주한 나에게 자꾸 말을 걸어 더 정신없게 만드는 '일'을 했다(그래… 캠프힐에서는 누구나 '일'을 하지… 성실한 녀석 같으니…).

사라야, 지금 넌 막막하고 까마득할 테지. 당장에라도 가족에게 돌아가고 싶을 거야. 그래도 그냥 뛰어드는 거다. 비록 잠시라도 이 언니가 같이 뛰어줄게! One, two, three, jump!!!

사라에게,
2022년 지금, 스물 여덟이 되었겠구나. 이제 참치캔을 능숙하게 따고 양파를 깔 때 울지 않는 어른이 되어있니? 어떤 아이의 곁에서 함께 뛰어주고 있니?

추신. 나도 따뜻한 물에 채소를 씻어. 겨울에 가끔.

이토록 아름다운 난장판

엎친 데 덮쳤다. '예르카'라는 체코인 봉사자가 하필이면 우리 집에 들어왔다. 그는 50대 후반의 아저씨로, 집안일이라고는 해본 적 없는 듯했고 세상에나, 영어를 못했다. 사라와 각축을 벌이거나 약간 더 못했다. 그래서 우리 집 봉사자 구성은 이렇게 되었다. 양파를 한 개 까면 오열하느라 다음 일을 못 하는 독일 청소년 하나, 부엌에 서 있는 것 자체가 어색한 체코 아저씨 하나, 아는 것은 없지만 성격은 꽤 있는 한국 여자 하나. 우리 집은 봉사자의 블랙홀인가, 버뮤다 삼각지대인가, 분리배출처인가….

그 와중에 최고참이 된 나는 예르카가 합세한 시점부터 본격적으로 멘탈이 무너졌다. 낮에는 각자의 워크숍에서 일을 하니 상관없었지만 저녁 식사 준비가 문제였다. 장애인 여섯 명, 매니저 두 명, 은퇴한 할머니 할아버지 봉사자 각 한 명, 매니저의 아이 두 명, 우리 모자란 봉사자 세 명까지, 총 열다섯 명의 식사를 차려내는 일을 셋이 해야 했다.

사라, 예르카, 썸머가 차리는 테이블은 식사 시작 시각을 넘기기 일쑤였다. 마티아스와 내가 단둘이 할 때보다 훨씬 늦었다. 아무도 타박이나 불평하지 않는데 나만 혼자서 초조했다. 새 봉사자 둘을 이끌고 척척 해내는 모습을 보이고 싶었지만(물론 아무도 기대하지 않았음), 우리 부엌은 어수선하고 위태로웠다.

지루한 아일랜드 시골에서 우리 집 시곗바늘만 광속으로 내달리던 어느 날 저녁이었다. 사라는 양파를 하나 까면서 누가 죽은 것마냥 눈물을 쏟아내고, 나는 파스타를 삶다가도 녀석이 바닥에 흩뿌려놓은 양파 껍질을 주우러 다니는데, 한쪽에서 치즈 커터를 들고 체더치즈 덩어리와 씨름을 하는 예르카가 눈에 들어왔다. 치즈는 엉망으로 썰려있고 저 속도라면 분명 또 늦을 판이었다. 나는 반사적으로 예르카의 손에서 커터와 치즈를 획 낚아챘다. 슥슥슥! 재빠르게 치즈를 썬 후 접시에 올려 테이블에 두려고 예르카를 등지는 순간, 나는 귓불과 뺨이 뜨거워지는 것을 느꼈다. 이런 행동은, 나를 이전 캠프힐에서 이곳으로 도망 오게 만든 장본인, 캐시가 내게 하던 짓과 똑같았기 때문이었다.

장애인이 하는 말을 제대로 알아듣지 못하면, 캐시가 인상을 팍 쓰며 나타나 일을 대신 처리하고 획 사라졌다. 물건 사용법을 몰라 헤매고 있으면, 역시 치고 들어와 딱딱딱 해결하고는 획 사라졌다. 내가 당했던 일을 내가 하다니… 올챙이 적 기억을 상실한 개구리가 되었다니!

식사 시간 내내 예르카를 제대로 쳐다보지 못했다. 내가 겪었던 수모와 상처의 그림자 속에 그를 세워두었다는 것이 너무나 창피하고 미안했다. 어쩌면 나는 그 이후로도 예르카를 마주하지 못하고 끝까지 피해 다녔을 것이다. 식사가 끝난 후 그가 먼저 다가와 주지 않았더라면 말이다. 예르카는 띄엄띄엄 천천히 말을 건넸다.

"썸머. 내가 여기 온 지 얼마 안 되어서 일을 잘 모르잖아. 특히 부엌일은 더 몰라. 그러니까 조금만 시간을 줄래? 천천히 가르쳐줄래?"

나는 더욱 고개를 들지 못했다. 사과할 사람이 바뀌었다는 것과 또 하나… 내가 예르카처럼 말했더라면, 이전 캠프힐에서 캐시에게 "조금만 기다려줘. 천천히 가르쳐줘"라고 말했더라면, 상처받고 미워할 게 아니라 예르카처럼 바라는 바를 진솔하게 말했더라면… 그랬다면 캐시와 나는 어땠을까?

예르카는 산책을 하자고 했다. 이곳에서 더 오래 산 나도 몰랐던 숲에 데려가 각별히 여긴다는 아름드리나무를 소개해주었다. 자신의 Mother tree라고 했다. 마음이 어지러울 때는 이 나무에 와서 기대어있으면 한결 나아진다고. 이후로 나는 혼자서 예르카의 Mother tree를 찾아 쉬다 오곤 했다. 예르카는 치즈나 썰러 캠프힐에 온 것이 아니다. 우리 집은 블랙홀이 아니다. 예르카와 사라는 나를 가르치러 왔다. 내가 온 길을 잊지 않는 법과 상처를 전가하지 않는 법, 문제를 드러내어 말하는 법, 먼저 손을 내미는 법을 나는 그들에게서 배웠다. 그래, 예전의 나를 대하듯 하자. 진심을 말하면 된다. 쉬운 말로, 천천히, 있는 그대로, 인간에 대한 예의를 갖추어서.

오늘도 우리 집 부엌은 카오스다. 예르카는 고기를 태웠고, 사라는 아무것도 안 했는데 손을 베었다. 나는 고기의 탄 부분을 잘라내고, 사라에게 상비약의 위치를 일러준다. What a beautiful mess! 이 아름다운 혼돈 안에서 나는 안도한다. 나의 좋은 선생님, 사라와 예르카. 캠프힐이, 우리 집이 그들의 여정 위에 있어서 얼마나 다행인가!

예르카 아저씨! 칼날을 몸 방향으로 쓰시면 위험하지 말입니다! 빵도마가 있지 말입니다!

무지개 끝 금화 상자

7월은 프랑스, 8월은 스페인, 9월은 이탈리아. 나는 캠프힐을 석 달 일찍 떠나 여행을 하기로 결심했다. 한국인들이 캠프힐에 올 때는 대부분 1년짜리 영국 자원봉사 비자*를 얻어 입국하는데, 이는 캠프힐에서 1년간 봉사하겠다는 계약에 준한다. 적응하지 못하거나 피치 못할 사정으로 중도에 귀국하는 봉사자는 종종 있지만, 나처럼 여행을 이유로 조기퇴근(?)을 선언한 경우는 흔치 않은 듯했다. 내 계획을 말하자 매니저 조앤이 보인 반응(펄쩍!)을 봐서는 말이다.

캠프힐 봉사자에게는 매주 하루의 휴일과 매월 하루의 월차가 주어진다. 누구는 그때그때 쓰고 누구는 캠프힐을 떠나기 직전에 몰아 쓰기도 한다. 이때는 보통 아일랜드의 다른 도시나 스코틀랜드, 영국, 프랑스 등 유럽 국가를 여행하는데 나는 여행할 줄도, 쉴

---

* 아일랜드 섬 안에서도 영국령인 북아일랜드Northern Ireland의 캠프힐에 지원했기 때문에 영국비자가 필요했다.

줄도 모르는 사람이니 월차가 차곡차곡 쌓였다. 더불어 서랍 속에 돈도 쌓였다. 캠프힐마다 액수는 다르지만, 봉사자들은 매월 포켓머니Pocket money(용돈)를 받는다. 우리 캠프힐은 120파운드(한화 약 20만 원)를 주는데, 삼시 세끼 및 각종 간식에 모든 생활용품이 지급되는데다 외출도 도통 하지 않고 술도 마시지 않는 나로서는 돈 쓸 일이 없었다. 급여 봉투를 열지도 않고 서랍에 던져둔 것이 쌓여 어느덧 목돈이 되어있었다.

그즈음 옆 동네 캠프힐의 일본인 봉사자가 스페인 바르셀로나에 3박 4일 여행을 가지 않겠냐고 제안했다. 라이언에어로 저렴하게 갈 수 있고 가우디가 어떻고 파에야가 어떻고 하는데, 무슨 말인지는 모르겠지만 Why not! 나는 월차를 이틀 끌어오고 서랍 속 저축금을 조금 꺼내어 바르셀로나로 향했다. 그리고 돌아오는 길에 결심했다. 나는 여행을 해야겠다!

조앤은, 위에서 말했듯, 펄쩍 뛰었다. 여름은 가장 바쁜 시즌이며 나 때문에 자기가 여름휴가를 못 갈 수도 있다고 울상을 지었다. 나는 조목조목 말했다. "나는 당신의 휴가를 보장하려고 있는 사람은 아니다. 조기 퇴소의 경우 두 달 전에 미리 알릴 것을 권장한다는 캠프힐 수칙이 있고, 나는 7월부터 여행하고 싶은데 지금은 5월이니 노 프라블럼"이라고. 조앤은 곧 상황을 받아들였다.

방으로 놀아오는데 묘힌 기분이 들었다 전 직장을 관둘 때 3년을 고민하고 주저했다. '내가 퇴사하면 이 일을 누가 한담, 우리 팀은 어떻게 되고….' 그러다가 누가 퇴사를 한다고 하면 '나마저

관둬버리면 회사가 곤란하겠지' 하며 주저앉았다. 그 팀과 그 회사는 지금도 잘 굴러간다. '내가 아니면 안 될 일'이란 없었다. 그 때의 나였다면 조앤의 사정, 계약 기간을 채우지 못한다는 죄책감 따위를 핑계로 포기했을 확률이 높다. 지금의 나는 남의 사정에 편승해 포기할 때의 비겁한 안도감을 더 이상 바라지 않는다.

내 이야기가 알려진 후에도 달라진 것은 없었다. 공동체는 그 동안처럼 굴러갔다. 다들 여행을 응원해주고 계획을 물었다. 여행을 결심한 계기는 바르셀로나의 보케리아 시장La Boqueria이었다. 느긋하면서도 활기 넘치는 그 시장을 걷다가 유럽의 식문화, 로컬 푸드, 동네 사람들이 어떤 밥을 지어 먹는지가 궁금해졌다. 국경을 넘나드는 대신, 한곳에 오래 머물러야겠다는 게 계획의 전부였다. 그 결과 미식의 천국인 프랑스, 파스타의 친정집 이탈리아, 이번 일탈의 원인을 제공한 스페인까지, 3개월간 세 나라에 머무는 루트가 완성되었다.

이토록 간결했던 루트는 사람들과 이야기를 나누며 알 수 없는 방향으로 가지를 뻗는데… 첫 타자는 위버리 마스터 이바. 그와의 대화는 이랬다.

"나 7월 8일에 떠나."

"그래? 나는 7월 16일부터 20일까지 체코 엄마네 집으로 휴가 가는데 올래? 우리 엄마, 허브로 약이랑 차 만드셔. 요리야 말해서 뭐 해. 전형적인 체코 가정을 볼 수 있을 거야. 시골이라 심심할지 모르지만, 그냥 선베드에 누워만 있어도 좋잖아~"

이렇게 체코가, 그러니까, 허브로 약을 짓는다는 마녀엄마(?)가 사는 시골집이 리스트에 추가되었다. '한 달에 한 나라' 플랜은 가볍게 접혔다. 다음 타자는 클라라. 그와의 대화는 모종의 압박에 가까웠다.

"프랑스에 가기 전에 체코에 들르게 됐어."

"그럼 오스트리아도 가야지."

"딱히…?"

"무슨 소리야. 체코까지 갔으면 오스트리아를 가야지. 내 여동생 리니 말이야. 비엔나 시내 중심가에 살거든. 여행하기 딱 좋은 위치야. 남동생 마테우스는 시내에서 20분 떨어진 곳에 살아. 거기로 가도 돼. 내 아파트에는 사촌 동생이 대신 살고 있는데 거기에도 빈방 있고. 그라츠랑 린츠도 꼭 가줘! 정말 멋진 곳이야. 내 친구들도 많아!"

"그럼… 한 3, 4일 있어 볼까?"

"뭐???"

"1주…일?"

"뭐???"

"2…주일?"

"2주 정도면 괜찮지. 그냥 집에서 릴렉스하는 것도 좋잖아~"

이렇게 체코 옆 나라 오스트리이기, 클라라와 말투까지 똑같다는 여동생의 비엔나 아파트가 추가되었다. 클라라는 현지인만 안다는 멋진 곳을 적어주고, 손님맞이를 무척 좋아한다는 이모와 엄마까지 동원하며 관광객 유치(?)에 열을 올렸다. 이렇게까지 했는데 내가 가지 않는다면 오스트리아의 국격이 손상될 지경이었다.

체코와 오스트리아가 추가되고, 벨기에를 맨 앞에 끼워 넣는 것으로 현재 상황 벨기에-체코-오스트리아-프랑스까지 항공권 예매 완료! 지출도 늘고 이 나라 저 나라 이동하느라 체력도 꽤 소진되겠지만, 내 마음은 애초보다 부유하고 힘차다.

"이건 캠프힐이 내게 주는 선물 같아요." 베이커리 마스터 스티븐에게 말하자 그는 긴 설명이 필요 없다는 듯 고개를 끄덕였다. 다정한 초대가 가득한, 이런 결말은 기대하지 못했다. 머리 아픈 현실을 벗어나 여유롭게 봉사나 하며 외국 생활을 하면, 마음은 자연스레 너그러워지고 누구와도 친구가 될 줄 알았다. 그것은 어마어마한 착각이었다. 낯선 세계에서 나는 누구에게도 이해받을 수 없어 외로워 죽을 지경인 날이 많았고, 나의 속으로 파고들기 일쑤였다. 그런 시간을 보내며 얻는 것은 '나 자신'일 거라 생각했다. 그 생각은 180도 바뀌었다. 타인의 존재를 어느 때보다 예민하게 감지하며 '캠프힐에 오길 잘했어'라고 주억거리는 요즘이다.

하루에도 수차례 햇살과 비가 반복되는 이 나라에는 무지개가 자주 뜬다. 그저껜가 무지개가 떴을 때, 하이디 할머니가 무지개 끝에 묻혀있는 금화 상자에 대한 우화를 들려주었다.

"금화 상자를 찾으려고 많은 사람이 무지개 끝을 바라보며 걸어가지만, 아무리 걸어도 그 끝을 알 수 없어서 대부분 도중에 포기한단다. 마침내 무지개 끝에 당도했을 때, 거기에 묻혀있는 것이 과연 내가 기대한 만큼일지, 실망스러울지, 아니면 상상을 초월한 보물일지는 아무도 몰라. 끝까지 가야 알 수 있다는 것만은 확실하겠지?"

캠프힐에 오는 이들의 목적은 다양하다. 사회복지 분야에 관심이 있어서, 영어 실력을 키우고 싶어서, 외국에 살아보고 싶어서, 잠시 쉬고 싶어서. 1년이 지난 후 우리들은 각자의 금화 상자를 하나씩 안고 이곳을 떠난다. 눈부신 금화가 가득 든 상자를 짊어진 나는 집도 직장도 없지만 더없이 부자다. 이 상자를 늘 품고 다니며 '나'라는 무지개를 만난 사람들에게 금화 한 닢씩을 손에 쥐여주고 싶다. 나의 끝까지 와주어서 고맙다고, 포기하지 않아주어서 고맙다고 인사하면서.

지금이어서 좋은 일

남은 월차를 털어 옆 동네 캠프힐에서 지내고 왔다. 그곳에는 한국인 봉사자 여섯이 일하고 있는데 그 아이들이 묻는다. 마지막 휴가를 왜 또 캠프힐에서, 그것도 한국인들과 보내느냐고. 근사한 마무리를 기대했다면 실망이겠지만, 정작 나는 마지막 휴가 동안 할 일을 결정하는 데 망설임이 없었다. '한국 사람'과 '밥'을 지어 먹고 싶었다. 유럽의 시골까지 날아와 일하는 우리 사람들과 우리 식대로 밥을 먹는 것. 지금이 아니면 못 할 일이다.

많은 한국인이 캠프힐에 온다. 우리는 꿈과 기대를 안고 와서 비슷한 고민과 절망에 힘들어한다. 모국어가 아닌 언어로 소통하느라 하고 싶은 말을 속으로 삼키거나 어설프게 표현하다 보면, 어느샌가 주권이 없는 사람, 부족한 사람으로 취급받고 있는 자신을 발견하고 충격에 빠진다. 한국에서 나름 경력을 다지며 잘 살아왔는데, 이곳에서는 생전 해본 적 없는 일을 우격다짐으로 해내야 한다. 문화 차이를 극복하겠다고 내 방식을 우선 버리다 보면, 껍데기만 남은 기분이 든다. 캠프힐은 화내고 슬퍼하고 상실감에 빠지기 좋은 곳, 그런 나를 미워하기 딱 좋은 곳이다.

여섯 명의 아이들 역시 다를 것 없는 생활을 하고 있다. 우리는 서로에게 해줄 수 있는 일이 많지 않다. 그저 이야기를 들어주고 고개를 끄덕이며 혼자가 아니라고, 너만 그런 것이 아니라고 안심시켜줄 뿐이다.

지난 3일간, 우리 입맛에 익숙한 따뜻한 밥 한 끼를 만들어 먹으며 우리말과 관념으로 이곳 생활을 마음껏 이야기했다. 한국 여자들이 캠프힐의 테이블을 점령한 낯선 광경을 바라보며 나는 왜 이런 자리를 갖고 싶었는지 자연스레 깨달았다.

지금도 나는 우리 캠프힐의 유일한 한국인, 유일한 아시아인이다. 다른 캠프힐에는 한국인이 한두 명 더 있다는데 나는 늘 혼자였다. 떠날 때가 된 나에게 필요한 것은 등 뒤의 시간에서 얻어지는 힘이었을까. 내가 지나온 길을 더듬더듬 걷고 있는 내 사람들을 응원하며 얻는 힘. 나는 그들에게 밥 한 끼를 먹이겠다고 했지만, 사실은 우리 음식과 언어를 나에게 먹이며 기운을 충전했다. 그들을 위안하러 왔지만, 같은 고통을 겪었던 나를 토닥였다.

얘들아, 한국에 돌아가면 우리 모두 이곳에서와는 전혀 다른 무게의 사람이겠지. 지금 당장은 우스꽝스럽고 곤혹스러운 일투성이지만, 그런 모습의 네가 되어보는 시간도 나쁘지 않아. 이 시간은 짧을 테고 우리는 분명 "그때 정말 좋았어!"라고 말할 거야.

그러니 이곳의 추억을 실패 아니면 성공으로 나누지는 마. 그리고 온 마음과 온몸을 다해 행복하렴.

우리가 서로에게 남는 법

휴가에서 복귀하자마자 클라라가 문을 두들기더니 다짜고짜 노트를 딱 펼치고 적어온 목록을 읊는다.

"자, 내가 배우고 싶은 것은⋯ 치즈케이크, 바게트, 크루아상. 그리고 너에게 가르쳐줄 것은 뜨개질, 펠트 공예⋯ 참, 우리나라 빵도 하나 가르쳐주고 싶어. 넌 베이커니까."

뜨개질, 펠트 공예⋯ 모두 나의 관심 밖 분야지만 끄덕끄덕, 그러나 마지막 부분에서 정신이 번뜩 들었다. 클라라가 자기네 집 점심을 만드는 현장을 목격(?)하고 나는 이렇게 말한 적이 있다. "세상엔 여러 종류의 사람이 있고, 타고난 기질이 각자 있지. 넌 수공예에 능하지, 밭일도 잘하지, 우유도 기가 막히게 짜지, 요리 체질은 아니지"라고. 모양이나 맛은 차치하고, 그의 요리 공간은 늘 산만하며 뭐라도 깨야 요리가 나오니까 하는 말이다.

사양은 사양하겠다는 듯 다음 날 오전, 키친 터미네이터가 베이커리에 들이닥쳤다. 독일어로 괴발개발 적은 레시피 한 장을 팔랑거리며, 늘 그렇듯 자신감만큼은 충만하게! 아니나 다를까. 클라라는 순식간에 베이커리를 뒤집어놓더니 뭔가를 하다가 뚝뚝 멈추고는 나에게 물어보기 시작했다. "밀가루를 지금 넣어야 할까?" "반죽 되기는 어느 정도면 좋을까?"로 출발해 결국 치명적인 질문에 이르렀다. "음… 썸머, 발효를 하라는데 발효가 뭐야?"

머리카락만 베베 꼬며 청순한 표정을 짓고 있는 클라라. 그대로 뒀다간 오후 스케줄에 차질이 생길 듯싶어 레시피를 영어로 번역해달라고 했다. 그리곤 대충 무엇을 만들자는 건지 추측 시작.

호떡 비슷한 반죽을 만들고 속에 딸기잼을 넣어 동글동글 만두처럼 빚는다. 여러 덩어리를 다닥다닥 붙여 팬에 넣고 발효한 후 구워내는 빵인 듯한데, 다행히 비슷하게 맞아떨어졌나 보다. 신이 난 클라라는 빵을 떼어 한 조각씩 접시에 담고 이삿날 떡 돌리듯 이집 저집 나누러 다녔다. 물론 뒷정리는 내 몫. 사람들의 반응이 좋으니 녀석은 한껏 들썩들썩했다.

"우리 오스트리아 전통 빵이야. 내가 오늘 썸머에게 가르쳐주었지!"

분명 내 기억 속의 클라라는 자기가 뭘 만드는지도 모르고 베이커리를 무간지옥 일보 직전까지 만들었던 것 같은데, 그의 기억 속에는 아시아에서 온 베이커에게 자기네 나라 전통 빵의 비기를 전수해준 위대한 오스트리아인이 있나 보다.

이 비밀은 캠프힐 사람들에게 폭로하지 않을 생각이다. 내가 무엇에 관심이 있을지, 자기가 무엇을 해줄 수 있는지 고민하며 만들었을 '썸머에게 해줄 것 리스트'가 너무 귀여우니까.

그런데 클라라, 리스트에서 요리는 좀 빼자. 응?

클라라도 만든다!
쉽고 맛있는 오스트리아 빵, 부흐텔른 Buchteln

Buchteln

{ 반죽 }
밀가루 500g
미지근한 우유 300ml
생이스트 30g
(또는 건조이스트 60g)
녹인 버터 100g

{ A }
달걀 노른자 4개
설탕 60g
말랑한 버터 80g
레몬껍질 다진 것 1개분
바닐라에센스 1tsp
(또는 바닐라빈 1/2개분)

{ 필링 }
잼 또는 꿀

❶ 우유 80ml를 덜어내어 이스트와 밀가루 70g을 잘 섞는다. 윗면에 밀가루를 살짝 뿌리고 따뜻한 곳에서 20분간 발효한다.

❷ ❶에 남은 밀가루, 우유와 A를 섞고 다시 1시간 발효한다.

❸ 덧가루를 사용해가며 반죽을 치댄다. 손에 반죽이 들러붙지 않을 정도까지.

❹ 반죽을 20등분 한다. 호떡을 만들 듯 반죽 안에 잼을 채우고 봉한다.

❺ 베이킹팬과 반죽에 녹인 버터를 고루 바르고 반죽을 팬에 올린다(오른쪽 사진 참고).

❻ 170도로 예열한 오븐에서 25~30분간 굽는다.

내 것이 아닌 여름 대신

지난겨울, 아일랜드에는 유례없이 많은 눈이 내렸다. 눈이 녹은 다음에는 한파가 몰아닥쳤고 땅은 돌덩이보다 단단하게 굳었다. 봄이 되자, 부지런한 정원사들은 차가운 땅을 갈아 햇빛을 심어주었다. 목장 일꾼들은 소와 말의 배설물로 거름을 만들어 그 위를 덮었다. 기름진 땅에 심어진 묘목들은 유독 키가 작고 처음 보는 것들이었다. 3월, 4월, 5월, 6월⋯ 봄을 다 보내고 꽃이 열매로 바뀌는 것을 보면서 나는 아쉬움에 한숨을 토했다. 사랑스러운 베리필드. 딸기를, 여름을 여기에 두고 나는 가야 한다.

7월이 되면 딸기랑 사과랑 토마토가 지천이라고, 손이 빨개지도록 딸기를 따서 겨우내 먹을 잼을 만드느라 모든 집이 달달한 냄새를 풍긴다고, 까치들이 용케도 맛있는 놈으로만 골라 사과를 똑똑 따 물고 날아가는 걸 볼 수 있다고, 토마토는 속이 차져서 한 개만 먹어도 밥처럼 배가 부르다고, 이곳에서 한 계절만 있으라면 그건 여름일 거라고, 눈동자에 여름을 가득 담고 말하는 클라라가 나는 부러웠다.

덤불에서 바로 따낸 라즈베리, 블랙커런트, 구스베리를 우리 목장의 우유로 만든 요거트와 함께 먹을 수 있는 아침이 이제 일곱 번 남았다. 블랙베리는 아직 꽃이다. 이 녀석이 햇빛을 가득 받고 새까맣게 영글 때, 나는 어디에서 무엇을 하고 있을까.

내 것이 아닌 여름을 이곳에 두고, 나는 떠난다. 내 것이 된 그 가을과 겨울, 봄을 온 힘으로 끌어안고서.

너른 들판과 숲, 정원, 농장, 집 대여섯 채. 캠프힐은
어느 지부나 비슷한 모양새를 갖추고 있다. 옆 동네 캠
프힐은 아동과 성인이 함께 사는 공동체로, 기숙형 발
도르프 학교를 운영한다. 우리 캠프힐은 성인 전용이
지만, 지역 아동을 대상으로 발도르프 유치원을 운영
한다. 캠프힐 밖에 가족이 있는 장애인들은 평일에 이
곳에서 지내고, 주말이나 휴가 시즌에는 가족과 시간
을 보내고 돌아오곤 한다.

누구의 것도 아닌 우리의 것. 캠프힐에서는 물건도 공간도 모두의 것이다(개인 숙소 예외). 나는 아터반 소속이었지만 내 숙소에서는 선라이즈가 더 가까웠다. 휴일에는 선라이즈에 들어가 냉장고를 열고 뭐든 만들어서 그 집 거실이나 정원에서 먹곤 했다. 이런 생활이 나도 모르게 익숙해져 이후 유럽여행을 할 때 어느 곳을 가든 내 집처럼 편했고, 귀국 후에는 누가 내 집에 오든 주인-손님 개념 없이 지내게 되었다.

캠프힐은 사람의 의식이나 상상, 직관 등을 중시하는 인지학에 기반을 두고 있다. 친환경 로컬 먹거리 구비하기, 채소나 고기 직접 생산하기, 동물 키우며 교감하기, 패브릭이나 식물 소재로 온화한 인테리어 하기, 허브나 천연 성분 의약품 사용하기 등, 거주자와 봉사자의 정서에 좋은 영향을 주도록 생활의 면면이 꼼꼼히 설계되어 있다. 그래서 발도르프 교육, 인지학, 사회복지 능에 관심 있는 사림들이 봉시자로 오는 일이 많다. 규모가 큰 캠프힐에서는 1~3년 과정의 특수교육 학위과정을 운영하기도 한다.

봉사자의 복지도 중요하다. 1인 1실은 당연, 가구나 침구 역시 질 좋은 제품을 제공했다. 9개월간 방을 세 번 옮겼는데, 그때마다 운 좋게도 하늘창이 있는 방이었다. 눈비 내리는 날, 별과 달이 예쁜 날에는 침대를 창 밑으로 옮겨 하늘을 보며 잠들곤 했다. 창을 열어놓고 출근했다가 갑자기 내린 비에 매트리스가 흠뻑 젖은 적도 있었지만!

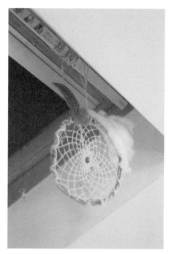

(오른쪽) 클라라가 만들어 준 드림캐처. 거미줄 한가운데에는 머리 장식으로 쓰던 푸른 스톤을 달았다. 이 드림캐처는 지금도 나의 침대 머리맡에 놓여있다.

아, 내 사랑 아가! 통주물 냄비 하나만 있어도 든든한데, 통주물 오븐이라니! 요리를 좋아하는 사람이라면 뛰는 심장을 주체하지 못할 것이다. 캠프힐의 중앙보일러실에서 나무를 때어 모든 집의 아가를 동시에 가동하는데, 24시간 켜져 있으니 앞이 늘 뜨뜻하다. 그 덕에 설거지한 그릇과 행주도 금방 마르고, 겨울엔 난방기 역할을 톡톡히 한다. 하양, 파랑, 빨강 등 색상도 다양하다.

① 40도 정도로 온도가 유지되는 부분. 우유 통에 살균한 우유와 요거트를 담아 올려 두면 다음 날 요거트가 완성된다.
② 아가에서 가장 뜨거운 부분. 은색 뚜껑을 들어 올리면 버너가 드러난다(오른쪽 사진). 끓이기, 볶기 등 일반적인 조리가 가능하다.
③ 저온 오븐 칸. 음식을 따뜻하게 보관하거나 식기를 데울 때 쓴다.
④ 고온 오븐 간. 케이크부터 각종 구이, 피자까지 보통의 전기 오븐이 하는 일을 한다.

부엌은 서로의 세계를 탐험하기 좋은 곳. 나에게 아가 오븐이 로망이자 신세계라면 이곳 사람들에겐…. 덕분에 평생 말 김밥을 다 말고 왔다.

(오른쪽) 아무 재료나 좋아하는 걸 넣으면 된다는 말에 건포도와 바나나를 넣는 영국인 봉사자 클레어. Nice try!

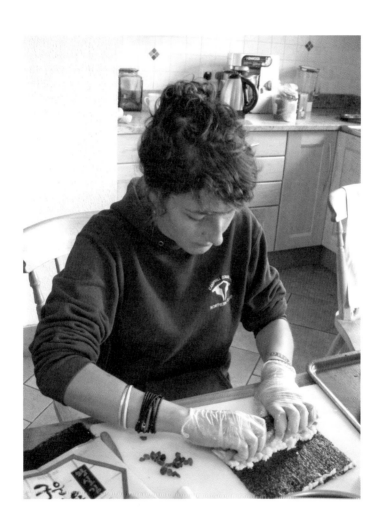

'내가 마리아라니! 난 불곰데!'의 현장. 내가 마리아(가운데)에 배정된 이유는 단 하나, 대사가 가장 적은 역이었기 때문이다.

부활절을 맞아 모든 워크숍에서 달걀을 삶을 때 베이커리에서 준비한 병아리 만주. 모양 만들기는 봉사자들이, 노랗게 달걀물 바르기와 눈코입 장식은 장애인들이 맡아주었다.

너희는 좋은 그룹이야.
우리 캠프힐이, 내가 너희같은 그룹을
다시 만날 수 있을지 모르겠구나.

하이디 할머니는 우리 봉사자들을 두고 '좋은 그룹'이라 칭하곤 했다. 단순한 말이지만 나는 지금도 그 표현이 참 좋다. **좋은 개인이 만드는 좋은 그룹, 좋은 그룹이 만드는 좋은 개인… 어느 것이 시작이고 어느 것이 결과일까.** 뫼비우스의 띠위를 걷는 듯한 하루하루가 빠르게 흘러 9개월이 되었다.

"말리, 마가야! 내일은 파란 옷 입고 출근해야 해. 꼭!"
마지막 근무일, 4총사(우리 셋 그리고 아가 오븐)의 기념사진. 6개월간 매일 이 앞에서
이런 모습이었다. 리버사이드 부엌에는 근사한 감청색 아가가 있었다. 아가 색에 맞춰
파란 옷을 입고 오라니 무슨 그런 곰살맞은 짓을 시키냐며 툴툴거리던 말리, 네가 제
일 파란 건 어떻게 설명할 거니?
이렇게 웃으며 안녕, 나의 좋은 그륩!

모르면 더 많은 걸 알 수 있어.
이 여행은 아는 것을 찾으러 갔다가
원하는 것만 가지고 나오는,
그런 여행이 되지 않을 거야!

2부.

벨기에 - 체코 - 온트리오

여행의 레시피

여행 오기 전에 무얼 했느냐는 루카의 질문에 캠프힐 이야기를 하니 그의 눈이 반짝였다.

"와! 유럽에 그런 곳이 있어? 전혀 몰랐는걸! 내 꿈도 그런 곳에 사는 거야. 우물에서 물 긷고 발전기로 전기도 만들고 농사도 지어서 자급자족하는 삶. 농담이 아니야. 얼마 전엔 젖소를 한 마리 살까 해서 시세도 알아봤다고! 우유도 짜고 치즈도 만든다니 정말 쿨하잖아!"

루카는 단단히 오해하고 있다. 이것은 장담컨대 캠프힐을 묘사하기에 내 영어 실력이 부족해서가 아니다. 그는 외동으로 태어나 모든 일을 스스로 해내며 살아온 완벽주의자다. 모든 것은 잘 정리되어야 하고 제때 제대로 이루어져야 한다. "일을 제대로 하려면 스스로 해야 해. 절대 남에게 기대지 않아. 그게 내 인생의 황금률Golden rule이야!"라는 사람. 그런 루카에게 자급자족이란 자신의 완벽을 증명할 수 있는 궁극의 미션인 것이다.

캠프힐에 간 루카를 상상해보았다. 난데없는 봄의 함박눈과 하룻밤 사이 비닐하우스 한 동을 잡아먹는 벌레 떼, 제각기 다른 보폭의 사람들, 짐작으로 소통하는 언어* 앞에서 그는 어떻게 대처할까? 사람이 조물주가 되었다가 미물이 되었다가, 순교자가 되었다가 배신자도 되는 일이 그야말로 자연스러운, 그런 날들을 보낸 후에도 그의 황금률은 유효할까?

루카는 나더러 '좋은 사람'이라고도 했다. 자원봉사를 했다는 이유로 나는 좋은 사람이 되었다. 미안하게도 역시 오해다. 나는 하나도 안 좋은 사람. 희생과 봉사의 깃발을 들고 떠난 여행이었지만 사실은 도피였다. 버거운 상황과 사람을 피해 도망치다가 비상착륙을 했는데 그곳이 엉뚱하게도 더 많은 사람들 속이었다. 깊이 숨으려면 시장통에서 사람들과 뒤섞이라던데 우연히도 그렇게 되었다. 사람에 대한 불신과 자신에 대한 의심으로 가득한 그때의 도피는 화약을 짊어지고 불에 뛰어든 격이었다. 당연히 폭발이 있었다. 다치고 다치게 하고 화내고 위안받다가, 언뜻 돌아보니 가면을 쓰지 않고 사는 사람들을 만난 곳, 그들을 따라 하고 있는 나를 발견한 곳이 캠프힐이었다. 당신이 나와 다르고 이해할 수 없는 존재라도, 당신 역시 귀한 삶을 살아가는 하나의 주체임을 인정하고 나니 역으로 내 삶이 대접받는 곳이었다.

---

* 마카톤Makaton. 영국, 아일랜드 등 유럽에서 사용하는 특수 언어. 간단한 수화와 그림으로 이루어져 있다.

캠프힐은 실험실이었다. 너와 나 사이를 존재하게 하는 '좋은 의도', 그것의 성분과 응용 레시피를 궁리하는 물리와 화학, 심리 실험이 연이어 이루어졌다. 불같은 꽃이 피기도, 눈과 마음을 맵게 하는 화학반응도 발생하던 아홉 달의 실험 끝에 나는 몇 가지 공식을 얻고 캠프힐을 떠나왔다.

7월, 8월, 9월의 여름. 세상 속에서, 다시 한번 사람 속에서 문제를 풀 차례다.

스페인 바르셀로나, 성가족성당 정문에는 4가지 숫자를 어떤 조합으로 더해도 그 합이 33이 되는 마방진이 있다. 예수가 십자가에 못 박힐 때의 나이다. 힘든 겨울을 보내고 마음이 겨우 노곤해지던 5월의 봄, 겨우 익숙해진 캠프힐을 떠나게 만든 그 숫자는 설명할 수 없는 끌림이자 홀림이었다. **서른넷이 되기까지 남은 석 달, 나는 여행을 해야겠다.**

문을 열어주는 사람

여기가 어디지… 이불의 감촉, 베개의 높이가 다르다. 소리의 리듬도, 공기의 질감도 다르다. 무엇보다 눈을 뜨면 바로 보이던 하늘창이 없다. 대신 알록달록한 티베트 경전 깃발과 피스 심벌Peace symbol이 그려진 레인보우 깃발, DVD가 가득한 진열장이 보인다. 수집한 물건으로 가득 찬 낯선 공간이다. 숨을 깊이 들이마시자 익숙한 냄새가 올라온다. 이건 일본에서 많이 맡았던… 다다미 냄새. 내가 지금 일본에? 나는 머릿속을 더듬었다.

저녁 6시 캠프힐 출발, 밤 11시 아일랜드 더블린 공항 도착. 아침 8시, 벨기에 브뤼셀행 비행기를 기다리며 공항 벤치에서 눈을 붙였다. 오전 10시, 브뤼셀에 도착해 공항 화장실에서 세수를 했다. 이민 가방에 배낭, 노트북 가방을 이고 지고 브뤼셀 중앙역에서부터 걷기 시작했다. 분주히 이동하는 사람들과 노래 같은 프랑스어, 버스와 택시, 땅 밑으로 달리는 기차, 빼곡히 들어선 상점…. 부슬비가 내리기 시작했다. 가게 처마 밑에서 가방을 열어 방수

197

재킷을 꺼내 입었다. 지도를 인쇄해온 종이가 다 젖었을 즈음 문 앞에 도착했다. '역에서 집까지 도보 15분'이라고 했지만 50분이 걸렸다. 초인종을 누르자 회색 나이트가운을 걸친 남자가 문을 열었다.

녹색과 파란색, 회색이 섞인 눈동자. 나의 첫 번째 호스트 니코였다. "신세 좀 지겠습니다" "나야말로 잘 부탁해!"로 시작된 우리의 첫 대화에서 나는 일본어 존댓말을, 그는 반말을 썼다. 현관 앞에 가방과 함께 어찌할 줄 모르고 서 있는 나를 보고 싱긋 웃더니, 그는 익숙한 듯 집 안을 안내해주었다. 냉장고며 찬장이며 맘껏 열어도 좋다고, 필요한 게 있으면 묻지 말고 쓰라고 했다.

내가 샤워를 하는 동안 정원 테이블에 세 명분의 브런치가 차려졌다. 식사를 마치자 니코는 오늘 이사하는 친구를 도우러 간다며, 저녁 6시에 돌아오겠다고 열쇠를 건네고는 서둘러 나갔다. 다다미가 깔린 거실에 앉아 노트북을 켜고 페이스북에 접속해 '벨기에 무사 도착' 메시지를 남기고 그대로 곯아떨어졌다. 맞다. 나는 어제 캠프힐을 떠나왔다. 어젯밤부터 지금까지의 12시간이 아득했다. 고작 2시간 거리가 까마득하게 멀었다. 아홉 달 전에 그랬듯 나는 또 순식간에 별세계로 옮겨졌다. 다시 시작이다. 긴 숨이 새어 나왔다.

"잘 잤어? 나가자!"

으악! 뒤통수 쪽에서 들리는 목소리에 자지러질 뻔했다. 브런치 테이블에 있던 또 한 사람, 알릭의 존재를, 잠깐 쉰 후에 함께 시내구경을 하기로 한 약속을 새까맣게 잊고 있었다. 이 방에서 어젯밤을 보내고 오늘 겐트Ghent로 떠나는 알릭은 나의 첫 카우치 서핑 동기다. 대만 출신으로 파리에서 건축을 공부하는 대학생인 그는 차돌멩이 재질의 아이였다. 겉은 맨들맨들 말끔하고 속은 단단히 채워진 아이.

"벨기에엔 흥미로운 건축물이 많아서 종종 오거든. 파리에 오면 연락해. 재워주고 구경도 시켜줄게. 파리에선 여기처럼 넓고 좋은 집을 기대할 수 없다는 점만 명심하고!"

똘망똘망한 목소리가 눈만 끔뻑거리는 얼치기를 상쾌하게 깨웠다. 알릭은 방금 처음 만난 내게 스스럼없이 전화번호, 이메일 주소, 페이스북 계정을 적어주었다. 나는 현지인의 집에서, 집주인이 사정껏 제공하는 공간을 빌려 지내는 '카우치 서핑'을 시작했다. 익숙한 사람들끼리 함께 살면서도 혼자만의 공간이 분명하게 주어졌던 캠프힐의 울타리가 사라졌다. 대신 파리에 가면 지낼 곳이, 만날 친구가 순식간에 생겼다.

"이 건물은 2차 세계대전 이후에 세워진 거야."

"그런 걸 어떻게 쉽게 알아? 건축양식을 다 외우는 거야?"

"물론 외우기도 하지만 조금만 생각해보면 돼. 자, 전쟁 후엔 어떻다?"

"그야 뭐… 먹고 살기 힘들다?"

"맞아. 그래서 양옆 건물들에 비해 장식성이 현저하게 떨어져. 대리석 대신 투박한 벽돌에, 발코니 창살도 간결한 직선. 여기 사람들은 시대가 바뀐다고 건물들을 쓸어버리고 새로 짓지 않았어. 덕분에 한 골목에 여러 양식의 건물들이 공존하면서 이렇게 멋진 건축박물관이 자생하는 거지."

3년 전, 첫 유럽 여행으로 오스트리아와 체코에 왔을 때는 아무것도 몰랐다. 처음엔 황홀하고 신기하게 보이던 건물들이 조금 지나자 식상해졌고 거리를 걷는 것도 지루했다. 건축, 미술, 패션, 역사, 철학, 음악… 백과사전이 꽂혀있는 웅장한 서재 같은 유럽에서, 한 분야에 정통한 친구와 걷는 시간이란 얼마나 소중하고 감사한가. 그것도 이렇게 우연히.

중앙역 앞에서 알릭과 작별하고 나니 니코가 돌아오기로 한 시간까지 1시간 반이 남았다. 그가 오기 전에 짐을 정리할 요량으로 서둘러 집으로 돌아갔는데 황당한 일이 일어났다. 열쇠가 먹통이었다. 왼쪽으로 오른쪽으로, 밀었다가 당겼다가 모든 걸 해보았지만 도통 열리지 않았다.

무용지물이 된 열쇠를 물끄러미 내려다보았다. 나는 니코가 열쇠를 건네기 전까지 앞으로 이 쇳덩이가 필요하다는 사실을 인지하지 못했다. 캠프힐에는 열쇠가 없었다. 각자의 방을 제외한 모든 문이 모든 이에게 열려있었다. 아무도 남의 방에 들어가지 않으니 방 열쇠도 필요 없었다. 내가 살던 숙소에는 부엌이 없었는데, 휴일에는 가까운 아무 집이나 들어가 냉장고를 열고 뭐든 먹어도 되었다. 하지만 지금부터는 내게 열린 문을 찾아야 한다. 맞는 열쇠가 없다면 어디에도 들어갈 수 없다.

안 될 일에 힘 쏟기를 관두고 정원 한쪽에 앉아 눈을 감았다. 엉터리 콧노래를 흥얼거리자 소리가 바깥으로 빠져나가지 않고 정원 안을 빙빙 돈다. 이곳은 큼지막한 철제 정문을 열고 들어오면 3층짜리 아파트 네 채가 'ㅁ'자를 이루며 정원을 에워싼 구조다. 아파트의 현관은 모두 정원을 향해있다. 아파트는 모양새가 모두 다른데, 자그마한 창문과 섬세한 레이스 커튼, 슬쩍 보이는 부엌이며 거실이 내부를 궁금하게 만든다.

정문 앞에는 프랑스어, 영어로 쓰인 안내판이 있다. 그 밑에 생활쓰레기 봉투가 있기에 쓰레기 배출일 따위를 안내하는 줄 알았는데, 생각지도 못한 내용이 적혀있었다. 이 건물은 '황금사자Au Lion d'Or'라는 이름의 17세기 유적이었고 안내판은 그 역사를 설명하고 있었다. 1980년대에 재건되기 전까지 수녀원에서 양조장과 베이커리로 쓰던 건물이었다. 어제까지 베이커리에서 일하던 내가 이곳에 와 있는 것은 우연이 아닐 거라는 생각이 들었다. 먼 곳에 온 줄 알았는데 익숙한 곳이었다니.

정원의 모서리에는 오래된 수로의 흔적이 있다. 한때 센 강 Seine river으로 연결된 수로였는데 지금은 그 기능을 못 한 지 오래, 물이 고여 작은 연못을 이루고 있다. 붉은 금붕어 스물다섯 마리가 두어 송이 피어있는 연꽃 사이를 느긋하게 헤엄치고 있다. 이 수로는 니코네 아파트의 오른쪽 벽에 붙어 흐르는데, 마침 내 방 창문이 수로를 향해 나 있었다. 방바닥과 수면이 얼추 비슷한 높이라 벽돌 몇 장을 사이에 두고 금붕어들과 나란히 잠을 자는 셈이었다. 잔잔히 비가 오던 밤, 수로에 떨어지던 빗방울 소리는 실로폰 연주처럼 몽롱했다. 귀를 기울이면 금붕어들이 수면에 입을 대고 뻐끔대는 소리도 들리는 것만 같았다.

나는 수로의 철제 울타리에 양다리를 하나씩 끼우고 앉아 금붕어 수를 세곤 했다. 그러고 있으면 관광 가이드가 소규모 그룹을 데리고 들어와 조용하고 낮은 목소리로 유적에 관해 설명하고는, 정문 맞은편의 후문으로 사뿐히 빠져나가곤 했다. 한번은 두 명의 신사가 들어왔는데 한 사람은 신참, 한 사람은 이곳에 정통한 사람 같았다. 정통한 신사가 다가왔다.

"여기 사나요?"

"네. 친구네 집이에요."

"여기 사는 사람들은 행운아예요. 브뤼셀 어디에도 이렇게 시내 중심에 있으면서 아늑하고 조용한 곳은 없지요. 게다가 스토리까지 있잖아요. 이런 데 사는 친구를 두었다니 당신도 행운아군요. 내가 당신이라면 돌아다니지 않고 이 안에서 온종일 빈둥거릴 겁니다."

"이미 그러는 중인걸요."

정원에서 고개를 들면 네 채의 아파트가 만든 사각 액자 속에 가로수 꼭대기, 교회 첨탑, 브뤼셀의 파란 하늘만이 보인다. 정문에서 한 발짝만 걸어 나가면 온 유럽의 젊은이들이 모이는 문화의 중심 브뤼셀, 심지어 클럽이 가득한 밤 문화의 메카인데도 이런 고요가 존재할 수 있다니. 신사들은 또 보자는 인사를 하고 총총 떠났다. 금붕어를 다시 세어보니 스물아홉 마리, 금붕어는 셀 때마다 늘어났다.

문을 다시 열어보려고 돌바닥에 차가워진 엉덩이를 털고 일어났다. 보물 상자라도 여는 양 준비의 숨을 한 번 내쉬고 열쇠를 구멍에 꽂으려는 순간, 등 뒤에서 숨찬 목소리가 들려왔다.

"아, 다행이다! 딱 맞춰 왔어! 우리 집 문이 가끔 잘 안 열려! 미안해. 제대로 설명해줬어야 하는데."

"괜찮아요. 나도 방금 왔어요."

니코는 문고리를 이리저리 돌리고 적당한 힘을 가해 문을 쉽게 열었다. 그 모습을 멀찌감치 떨어져 보다가 나도 모르게 그 자리에서 한 바퀴 뱅그르르 돌았다. 캠프힐 근처 중고 가게에서 산 5파운드짜리 회색 면 원피스 끝자락이 무릎께에서 동그란 원을 만들었다. 딱 맞는 곳, 딱 맞는 시간에 딱 맞는 사람이 왔다. 다행이다.

Couch surfing

카우치 서핑. 한 미국인이 아이슬란드로 여행을 가기 전, 경비 질김을 위해 1500명의 아이슬란드 대학생들에게 자신을 재워줄 수 있냐는 메일을 보냈고 50여 통의 답장을 받은 에피소드에서 시작된 여행자 네트워크. 자신의 집을 여행자에게 제공한 쪽을 호스트Host, 머무는 쪽을 서퍼Surfer라고 한다. 일종의 무료 홈스테이로, 거처의 형태(방, 거실 등)나 편의는 호스트가 무료로 제공하고 싶은 범위 안에서 이루어진다.

www.couchsurfing.org

사람을 어떻게 믿습니까

"겐트에 꼭 가! 거기에 내 아파트가 있는데, 대학생 세 명에게 임대해줬거든. 지금 여름방학이라 모두 본가에 갔어. 열쇠는 내 친구가 줄 거야. 떠날 때 그 사람에게 돌려주기만 하면 돼. 뭐든 하고 싶은 대로 하고 지내. 거긴 네 집이야!"

"벨기에 사람이라면서요? 저 다음 주에 벨기에에 가요!"라고 말을 걸었을 뿐인데, 나는 지금 클리오 친구의 연락처를 쥐고 겐트에 와 있다. 클리오는 옆 동네 캠프힐의 봉사자다. 발도르프 학교 선생님이었는데 퇴직 후 세계 이곳저곳 도움이 필요한 곳을 찾아다니는 50대 여인이다. 캠프힐을 떠나기 전, 남은 월차를 털어 옆 캠프힐에 갔을 때 그를 마주쳤다. 아무렇게나 묶은 머리, 좌선하기 좋은 스타일의 바지, 아시아 스타일의 장신구들, 무엇보다도 신선하고 맑은 눈. 나는 그를 보자마자 우리 캠프힐의 세 마녀 클럽이 떠올랐다.

"오늘, 마녀의 밤 어때?"

클라라, 이바와 나는 자칭 '캠프힐의 세 마녀'로, 시내에 있는 이바의 집에 가서 밤을 지내곤 했다. 거실에 와인과 치즈, 초콜릿을 늘어놓고 향초도 켜고 손금도 보면서 서로 마음을 나누길 좋아했다. 멀쩡히 침대가 있는데도 굳이 거실에 침낭을 펼치고 고양이 세 자매처럼 기대어 자기도 했다. 두통이 있다고 하면 이바는 나를 앉혀놓고 양 손바닥을 넓게 펼쳐 머리를 감싸고는 따끈한 기운을 머릿속에 전하는 테라피를 해주었다. 클라라는 악몽을 잡아낸다는 드림캐처를 만들어 내 침대 머리맡에 걸어주었다. 나는 여행 내내 클라라의 드림캐처를 지니고 다녔다.

클리오의 집은 겐트 시내 한복판에 있는 고급 아파트였다. 잘 마감된 내부 인테리어는 사막의 카라반 같기도, 여왕의 처소 같기도 했다. 빨간 천장에 연보라 침실, 노란 거실, 하얀 주방, 파란 욕실을 한데 아우른 클리오의 감각은 탁월했다. 집 사진을 찍어 이바에게 보냈다. "우리 마녀 클럽의 아지트로 어때?" 이바는 "Just perfect!"를 연발하며 겐트에 머무는 내내 비가 내린 것도 단순한 우연일 리 없다고 했다. 나는 고개를 강하게 끄덕였다.

클리오의 집, 클리오의 책상에 앉아 그와의 만남을 더듬어보면, 어떤 사람들 사이에는 함께한 시간이나 경험의 양에 비례하지 않는 특별한 연결이 존재함을 느낀다. 그런 사람을 만나는 순간에는 빛이 쏟아진다. 밀가루 체의 테두리를 손바닥으로 한 번 톡 쳤을 뿐인데, 그전까지 뭉툭하게 담겨있던 밀가루 입자 하나하나가

포슬포슬 쏟아져 내리듯 가뿐하고 소복한 빛. 단 한 번의 Hello만으로 나에게 집 열쇠를 내주었을 때, 클리오도 비슷한 느낌이었을까?

카우치 서핑으로 내게 공간을 내어준 호스트들, 즉 '길 위의 친구'에 호기심이 생긴 한국의 지인들은 이런 질문을 했다. 낯선 사람을 어떻게 믿을 것인가. 나는 사람들의 프로필 페이지를 보았을 때 문자나 사진 너머로 특별한 느낌을 주는 사람이 있었다고, 그들에게 연락했을 때 대부분 기쁘게 초대해주었다고, 오로지 나의 직감과 선택에 기댈 수밖에 없기에 사람을 믿는 것은 결국 나를 믿는다는 말과 같다고 답했다.

역으로 나는 낯선 이들이 나를 왜, 어떻게 믿고 현관을 열어주는지가 궁금했다. 내가 할 수 있는 건 타인을 믿으려 애쓰며 내 불안을 꺼뜨리는 게 아니라, 내가 안전한 사람이 되어 상대의 불안

을 해소해주는 일뿐이었다. 지나고 돌아보니 우리는 암묵적으로 서로에게 그 일을 해준 것 같다.

사람을 만나는 방법은 새로운 환경에 적응하며 변한다. 지금껏 모국어라는 명확한 도구와 자라온 사회에서 통용되는 가치를 저울 겸 잣대로 써왔다면, 이제는 '직관적'으로 사람을 바라본다. 그리고 그 직관이라는 것은 쓰면 쓸수록 예민하고 강력해진다. 목이 길어진 기린이나 귀가 커진 토끼처럼.

이러니저러니 해도 사람이 사람을 믿고 문을 여는 행위가 자판기에 동전을 넣고 원하는 음료를 뽑는 수준의 일은 아니다. 세상에는 정확히 답할 수 없는 질문들이 더 많다. 우리의 대장 마녀 이바는 이 모든 선물 같은 만남을 단 한 단어에 담아냈다.

"운명!"

친구. 때론 친구 이상!

"클리오랑 나? 오랜 친구지. 때론 친구 이상! 이 길은 클리오가 하루 두 번씩 드나들던 길이야. 출근할 때 그리고 퇴근할 때. 이 카페는 우리 단골집. 그냥 이렇게 지나가는 사람 구경하면서 종일 앉아있곤 했는데 말이야."

빛나는 은발의 루돌프는 겐트에, 클리오의 겐트에 있다. 클리오는 아파트 열쇠를 루돌프에게 맡기고는 세계를 떠돌고 있다. 벌써 수년째 돌아올 줄을 모른다. 지금은 아일랜드에 있지만 그다음은 인도라고 했다. 집에 돌아오는 길을 잃어버리기라도 한 걸까. 클리오의 여행은, 여행이라기엔 기다리는 사람을 한없이 아득하게 만드는 구석이 있다.

"인도에 같이 가지 그래요?"

"아니. 클리오라는 여자는 새처럼 날도록 놓아두어야 할 때가 있어. 그나저나 우편함 열쇠는 어디에 둔 거지? 클리오에게 중요한 편지가 온다고 했는데… 이거 참!"

이 느긋한 남자가 유일하게 초조한 순간은 클리오를 위해 무언가를 하지 못할 때다. 반대로 가장 들뜬 순간은 클리오를 위해 어떤 것을 할 때. 클리오가 보냈다는 이유 하나로 낯선 여행객을 나흘간 보살펴주는 지금처럼 말이다.

루돌프는 명랑한 신사다. 리넨 소재의 사뿐한 슈트에 현란한 프린트 셔츠를 매치하고, 납작한 베레모와 캔버스 운동화로 마무리! 우산을 같이 쓸 때면 내 쪽으로 우산을 기울인다. 만나고 헤어질 때 볼에 해주던 비쥬*는 정중하며 기품 있다. 수염 때문에 따끔할 만도 한데 보드라운 기억만 남아있다. 나는 비쥬가 익숙하지 않아 늘 엉덩이는 어정쩡하게 뒤로 빼고 목에는 잔뜩 힘을 주곤 했는데, 루돌프와 함께 며칠을 보낸 후에는 누구와도 편안하게 비쥬를 나눌 수 있었다. 그러니 나는 루돌프에게 제대로 된 키스를 배웠다고 할 수 있다.

그는 매일 아침 같은 시간에 아파트 초인종을 눌렀고, 우리는 겐트의 운하를 따라 늘어선 카페 테라스에 앉아 크루아상과 커피로 오전을 느긋하게 보냈다. 비가 오는 날에도 우리는 바깥에 앉았다.

"곧 있으면 벨기에 카페의 30퍼센트는 망해버릴 거야."

"경제가 어려워져서요?"

"아니. 남배를 못 피우게 해서!"

그는 정부의 새로운 정책을 좋아하지 않는 눈치였다. 아니

---

* 볼키스. 양쪽 볼을 번갈아(또는 한쪽 볼만) 대며 입술로 '쪽' 소리를 내는 인사법

면 실내에서도 마음껏 담배를 피웠던 클리오와의 시절이 그리운 걸까.

점심시간이 다가오면 루돌프의 주 무대는 부엌으로 옮겨진다. 그는 젊을 때 레스토랑을 운영하던 요리사였다. 나의 벨기에 요리사는 내 컨디션을 기가 막히게 파악해 딱 맞는 요리를 해주었다. 첫날엔 베이컨, 달걀, 감자, 잉글리시 머핀으로 완벽한 영국식 브런치를, 연일 비 내리는 겐트를 돌아다니느라 으슬으슬 감기 기운이 돌던 날에는 파슬리로 향을 낸 벨기에식 치킨 수프를 만들어주었다. 기운 없을 때 엄마가 해주던 닭죽처럼 마음까지 데워지는 따끈한 수프였다.

그는 재료를 넘치게 샀다. 요리를 마치면 남은 재료가 냉장고에 그득 찼다. 여행 경비를 아낀다고 대충 때우지 말고, 요리할 줄 안다니 이것저것 만들어 먹으라는 듯한 조용한 호의였다. 겐트를 떠나는 날엔 그의 앞치마를 빼앗아 고추장소스로 맵싸한 닭도리탕을 해드렸다. 루돌프가 첫술을 뜨고 평을 하기까지 빤히 기다렸다. 드디어 그가 입을 뗐다.

"이 자체로 이래야 할 것 같은 맛이야. 그 빨간 소스는 어디서 구할 수 있지? 클리오가 오면 해주고 싶어!"

불공평하게도 마음을 더 많이 쓰는 쪽이 더 쓸쓸하다. 다리 없는 새 같은 여자를 끌어안은 루돌프는 그 자체로 그래야 할 것 같은 사랑을 하고 있었다. 그녀가 곁에 있든 없든 간에.

벨기에 해변에서는 한 번도 없었던 일

"오늘, 집에서 쉴 것임?"

페이스북 메시지 알림이 깜빡인다. 2층의 니코다. 방문을 열고 소리치면 다 들릴 텐데 굳이 전파를 사용하는 이 녀석은 철저히 문명인이다. 스마트폰, 태블릿PC, 전자책 리더는 기본 소지품이며 각종 SNS에 계정을 두고 언제나 온라인 상태를 유지한다.

"아니요. 벨기에 왕님을 알현하고 싶습니다."

답신을 보내자마자 녀석이 계단을 우당탕탕 뛰어 내려오더니 내 방문을 활짝 열어젖혔다. "10분 후에 나가자!" 여전히 파자마 차림인 녀석은 신나 보였다. 반면에 나는 어제 겐트에서 브뤼셀로 오는 길에 비를 잔뜩 맞아 추욱 처진 상태였다. 그래도 내일이면 벨기에를 떠나는데, 오늘은 꼭 왕이 살고 있다는 곳에 가볼 참이었다.

며칠 전 브뤼헤Brugge에 갔을 때 캠프힐에 엽서를 보내려고 우체국을 찾았다. 우체국 직원이 엽서에 우표를 직접 붙여주는데, 웬 근엄한 남자가 우표에 인쇄되어 있었다. 누구냐고 묻자 직원은 "우리 왕이에요"라고 답했다. 그는 이때까지만 해도 차분하고 나긋한, 보통의 벨기에 사람이었다. 하지만 내가 "네? 벨기에에 왕이 있다고요?" 하며 놀라자 나만큼 놀라며 흥분하기 시작했다. "네? 왕이 있는 줄 몰랐다고요? 그럼 궁전에도 안 가봤다는 거잖아요? 브뤼셀에서 벨기에 사람이랑 함께 지낸다면서! 이런 창피할 데가 있나! What a shame!" 이런 사연으로 나는 브뤼셀에 돌아가면 왕궁에 꼭 가보겠노라, 우체국 직원과 약속을 했었다.

　니코는 내가 자기네 나라에 왕이 있다는 사실을 몰랐다는 말에 혀를 차면서도 "왕궁? 그런 데는 뭐 하러 가~"라며 나의 '왕 알현 미션'에는 시큰둥했다. 관광객답지 않은 썸머와 가이드스럽지 않은 니코의 왕궁 탐방은 당연히도 짧게 끝났다. 니코는 왕궁보다 더 신나는 게 있다며 어느 좁고 복잡한 골목으로 파고들어 갔다. 그곳에는 벨기에의 트레이드 마크인 '오줌싸개 소년' 동상 대신 '오줌싸개 소녀'가 있었다. 여자아이가 쪼그리고 앉아 오줌을 싸는 동상 말이다. 마주보기 민망할 정도로 적나라한 포즈의 동상 앞에 나를 끌어다 놓고 강제 기념 촬영을 하는 니코 녀석. 마치 "이것이 바로 벨기에다!"라는 듯 자부심으로 벅차오른 표정이라니! 녀석이 인도한 다음 코스 역시 나는 진혀 알지 못했다.

　"바다를 보러 가자! 기차로 금방이야!"

　"뭐? 벨기에에 바다가 있어? 내륙 아니었나!"

"The Great Belgium Sea를 모른다고? 도대체 벨기에에 대해 아는 게 뭐야?"

"초콜릿이랑 와플!"

"무슨 그런 무식한 여행이 다 있담! 공부 좀 하고 다니시지!"

그러고 보니 나는 이 나라에 대해 아무것도 모르고 왔다. 체코에 가기로 한 후 지도를 펴보니 아일랜드와 체코 가운데 벨기에가 있어서 왔다. 일본어에 능통하고 서울에도 와본 적이 있다는 회사원 니코와, 한국어 공부를 열심히 하는 대학생 슈테판, 클리오의 친구 루돌프, 이렇게 세 사람의 연락처만 들고 왔다. 그동안 어떻게 하나도 불안하지 않았지? 나는 벨기에 체류 마지막 날이 되어서야 이미 쓸데없어진 불안을 꺼내 보았다. 존재 자체도 몰랐던 바다로 향하는 기차 안에서.

북쪽으로 한두 시간 달려 도착한 The Great Belgium Sea의 공식 명칭은 'North Sea'이다. 풍광은 우리나라 동해처럼 시원시원하지만 물빛은 서해 같았다. 해변의 이쪽 끝에서 저쪽 끝까지 걷고 싶다는 녀석의 고집에 그러자 했지만, 아일랜드를 벗어나자마자 다시 만난 바닷바람에 온몸이 휘청거렸다. 바다까지 나오리라곤 예상치 못한 터라, 둘 다 가벼운 옷차림에 심지어 구둣발이었다. 1킬로미터도 안 될 것 같으니 끝까지 걷자는 니코와, 3킬로미터는 족히 되어 보이니 이쯤에서 관두자는 나의 갑론을박으로 인적 없이 쌀쌀한 해변이 소란스러워졌다.

오늘따라 유독 고집을 부리는 니코에게 밀려 해변 끝까지 걸었다. 그런데 근처에 갈 만한 식당이 있나 검색하려던 녀석이 깜짝 놀랐다. 자신의 분신과도 같은 스마트폰을 집에 두고 온 것이다. 지금 시대에 스마트폰이 없다함은 단순히 전화를 못 한다는 뜻이 아니다. 시계도, 지도도, 맛집 가이드도 없다는 뜻. 요즘 여행에서 나의 구형 핸드폰은 아무 존재감이 없었다. 어차피 이렇게 된 거 우리는 원시적인 여행을 하기로 했다. 온전히 감에 의지하는 여행. 지도 없이 걷고 싶은 만큼 걷고, 배고프면 먹을 곳을 찾고, 느낌상 다 되었다 싶으면 기차역으로 돌아가자고 했다. 기차는 5분 안에 올 수도, 두 시간을 기다려야 할 수도 있었다.

식당이 늘어선 거리로 나가 가게마다 들러 메뉴와 가격이 적당한지를 살폈다. 그러다 어떤 냄새에 정신이 번쩍 들었다. 발은 절로 냄새의 근원으로 향하고 있었다. 그곳에는 온 세포가 환영하는 익숙한 냄새와 색깔, 모양의 '그것'이 있었다. 그것은 바로… 전기구이 치킨!!! 작은 정육점 앞에서 빙빙 돌아가고 있는 새빨간 전기 그릴이 마치 물랑루즈의 매혹과도 같았다.

"니코! 오늘 점심은 이거다!"

"응? 포장해서 먹기엔 집까지 너무 멀잖아."

"해변에서 먹으면 되지. 음료수도 사 가자!"

"우왓! 해변에서 치킨을 먹는다고?"

"해변에서 먹는 치킨과 맥주는 진리야. 한국에서는 해변까지 배달도 되는걸!"

"말도 안 돼!"

"쯧쯧. 너는 맛에 대해 아는 게 없구나!"

곧 음료수 두 개와 듬직한 전기구이 치킨 한 마리가 우리 손에 들어왔다. 바닷가에 늘어선 피서객용 오두막 중 하나를 골라 자리를 차렸다. 아직 피서철이 아니라 사람은 한 명도 없었다.

"이걸… 어떻게 먹지?"

능수능란하게 치킨 테이블을 세팅하는 내 앞에서 녀석은 어찌할 줄 몰랐다.

"뭐야. 여기에서 포크와 나이프를 찾겠다고? 손으로 뜯어!"

팔을 걷어붙인 숙련된 조교의 시범을 본 니코는 이내 청출어람, 조교보다 더 빠르고 정교한 솜씨로 닭을 발랐다. 우리는 닭 한 마리에 들러붙은 새끼 여우 두 마리처럼 게걸스럽게 해치웠다. 이따금 바람이 들이닥쳐 모래가 서걱거려도 아랑곳하지 않았다. 한 조각 뜯고 손가락을 쭙쭙, 또 한 조각 뜯고 쭙쭙. 손과 입이 이내 기름으로 번들거렸다.

"이거 정말 맛있어! 벨기에 닭을 벨기에 맛으로 구워 벨기에 해변에서 한국식으로 먹다니. 이거야말로 문화교류네!"

니코는 너무 맛있어서 먹다가 죽을지도 모르겠고, 아예 죽어도 좋겠다며 호들갑을 떨었다. 평소 같지 않은 연이은 해프닝 속에서 녀석은 자유로워 보였다. 포크와 나이프가 아닌 손가락으로 뜨거운 고깃덩어리를 뜯는 자유, 구수한 기름이 흐르는 손가락 사이사이를 핥는 자유는 각종 버튼과 자판의 감촉에 익숙한 우리의 손이 새롭게 만난 자유였다. 아무리 전자기기로 스마트하게 휘감아도 결국 녀석은, 그러니까 우리는 원래 동물이잖아?

해변의 유료 화장실에서 손을 깨끗이 씻고 모래도 털어내고 머리카락도 빗었다. 단짠 밸런스를 맞추기 위해 바닐라 아이스크림을 하나씩 물고 기차역으로 가는 트램에 올랐다. 기차역에 도착해 시간표를 보니 브뤼셀행 기차는 한 시간 후에 있었다. 따스한 커피를 한 잔씩 앞에 두고 기차를 기다리던 카페에서 나는 니코에게 언제가 될지 모를 초대를 했다.

"한국에 오면 해운대에 가자. 치킨 말고도 흥미로운 것들이 많아. 한국의 해변은 뭐랄까… 재밌어!"

"한국이라면 서울밖에 몰랐는데 공부 좀 해야겠어."

"아니, 그냥 와. 모르면 더 많은 걸 알 수 있어."

무작정 저지른 긴 여행이 어떤 콘셉트를 가질지, 어떻게 풀릴지 이제야 어렴풋이 그림이 그려졌다. 벨기에는 더없이 적당한 나라였다. 적당히 가운데에 있고, 적당히 작고, 적당히 젊고, 적당히 오래된 나라이자, 적당히 거리를 두고 적당히 끌어주는 사람들이 있는 나라. 큰 세계로 들어가기 전에 작은 시행착오를 겪어보기 좋은 나라. 좋은 시작이었다. 그리고 오늘은 좋은 이별이다.

안녕. 그리고 고마워 니코. 이 여행은 아는 것을 찾으러 갔다가 원하는 것만 가지고 나오는, 그런 여행이 되지 않을 거야.

모든 비는 그친다

3년 전, 가족과 함께 왔던 체코는 전적으로 예뻤다. 골목마다 마리오네트 인형이 주렁주렁, 아기자기한 기념품 가게가 즐비했다. 내 카메라에는 체코에 다녀온 사람이라면 다 찍어봤을 그것들이 담겼다. 시계탑, 다리, 골목, 지붕, 카프카.

지금의 나는 독일과 국경을 맞대고 있는 마을, 친구의 시골집에 있다. 거칠고 투박하지만 뜨겁고 다정하다. 어디든 음식이 펼쳐져 있고 하루에도 몇 번씩 우르르 들어와 우르르 먹고 우르르 일하러 나가는 농부들의 식탁. 『하울의 움직이는 성』(2004)에 나오는 불꽃 캘시퍼처럼, 살아있는 기운이 꿈틀대던 식탁이 있는 두 번째 체코. 대장 마녀, 이바의 고향이다.

나는 캠프힐에서처럼 작업복 옷장에서 모직 체크 셔츠를 꺼내 입고 다 늘어난 양말에 바짓단을 구겨 넣으며, 아기자기하고 젊은 도시에서 묻혀온 긴장을 털어버린다. 이바의 작은 오라버니에게

"이 정도면 농부의 격에 맞나요?" 했더니 셔츠와 양말은 후줄근하니 완벽하나 바지의 무릎이 나오지 않았으므로 냉정하게도 "탈락!"이란다.

이바와 나는 농부들이 돌아오기 전에 바비큐 불을 준비한다. 이바네 집에서는 그저께 돼지를 한 마리 잡았다. 소시지도 만들고 선지 수프도 만들었다. 겨울을 위한 비축 식량이다. 이바의 큰 오라버니는 주머니칼을 꺼내 바지춤에 한 번 스윽 닦고는 빵과 소시지, 숲에서 따온 버섯을 갈리 달구어진 그릴 위에 던진다. 들판에서 갓 돌아온 그의 팔뚝은 아직도 덥다. 맥주와 와인이 돌자 막내 농부인 열다섯 살 이바의 조카도 술잔을 받아 든다. 아직 술을 마

시면 안 되는 나이이지만, 여기는 법보다 더 강력한 '농부의 마법'이 적용되는 곳이니까 괜찮다.

농부 대장인 이바의 아빠가 자두로 빚은 50도짜리 보드카를 꺼내온다. 목이 타고 눈에 불이 오른다. 대장께서 "한국 노래 한 곡 뽑아라!" 하시니 나는 벌떡 일어나 한 곡 바친다. 사람들 앞에서 노래를 하다니! 학창 시절 음악 실기 시험 이후론 처음이다. 이게 다 보드카 때문이다.

그러는 사이 비가 후두둑 떨어진다. 농부들이 일제히 일어나 바비큐 테이블 위로 천막을 친다. 천막을 다 펼치고 보니 네 다리 중 하나가 부러져있다. 아빠 농부가 부러진 쪽 다리를 들고 서 있기로 한다. 이바는 그 광경을 보고 배를 부여잡고 웃는다. 이것은 보드카 때문이 아니다. 쌀쌀한 기운이 돌자, 김이 모락모락 나는 선지 수프가 나온다. 선지는커녕 내장도 안 먹던 나는 모두들처럼 큼직한 스푼으로 수프를 떠먹는다.

아지랑이 같은 것이 우리를 에둘러 피어오른다. 빗줄기에 먼지가 이는 것인지 농부들의 뜨거운 몸이 식고 있는 것인지 알 수 없다. 자비로운 농부의 집에서 잠자코 비가 그치기를 기다리는 시간이 조바심 나지도 아깝지도 않다. 모든 비는 그친다. 무지개가 뜰 것이다.

여자들은 진짜를 만들지

애플 스트루들 쇼! 쇤브룬 궁전의 고풍스러운 베이커리에서
갓 구운 애플 스트루들Apple strudel을 맛볼 수 있는 절호의 기회!

비엔나 시티 가이드북의 문구는 나의 침샘과 추억을 동시에 자
극했다. 쇤브룬 궁전 베이커리는 자그마한 지하 요새 같았다. 관
광객 대상 이벤트용으로 만든 공간이 아니라 실제 영업 중인 베이
커리였다. 종일 오븐이 돌아가서인지 실내 공기는 후끈 텁텁하고
빵 냄새가 그득했다. 광고 문구와는 다르게(그럴 줄 알았지!) 미리 만
들어놓은 차가운 애플 스트루들을 받아 들고 베이커의 현란한 쇼
를 구경하는 내내, 나의 여자들이 만들어주었던 진짜 스트루들을
소리쳐 자랑하고 싶었다.

◆ 디타의 애플 스트루들

나는 디타가 캠프힐에 데려온 아름다움을 기억한다. 디타는 체
코인 싱글맘으로 5살, 7살 남매를 데리고 캠프힐에 왔다. 가족이

함께 캠프힐 생활을 한다는 것은 엄마나 아빠가 의료, 복지 계통 일을 했거나 발도르프, 인지학 등의 공부를 한 사람으로, 매니저 역할을 하러 오는 경우가 대부분이다. 디타는 체코에서 특수교육 교사였다. 하지만 이곳에서 그의 역할은 단순 봉사자였다. 매니저 의 역량을 충분히 갖추고 있지만 영어 실력이 부족했기 때문이다. 봉사자는 단순한 일만 처리하면 되지만 매니저는 집을 꾸려 나가 야 하므로 영어 실력은 필수였다. 그는 아쉬운 대로 봉사자로 근 무하다가 영어가 적정 수준에 도달하면 매니저가 될 기회를 얻고 싶다고 했다.

반대로 디타네 집의 매니저는 도통 매니저답지 못했다. 자기 좋을 대로 권한을 휘두르는 사람이었고 봉사자의 사정에는 관심 도 없었다. 캠프힐은 봉사자의 복지도 장애인의 것만큼 철저히 챙 기는 조직이라, 매니저는 봉사자도 잘 돌봐야 했다. 하지만 그 매 니저는 자기 복지만 챙기는 사람이라는 평판이 파다했다. 디타는 다정했고 어른스러웠고 일도 잘했으므로, 약삭빠른 매니저는 디 타의 어깨에 자기 짐을 얹어놓고는 위세를 부리는 일만 꼼꼼히 챙 겼다. 봉사자들은 디타를 측은해했고 분개하기도 했다. 저 집의 매니저는 디타여야 한다고 누구나 생각했다.

어느새 디타는 단순 봉사자의 처우를 받으면서도 하는 일은 매 니저보다 많은, 공동체에서 가장 바쁜 사람이 되어있었다. 그런데 도 투덜거리는 법이 없었다. 한번은 세탁실에서 산더미 분량의 마 른 수건을 개고 있는 디타를 보았다. 나는 살다 살다 수건을 색상에 따라 한 번 분류하고, 다시 채도에 따라 정렬해 그러데이션을 만드는 사람은 처음 보았다. 정리벽이나 집착이 아니었다. 그는 낡은 수건 더미에 파묻혀서도 자기의 미의식을 포기하지 않았다. 심지어 흥얼흥얼 콧노래를 부르며 자신보다 훨씬 편하게 사는 내 안녕을 챙겼다.

캠프힐에 어느 정도 적응한 나는 이집 저집 돌아다니며 구경도 하고 식사나 파티에 끼기도 했는데, 디타네 집은 어느 집보다 청결했고 다정한 느낌으로 가득 차 있었다. 이것은 못된 매니저의 기운이 아니었다. 집 안 곳곳에 싱싱한 꽃이 놓여있고 테이블보는 새것 같았다. 슬라이스 치즈가 접시에 올려 나오는데 한 장 한 장 비스듬히 겹쳐 공작의 꼬리처럼 펼쳐놓은 것을 보고는 기함을 했다. 그는 일을 아름답게 하는 사람이었다. 하다못해 일하기 싫다며 도망치는 마틴의 뒤를 쫓아 언덕을 뛰는 모습마저도 아름다웠다.

나는 디타가 사과와 함께일 때 참 좋았다. 캠프힐 식량 창고에는 시큼한 연녹색에 흠 많은 조리용 사과가 그득 쌓여있었다. 꼬꼬마 봉사자들은 요리에 창의력을 발휘할 생각이나 여유가 없었고, 디타만이 그 사과를 찾았다. '맛'스러운 곳이라곤 찾을 수 없는 사과를 가지고 디타는 마법을 부렸다. 잘게 썬 사과를 계피와 설탕에 푹 재워 맛을 들어놓고, 밀가루 반죽을 아주아주 얇게 밀어 큰 보자기처럼 만들었다. 사과 필링을 그 위에 얹고 포장하듯 돌돌 말았다. 디타의 손에서 탄생한 길쭉하고 두툼한 빵은 한 덩

늘 아름답고 조화로운 배치에 싱그러운 꽃이 함께 하는
디타의 테이블. 그것도 식사 시간 한참 전에 준비 완료!
개인 냅킨으로 흰색은 잘 쓰지 않는데(빨아도 말끔해지지
않기 때문에) 이 집은 차원이 달랐다. 오른쪽 가장 아래에
보이는 빵 접시가 바로 디타의 애플 스트루들!

이만으로도 아가 오븐을 꽉 채웠다.

크루아상처럼 바삭한 겹겹의 외피에, 속에 든 사과는 새콤 달달 촉촉 아삭, 계피향으로 차분한 마무리… 사계절의 풍미가 한데 담긴 조각. 이것이 바로 디타의 애플 스트루들이었다. 처음 스트루들을 만든다고 할 때는 같은 체코 사람 이바와 오스트리아 사람 클라라만이 환호를 내질렀는데, 한번 맛을 보인 후로는 너나 할 것 없이 "남은 거 없나~" 하고 디타네 집 주방을 기웃거렸다.

오픈데이 전날, 디타가 베이커리에 찾아왔다. "스트루들을 구워 팔고 싶은데 난 그날 부엌에 있어야 해. 베이커리에서 대신 팔아줄 수 있겠니?" 하고 부탁을 했다. 돈을 벌 목적이 아니니 가격도 편한 대로 정해달라고 했다. 몇몇 봉사자들은 그렇지 않아도 부당한 대우를 받는 디타가 돈 때문도 아니라면서 굳이 바쁜 시간을 쪼개 스트루들을 만드는 걸 이해할 수 없다고 했다. 하지만 나는 알았다. 디타는 누가 자신을 어떤 상황에 던져놓든, 어떤 시선으로 자기를 바라보든 상관없다는 걸. 뒤죽박죽될 수도 있었던 자기 삶을 아름답게 살아내고 있는 사람이라는 걸. 그의 아름다움은 주눅 드는 법이 없다는 걸.

스트루들 스무 조각은 내 몫으로 하나 빼낼 틈도 없이 순식간에 사라졌다. 디타에게 미안한 점은 우리 베이커리 사람들이 스트루들의 가격대를 잘 몰랐던 탓에 한 조각에 고작 75센트로 책정했다는 것. 비엔나의 카페에서 4.8유로짜리 스트루들을 먹으며 그때를 돌아보자니, 디타의 진가를 나 또한 제대로 대접하지 못한 것 같아 이제 와서 마음이 무겁다.

◆ 클라라의 애플 스트루들

"썸머, 오늘 밤 뭐해? 내가 근사한 거 만들어줄게."

이건 클라라가 〈무언가 먹고 싶은 게 있는데 자기가 만들어준다며 나를 초대해놓고 결국엔 내가 그것을 만들어 그에게 선사하는 행위〉를 목적으로 하는 말로서, 나는 "뭔데? 무슨 재료가 필요한데?"라고 답한 후 몸과 마음의 준비를 해야 한다. 그렇지 않으면 빼먹은 재료를 찾으러 몇 번이고 창고를 들락거리랴, 머릿속에 없는 그림을 상상하며 만들어내랴, 나만 고생할 게 뻔하기 때문이다.

"애플 스트루들 만들 거야!"

"안 돼!!!"

나는 이미 디타가 스트루들을 만드는 과정을 봤다. 스트루들은 디타처럼 자기희생적이면서 성실하고 섬세한 사람만이 할 수 있는 음식이다. 맛없는 사과에 맛을 들이고 밀가루 반죽을 보자기처럼 얇게 민다는 것은 그런 일이다. 나도 늘 먹고 싶지만 만들 엄두가 나지 않아 디타님이 나설 때까지 그저 기다리는데, 클라라? 네가?

이런 반응을 예상했다는 듯, 클라라는 실망은커녕 회심의 미소를 씨익 지었다. 나는 더 불안해졌지만 그가 쓰윽 내민 상자를 보고는 함께 웃을 수 있었다.

상자는 다름 아닌 스트루들 반죽 완제품! 으하하하!

"엄마가 보내줬지롱! 힘들게 반죽을 밀 필요 없이 사과 필링만 만들면 되지롱!"

그의 말대로 상자 안에는 얇디얇은 반죽이 접힌 채 들어있었다. 비하자면 기성품 만두피가 있으니 만두소만 만들면 되는 상황. 클라라는 콧노래를 흥얼대며 사과 필링을 만들어 그럴싸한 모양의 스트루들을 완성했다. 문제는 오븐에 들어가기 전까지만 그럴싸했다는 것. 오븐의 가장 윗단에 넣고 굽는 바람에 옆면과 밑면은 괜찮은데 윗면이 새까맣게 타버렸다.

"클라라, 전에도 말했잖아. 빵은 오븐 바닥에서 올라오는 불을 받아야 하니까 가장 밑단에 두라고…."

실수할 때마다 미워할 수 없는 개구쟁이 웃음으로 상황을 무마하던 클라라가 그날은 좀 달랐다. 나는 그때나 지금이나 웃길 뿐이지만 그는 뭐랄까… 상심한 듯했다. 곧 울 것 같은 클라라의 표정에 당황한 나는 황급히 수습에 들어갔다.

"윗면만 탔고 속은 말짱하니까 필링을 건져내서 새 반죽에 싸서 굽자!"

"한 장 밖에 없어… 한 장 밖에…."

상자에는 세 상의 반죽이 들이있었고, 그중 두 장을 썼고, 남은 한 장으로 한 덩어리를 말기엔 부족하다… 라는 뜻이었다. 우리는 잠시 멍하니 있다가 윗면의 탄 부분만 칼로 도려냈다. 그리고 소중한 마지막 반죽을 여러 겹으로 접어 스트루들 위에 뚜껑처럼 얹었다. 다행히 뚜껑은 옆면과 잘 들러붙어 온전한 스트루들 모양새를 갖추었고, 클라라는 개구진 웃음과 수다를 되찾았다. 자기가 사과 필링을 제대로 만들어서 이토록 맛있는 거라며, 아무나 이렇게 만들 수 있는 게 아니라며!

쇤브룬 궁전의 고풍스러운 샹들리에 아래, 전문 베이커들의 현란한 동작을 보자니, 이왕에 'Show'라면 클라라야말로 더 극적으로, 더 쇼답게 스트루들을 만들 수 있는 사람이 아닌가 싶다. 나는 다 식은 스트루들을 한 입 베어 물며 내년 캠프힐 오픈데이에 이런 포스터가 걸리는 모습을 상상해보았다.

스트루들의 본고장, 오스트리아에서 온 클라라의 스트루들 쇼!
과연 스트루들이 나오긴 할까요? (환불 사절)

애정과 헌신을 담아
애플 스트루들 Apfelstrudel

{ 반죽 }
강력분 200g
물 100ml
식물성오일 300ml
(포도씨유, 카놀라유 등)
소금 1/5tsp
식초 또는 레몬즙 1/2tsp

{ 필링 }
사과 5개
빵가루 200g
설탕 80g
건포도 50g
호두 50g
시나몬파우더 1tsp
바닐라에센스 1tsp
럼 2tsp

녹인 버터 1/2컵

❶ 반죽 재료를 부드럽고 매끈해질 때까지 치댄 후 표면이 마르지 않도록 기름을 충분히 발라 1시간 정도 실온에 둔다. 기름을 넣은 그릇에 푹 담가두는 것도 좋다.

❷ 필링 만들기. 사과는 껍질을 벗겨 잘게 썰고 모든 재료를 한데 넣고 섞는다.

❸ 반죽을 최대한 얇고 넓게 민다. 반투명해 보일 정도로!

❹ 반죽 표면에 녹인 버터를 바르고 필링을 얹은 후 돌돌 싸맨다.

❺ 덩어리 표면에 다시 버터 칠을 하고 오븐으로!

❻ 200도에서 40분간 구운 후 오븐에서 꺼내어 슈거 파우더를 듬뿍 뿌린다.

❼ 큼직하게 잘라서 따뜻할 때 먹는다.

나로서 할 수 있는 건
타인을 믿으려 애쓰며
내 불안을 잠재우는 게 아니라,
내가 안전한 사람이 되어
상대의 불안을 해소해주는 일뿐이었다.

지나고 돌아보니 우리는
암묵적으로 서로에게
그 일을 해준 것 같다.

3부.

프랑스 – 이탈리아

제대로 프랑스적인 삶

"썸머, 나 드디어 일을 구했어! 들어보면 분명 웃을 거야!"

"제발 웃게 해줘!"

"나… 푸아그라 공장에서 일해. 푸아그라 포장하기!"

"하하하. 굉장히 프랑스적인 일이다. Real French job이야!"

"응! 이보다 더 French 할 순 없지! 별수 없더라고. 그거라도 일단 시작해봐야지."

"포장하는 일은 험하지 않겠지? 거위 배 가르는 것보다!"

"그 일도 제안받았어. '뭐 안 될 거 없죠'라고 답했지."

"네가 포장한 푸아그라를 먹기 위해서라도 프랑스에 또 가야겠어!"

"책은 잘 되어가?"

"응. 동네에 퍼블리끄Publique라는 프랑스 빵집이 생겼어. 한국의 주택가 골목에 프랑스 빵집이라니. 캠프힐에 가기 전에는 없던 일이야. 여기서 심심한 빵 먹으며 원고 쓰는 게 요즘 낙이랄까. 계속 프랑스 노래를 틀어주는 바람에 영어보다 프랑스어가 익숙해지려고 해."

"하하. 우리 둘 다 So French 하다. 그렇지?"

올라는 나보다 먼저 캠프힐 생활을 마치고 전에 살던 프랑스 남쪽 시골 마을로 돌아갔다. 그는 폴란드인으로, 프랑스에 정착하려 고군분투 중이다. 폴란드와 벨기에에서 교육학을 전공하고 사무직 이력도 있지만, 프랑스에서의 경력은 푸아그라 공장에서 시작된다. 유럽 국가들이 국경을 개방했어도 취업시장에서는 자국민 보호가 앞서기에 프랑스인 경쟁자에 밀릴 수밖에 없단다.

나는 3개월의 여행을 마치고 한국으로 돌아와 친구네 집에 머물며 이 글을 쓰고 있다. 올라와 나는 마땅한 수입 없이 수개월을 보내고 있다. 올라는 열심히 구직활동을 하며 우스꽝스러운 일이 생길 때마다 내게 메시지를 보낸다. 그는 푸아그라 공장에서 최고치로 웃었지만, 나에게는 '종지기' 케이스가 백미였다. 올라가 사는 곳은 집 마당에서 벗고 있어도 괜찮을 정도로 인구가 적은 마을이니 고학력 젊은이를 위한 일자리가 있을 리 만무. 그 와중에 동네 교회의 종지기 자리가 났다는 거다. 매일 특정 시간대에 교회 탑에 올라가 특정 횟수만큼 종을 치면 되는 쉬운 일이라고 했다. 그러나 올라는 크리스마스, 즉 교회에서 가장 중요한 날에 폴란드로 돌아가기 때문에 그 자리를 따낼 수 없었다. 타로카드나 별자리, 손금, 부적 등 온갖 삿된 것에 혹하는 올라가 성스럽게 교회 종을 치는 모습을 상상하며 나는 배를 잡고 웃었지만, 올라는 일자리를 놓친 아쉬움에 그저 입맛만 다셨다.

올라의 프랑스인 남자친구 프레드릭은 가족 농장에서 재배하는 과일과 채소를 내다 판다. 올라는 여름 한 철 목돈을 벌기 위해 프랑스 시골까지 와서 멜론 따기 아르바이트를 하다가 프레드릭과 사랑에 빠졌다. 프레드릭은 봄에서 가을까지 일하고 겨울은 내리 쉰다. 매장이 아니라 야외 마켓을 주로 상대하기 때문이다. 올라는 프레드릭의 간곡한 부탁에 폴란드로 돌아가지 않고 그의 집에 머물며 마켓 일을 돕고 있지만, 자신만의 커리어를 쌓고 경제적 기반도 다지고 싶어 한다. 특히 마켓이 없는 이 겨울에 집에만 있고 싶어 할 인물이 절대로 아니다. 지금 올라는 맨손으로 거위의 배를 가르라면 가를 각오가 되어있다.

언젠가 올라는 프랑스 생활을 힘들게 하는 요소 가운데 하나가 French라고 했다. 프랑스어 말고, 프랑스 '사람들'. 모르는 내가 보기엔 예술과 미식을 숭배하는 낭만의 노예들이 더없이 귀여울 듯한데, 사는 사람 입장에서는 그렇지 않은가 보다(세상 어디인들…). 파리 사람들은 프랑스를 '파리'와 '기타 지역'으로 구분하며 콧대를 세우고, 시골 사람들은 외지인이 하나 들어오면 대놓고 수군거린다고 한다. 이웃이 돈을 잘 벌면 아니꼬워 괴소문을 만들기 일쑤라고. 중년의 부자인 프레드릭과 젊고 아름다운 폴란드인 올라 커플은 동네 사람들의 입방아에 딱 맞는 재료가 되었다. 그래도 올라는 마을 축제의 진행요원 자원봉사까지 해가며 지역사회에 적응하려 애쓰고 있었다.

사실 올라의 이야기는 남의 일이 아니었다. 나도 한때 파트너를 따라 미국으로 이주하려 했었다. 계획대로라면 지금쯤 미국에서 거위배에 상응하는 무언가를 가르며 엄마 생각, 고향 생각을 하고 있어야 했다. 한국 동네에서 맡는 프랑스 냄새가 신선하다며 허세를 부릴 것이 아니라. 새로운 곳에 내 짝과 둥지를 트는 모험… 나는 못 했고 올라는 현재진행형이다. 올라에게는 그때의 나에게 없는 것이 있다. 패기, 그리고 사랑. 올라는 프레드릭을 사랑한다.

프레드릭은 말할 것도 없다. 그는 올라에게 청혼했다가 올라가 부담을 느끼고 캠프힐로 사랑의 도피를 하자, 매일 전화로 어서 돌아오라며 사정했었다. 올라는 결국 그에게 돌아갔다. 올라가 그를 사랑할 수밖에 없는 이유를 나는 프랑스에 머물기 시작한 첫날 알아차렸다. 한쪽 팔에는 저녁 식재료가 담긴 봉투를, 다른 팔에는 붉은 장미 한 다발을 안고 퇴근하는 이 남자. 목숨 건 사냥을 마치고 동굴에 돌아오며 꽃 한 송이를 꺾어오는 원시의 연인이 그려졌다. 원초적 낭만이 흘러내리는 퇴근길!

"꽃을 고르면서 그가 지었을 미소를 생각해봐. 게다가 네게 키스하자마자 부엌으로 들어가 요리를 하잖아! 조심해. 이러다가 내가 프레드릭을 사랑해 버릴지도 모르니까!"

우리는 '프랑스 남자 = 프레드릭'이라는 성급한 일반화의 오류를 기꺼이 저지르며 그를 찬양하는 노래를 만들어 흥얼거렸다.

"He knows how to make beauty. He knows how to be in the kitchen. He knows how to make his woman happy!"

'사랑'은 온갖 난해한 경우를 명쾌히 설명할 수 있는 참으로 경제적인 단어다. 특히 프랑스라는 나라에서는 그 활용도가 유독 높다고 한다. 그러고 보면 올라는 여러 면에서 제대로 프랑스적인 삶을 살고 있지 않은가! So romantic! So French!

남자친구의 레시피
무화과 소스 오리구이

여자들끼리 산속 호수로 수영을 다녀온 사이, 부엌이 온통 달콤하다. 무화과를 오리기름에 졸이니 빠알간 소스가 만들어졌다. 프레드릭은 사랑하는 여자와 그 여자를 응원하러 온 여자의 마음까지 사로잡는다. 프랑스의 여름, 어딜 가나 무화과가 열려있지만 올라와 프레드릭의 집에서 본 것만큼 관능적이고 매혹적인 열매는 없었다.

{ 재료 }
오리고기
(닭고기나 돼지고기로 대체 가능. 기름기 많은 부위가 좋음)
잘 익은 무화과
소금과 후추

❶ 팬을 뜨겁게 달군다.

❷ 오리고기를 구워 기름을 충분히 낸다.

❸ 고기는 건져내고, 기름에 무화과를 졸인다. 무화과의 달콤한 과즙과 기름이 충분히 어우러지도록!

❹ 접시에 고기와 무화과를 담고 무화과 소스를 뿌린다. 소금과 후추도 살짝.

오해의 쓸모

"프레드릭! 글쎄 썸머가 여기 오기 전에 심각하게 걱정했다는 거 알아?"

"그래? 왜?"

"프랑스 사람이 무서워서!"

올라가 나를 놀려댔다. 그의 말대로 프랑스 여행에 앞서 나는 전에 없던 긴장을 했다. 프랑스 사람만이 가지고 태어나는 F(french) 염색체가 있다는, 꼿꼿한 문화적 자부심이 자아낸 악소문을 여러 번 들었기 때문이다. 프랑스에서 영어로 말을 걸면 듣는 사람이 화를 내거나 무시할 거라며 겁주는 사람도 있었다. 캠프힐에 올 때 사놓고 먼지만 쌓여가던 전자사전을 배낭 속 꺼내기 쉬운 자리에 넣어둘 정도로 마음의 채비를 단단히 했다.

직접 만나본 프랑스 사람들은 나의 우려와 달랐다. 젊은이들은 수줍으면서 개방적이었고 어른들은 손짓, 발짓을 다 동원해 소통하려는 아시아 여자애를 재미있게 봐주었다. 특히 '음식'이라는 주제만 나오면 대화가 끊이지 않았다. 어제 프레드릭의 조카인 야닉, 그의 친구 올리비에와 함께 보낸 시간은 더욱 진했다. 둘은 현직 프렌치 셰프로, 우리는 요리를 공 삼아 캐치볼을 했다. 첫날엔 야닉의 집, 다음 날엔 프레드릭의 집에 모여 서로의 음식을 맛보았다. 엷은 긴장이 감도는 자리였다. 물론 맛있는 긴장감이었다.

야닉은 김밥이며 고추장 볶음을 열심히 먹고는 우리나라의 식문화에 대해 꼼꼼히 질문을 던졌다. 손님을 향한 의례적이고 형식적인 관심이 아닌, 진지한 호기심이라는 걸 눈빛에서 알 수 있었다. 두 젊은 셰프의 열린 태도는 남프랑스의 여름 바람처럼 온순하고 신선했다.

언젠가 캘리포니아롤을 만들려다 실패했다는 야닉에게 남은 재료를 이용해 시범을 보였다. 나는 미국 이주를 준비할 때 각종 요리학원을 섭렵했는데, 마침 초밥 과정을 수료했고 또 마침 커리큘럼 안에 캘리포니아롤이 있었다. 미국에서 먹고 살려고 배웠던 것을 프랑스 시골에 와서 시전하고 있다니… 인생은 도통 알 수가 없다. 여하튼, 얼결에 작은 쿠킹 클래스가 열렸다. 그깟 캘리포니아롤 마는 게 뭐라고 두 셰프는 물론, 그 자리에 있던 모든 사람이 진지하기 이를 데 없었다. '우월감 덩어리'라는 오해가 가뿐히 날아가는 순간이었다.

이 나라의 저녁 식사는 다섯 시부터 시동을 걸어 아홉 시를 가볍게 넘긴다. 테이블이 겨우 비워지고 집주인이 치즈를 내오면 슬슬 마무리라는 신호다. 말미에 나는 두 셰프에게 머리 아픈 질문을 하나 던졌다.

"프랑스를 대표하는 요리를 '딱 하나만' 고르라면?"

"말도 안 돼!" 답이 하나일 수 없다며 야닉과 올리비에는 단호히 손을 내저었지만, 그래도 모처럼인데 따악 하나만 골라보시라며, 무엇을 골라도 다른 요리들이 섭섭해하지 않을 거라며 악마의 속삭임을 시전했다. 결국 그들은 지상 최대의 난제라도 만난 듯 곰곰이 생각에 빠져드는데….

"사슴! 소금과 후추만 뿌려서 숯불에 구운 야생 사슴고기!"

짐작이 깨졌다. 당신도 나처럼 푸아그라나 달팽이 요리를 예상하지 않았는가? 나는 그들이 푸아그라나 달팽이라고 답할 때 받아칠 대답과 표정까지 준비하고 있었는데, 모두 무용지물이 되었다. 이어서 야닉이 야생 사슴을 마주쳤던 숲의 느낌을 설명해주었다. 깊고 사늘한 북쪽 숲, 향긋한 버섯과 딸기가 지천이며 촉촉하고 포근한 이끼 카펫을 지긋이 밟으며 노니는 큰 뿔의 사슴… 사슴 무리가 동시에 뿜어내는 숨소리, 인기척을 느끼고는 고개를 틀어 이쪽을 바라보는 형형한 눈빛. 야닉의 이야기를 따라 나는 어느덧 프랑스의 숲 한복판에 들어와 있었다. 숲…이라니. 에펠탑과 센강만 알던 내게 그렇게 '프랑스의 숲'이 입력되었다.

우리는 선입견이나 오해를 렌즈 삼아 서로를 바라볼 때가 있다. 오해라고 거저가 아니다. 오해에도 수고가 든다. 알려고 노력하지 않았다면 오해도 없었을 테니까. 오해는 이렇게 새로운 앎의 입구가 되기도 한다. 마치 모든 수고에는 나름의 쓸모가 있다는 것을 일러주듯.

죽은 마을의 산 것

고흐가 꿈꾼 낙원, 프랑스 남쪽 마을 아를Arles에서 사흘간 고흐의 황금빛 자취를 밟을 생각이었던 나는 한 가족에게 카우치 신청을 했다. 캠퍼에 먹을거리, 장난감을 잔뜩 싣고 아를의 해변으로 나와 캠핑하고 있다는 싱글대디와 세 아이. 아빠는 70대의 은퇴한 학자, 아이들은 늦둥이들이었다.

낮에는 아를 시내를 구경하고 밤에는 해변의 집으로 돌아가는 아름다운 그림을 그렸다. 가족은 친절하게도 아를 시내까지 나를 데리러 와주었지만, 해변이 시내에서 아주아주 아~~주 멀고 대중교통도 전무하다는 것은 전혀 다정한 상황이 아니었다. 나는 아를 해변과 시내를 해운대와 부산 시내쯤으로 짐작했다. 위치를 제대로 확인하지 않은 내 잘못이었다.

그보다 문제는 아이들이었다. 아니, 아이들을 바라볼 때 불편해지는 내 마음이었다. 머리는 까치집, 손톱에는 때가 끼어있었다. 햇볕에 등이며 어깨 피부가 다 까졌는데 캠퍼에는 보습제도

선크림도 없었다. 다섯 살 남자아이는 새끼손가락 끝마디가 퉁퉁 부어있었다. 이유를 물으니 모래 장난을 하다가 무언가 박혔다는데 어떤 치료도 받지 못한 게 분명했다.

술술 풀려가던 여행이 여기서 뚝 멈추었다. 이제라도 시내로 나가버릴까? 숙소를 못 구하면? 이곳은 바캉스 시즌의 남유럽, 프랑스 인구의 절반이 여기 몰려있을 텐데… 그보다 아이들은…?

물놀이에 지친 아이들은 소금 내 가득한 몸으로 잠에 빠져들었다. 오이를 얇게 썰어 등과 어깨, 주근깨 가득한 양 볼에 얹어놓았다. 뺨에 붙은 머리카락을 쓸어올려 주고 조용히 캠퍼 밖으로 나왔다. 캠퍼 엉덩이에 달린 사다리를 타고 올라가 지붕에 앉았다. 해바라기처럼 노오란 달이 둥글게 밝고, 새까만 해변 저쪽에서는 누군가 작은 불꽃놀이를 하고 있었다. 어깨에 두른 숄 안으로 지중해의 바람이 살그머니 들어오더니 온몸을 포근하게 휘감고 나갔다.

여행을 떠나오기 전, 이런 다짐을 했었다. 90일간의 여행은 길다. 분명히 방향을 잃을 것이다. 어긋나고 갈등하고 원망하고 후회할 것이다. 그럴 때면 이렇게 하자. 생각을 멈추고 당장 할 수 있는 것을 기꺼이 하자. 당장 곁에 있는 사람을 보자. 그 안으로 들어가자. 그게 나의 여행이다.

이틀은 가족의 아파트에서 지내기로 했다. 아를에서 북쪽으로 꽤 가야 하는 작은 마을. 햇실도 좋고 공기는 보송보송한데 묘하게 어둑한 기운이 돌았다.

"이 마을은 죽었대요."

"무슨… 이렇게 사람들이 잘 살고 있는걸."

열한 살 여자아이가 뱉는 말에 내 속내를 들킨 것 같아 무안했다. 아이들은 해변에서 돌아온 이후 내내 시무룩했다. 그래도 간장으로 찜닭을 해주자 먹성 좋은 아기 고양이처럼 소스까지 싹싹핥아 먹었다. 막내는 이날 하나 있던 앞니가 빠졌는데 울지도 않고 잘 놀았다.

마을에서 유일하게 활기를 띠는 곳은 아파트 바로 옆에 있던 작은 샘이었다. 산에서 내려오는 물을 바로 받아 마실 수 있는 이샘은 하루 종일 소낙비 소리를 냈다. 샘 앞에 앉아있으면 마을 사람들이 여럿 다녀갔다. 근처 레스토랑의 요리사가 유리병에 물을 가득 담아가고, 주인과 함께 달리던 견공도 와서 목을 축였다. 그럴 때 샘물이 사방으로 튀는 걸 보면 까닭 없이 마음이 풀렸다.

햇볕을 쬐다 노곤해 앉은 채로 잠시 잠이 들었다. 눈을 뜨니 남자아이 하나가 떡어 버티고 서서 나를 내려다보고 있었다. 그는 프랑스어로 말을 하고, 나는 영어로 네가 무슨 말을 하는지 모르겠다며 하하하 웃었다. 보통은 웃으며 돌아서기 마련인데, 이 아이는 갈 생각이 없어 보였다.

여행을 하다 보면 서로 다른 언어로 말하는데도 기가 막히게 뜻이 통할 때가 있다. 부슬팀인 녀석은 라마단 기간이라 아무것도 먹지 못하고 배고픔을 잊으려 동네를 산책하던 중인데 나도 그에 합류하게 된 지금처럼.

녀석을 따라 샘 뒤편 언덕에 오르니 아담한 공원이 있고 그곳에서 마을이 훤히 내려다보였다. 먼지가 노랗게 내려앉은 바짝 마른 마을. 거침없는 속도로 테제베TGV가 지나쳐갔다. 내일 아침이면 나도 저 안에 앉아 이곳을 벗어난다.

공원 한편에 무화과나무 한 그루가 생뚱맞게 서 있었다. 아이가 "먹을래?"라는 제스처를 취했다. "응! 애들이 세 명 있어"라는 뜻으로 손가락 세 개를 내보이며 "앙팡, 앙팡, 앙팡" 하고 답했다. 녀석은 냉큼 무화과나무에 올라타더니 이내 나무 하나를 탈탈 털었다. "너무 많아. 그만해도 돼"라는 말을 녀석은 알아듣지 않았다.

샘 앞에서 아이와 작별 인사를 했다. "나는 내일 니스에 가"라고 하자 "나도 가도 돼?" 한다. "물론이지. 내 가방 안에 숨어서 기차를 타자! 내 가방 무지하게 커!" 녀석은 활짝 웃고 손을 흔들며 멀어졌다. 나는 녀석의 뒷모습을 사라질 때까지 바라보았다. 종일 굶었지만 낯선 이를 위해 나무에 올라 무화과를 따준 아이. 당장 죽을 것같이 답답해도 다시 숨을 쉬게 하는 것이 있다. 어딘가에 이렇게.

2011년 8월, 네 아이의 여름에 내 여행이 스쳐간다. 우리의 여행이 포개졌던 며칠이 기억에 새겨질 틈도 없이 아이들은 빨리 자랄 것이다.

같이 뛰어내리는 거야!

14일 일요일엔 친구들과 Canyoning을 할 거야.
너도 하고 싶으면 Welcome!

8월 13일부터 니스에서 닷새간 나의 호스트가 되어줄 로익에게서 그의 보름치 스케줄이 적힌 이메일을 받았다. 스펠링을 대충 보고 너무나 자연스레 '카누'를 연상한 나는 "래프팅은 한국에서 해봤어. 하지만 물에 빠지면 구해주십시오" 정도의 귀여운 답장을 보냈다. 그리고 일요일이 왔다.

"흠… 그 신발은 곤란한데… 운동화 없어?"

샌들이긴 하지만 발목에 잠금장치가 있어서 카누 타기에 무리가 없을 거라 생각했는데, 로익이 걱정스러운 눈길을 보냈다. 심각하게 생각할 겨를도 없이 로익은 프랑스와 이탈리아 국경 근처의 깊은 산으로 차를 몰았다. 산 중턱쯤에서 멈추더니 여기에서부터 산꼭대기까지 걸어 올라가 거기에서 시작한다고 했다. 카누가 산꼭대기에 있는 건가? 로익에게 물었다.

"카누에 몇 명이나 탈 수 있어?"

"응? 아주 여러 명! 아주 크니까. 아하하하하하!"

지나치게 긴 웃음을 의심했어야 했다. 계곡을 왼쪽에 끼고 한 시간가량 산을 올랐다. 꽉 찬 물줄기가 세차게 흐르며 만들어내는 바람이 서늘했다. 간간이 작은 폭포가 있고 수심이 깊어 보이는 웅덩이도 있었다. 일부 지역은 카누를 띄우기엔 수량이 너무 적었고 폭도 좁았다. 여길 어떻게 타고 내려간다는 거지? 의문은 있었지만 의심은 없었다.

마침내 산꼭대기에 올랐을 때 그곳에는 건장한 남자 넷이 옷을 갈아입고 있었다. 그들은 전신 수영 슈트와 헬멧, 암벽등반용 고리와 밧줄까지 챙기고 있었다. 우리는 조로록 서서 남자들의 준비를 구경했다. 나를 제외한 일곱 명은 프랑스어로 무어라 무어라 이야기를 주고받았다. 채비를 갖춘 남자들이 깊은 계곡물에 텀벙 빠져들더니 곧장 우리 시야에서 사라졌다. 맨몸으로 계곡을 타고 내려가는 듯했다. 로익은 그들을 바라보며 마치 달콤한 케이크를 눈앞에 둔 아이 같은 표정을 지었다. 나는 그에게 물었다.

"저 사람들 자살행위 아니야? 너무 위험해 보이는데?"

"썸머! 할 수 있겠어?"

응? 그렇다. 산꼭대기에 카누 따위는 없었다. 그곳에 있던 것은 카누Canoe가 아니라 협곡Canyon이었다. 다 늦은 지금 사전을 찾아보면, 캐녀닝Canyoning이란 '신체의 모든 부분을 사용하여 급류를 타고 내려오는 토털 익스트림 레포츠'라고 한다. 온몸이라니!

급류라니!! 익스트림이라니!!! 캐녀닝을 풀이하는 문장 속 단어들은 어느 하나도 내 인생과 어울리지 않았다.

이때쯤 로익, 오드리, 제러미를 살펴보자. 그들은 모두 든든한 바지에 운동화 차림이었다. 오드리는 아까까지 풀어헤쳤던 긴 머리를 단단히 틀어 묶고 있었고 로익은 주섬주섬 가방에서 밧줄을 꺼내고 있었다. 반면 나는 반바지에 민소매 셔츠, 햇빛을 가릴 요량으로 얇은 숄까지 나풀나풀 걸치고 있었으니 딱 한강에 오리배 타러 가는 행색, 무언가 대단히 다른 차림새. 낚였다는 기분이 들었지만 누굴 잡고 따지거나 한 발 뺄 여유도 없이 캐녀닝은 시작되었다. 먼저 간 남자들과 다른 점이 있다면 우리는 아무런 보호 장비가 없었다는 것.

결론부터 말하자면, 나는 살았다. 하지만 그 가혹했던 과정을 실감 나게 풀어낼 자신은 없다. 나는 한국에서 자유형부터 접영을 거쳐 오리발 단계까지 수영 레슨을 받았지만, 실내 수영장 외의 어떤 물에서도 수영해본 적이 없다. 한마디로 헛똑똑이다. 겁은 많아서 물속이 훤히 보이지 않으면 불안하고 물안경 없이는 물에 들어가지도 않았다. 다이빙? 장난으로라도 물에 첨벙 뛰어들어본 적이 없다. 바닥이나 사람들과 부딪힐 게 무서워서.

이런 사람이 난생처음으로 얼음장 같은 계곡물에 머리꼭지까지 잠겼다가 온몸의 통각이 일제히 살아나는 경험을 했다면, 타이태닉호 침몰 시 사람들이 익사가 아니리 동사했다는 사실을 몸으로 이해하게 되었다면, "Help me!"라는 문장을 길을 잃었을 때, 화장실을 못 찾을 때 따위가 아니라 익사를 목전에 두고 쓰는 경험을 했다면 이날의 묘사로 적당할까.

절정은 2미터쯤 되는 폭포를 앞에 두었을 때였다. 발아래에는 깊이를 가늠할 수 없는 시커먼 물웅덩이가 있었다. 물은 더없이 맑았지만 우거진 수풀이 만들어낸 그늘 때문에 시커멨다. 마치 지옥의 입처럼! 잠시 전에 첫 번째 웅덩이를 만났을 때, 나는 천진난만하게 걸어 들어갔다. 뚜.벅.뚜.훅! 누군가 밑에서 발목을 확 끌어당기는 듯 내 몸은 순식간에 웅덩이로 빨려 들어갔고, 진심 어린 Help me를 외쳤었다. 로익이 곧장 물에 뛰어들어 나의 목덜미를 끌고 나왔고, 동료들은 그제야 내 목숨에 신경을 쓰기 시작했다.

"썸머, 네가 먼저 뛰어내려. 그러면 내가 바로 들어가서 널 건져줄게."

이 말은 나에게 이렇게 들렸다. "썸머, 일단 죽어. 그다음에 내가 살려줄게." 나는 로익을 신뢰하지만, 일단 죽고 싶지는 않았다. 고개를 가로저은 후 제안했다.

"아니. 네가 먼저 뛰어. 아래에서 기다렸다가 나를 구해줘."

"응! 그렇게!"

하나, 둘… 잠깐! 녀석이 뛰어내리려는 순간 나는 마음이 바뀌었다. 앞서 뛰어내린 로익이 웅덩이에서 나를 올려다보는 모습을 상상하니 그건 안 될 일이었다. '당신에게 내 생을 걸고 있다'라는 간설한 눈빛을 읽히고 싶지 않았다. 우리의 자존심은 왜 이렇게 쓸데없는 곳에서 발동하는가.

"마음 바꿨어. 같이 뛰어내리자."

"응! 좋아!"

녀석은 늘 아무 의심 없이 "응!"이라고 대답하는 게 버릇이다. 뭐든 좋단다. 나의 오른손과 녀석의 왼손이 꼭 쥐어졌다. 적의 추격을 피해 도망치다가 까마득한 폭포에 다다른 어드벤처 영화 속 도망자들처럼 의미심장하게 하나, 둘, 셋에 맞추어 뛰어내렸다. 프랑스와 이탈리아 국경에 있는 이름 모를 계곡에서 어제 처음 만난 사람과 내 인생 첫 점프를 기록할 줄이야!

생사를 함께 한 전우들과 니스 시내로 돌아와 아이스크림을 하나씩 사들었다. 한껏 멋을 낸 관광객이 가득한 영국인거리La promedane des Anglais를 걸을 때, 프랑스인 셋은 준비해온 마른 옷으로 갈아입어 상쾌했겠지만, 나는 여전히 젖은 옷, 축축한 샌들 그대로였다. 그래도 살아있음에 감사할 뿐.

조심스럽게만 살아온 온실 속 잡초 같은 썸머와 정글북 소년 로익이 함께하는 '난생처음 어드벤처'는 계속 펼쳐졌다. '해변'으로 유명한 고급 휴양 '도시' 니스에서 나는 자꾸 산, 계곡, 언덕, 숲을 헤집으며 여행을 했다. 로익의 이동 수단은 낡은 픽업트럭과 오토바이였다. 덕분에 첫날 사놓은 니스 시내 트램 10회 이용권은 떠나는 날까지 다 쓰지 못했다.

신체발부 수지부모하는 짓을 앞두고 "까짓것 해볼래!" 하고 나선 데에는 내 나름의 이유가 있었다. 카우치 서핑 사이트에서 로익의 프로필을 클릭했을 때 나온 사진 한 장. 이스라엘 사막 한복판에 핀 자은 꽃다지를 똑딱이 카메라로 찍어올린 그는 사진에 짧은 문구를 달아놓았다. 'Flower in desert'.

사람들의 프로필은 각양각색이었다. 어떤 사람은 다른 나라의 문화유적을 밟고 올라서서 "내가 이걸 지었다!"라고 적었다. 저개발국 아이들을 배경 삼아 구세주처럼 서 있는 사람도 있었다. 쉽게 경험하기 어려운 스포츠, 화려한 파티 사진은 흔했다. 돋보이려는 아우성들 속에서 어떤 미사여구도 없는 먼지색 사진에 나는 이끌렸다. 사막에 핀 꽃의 의미를 아는 사람, 그가 느꼈을 경이롭고도 담담한 감상이 모니터를 뚫고 나왔다. '이 사람이야말로 사막의 꽃이야.' 나는 그에게 손을 내밀었다.

직접 만난 로익은 예상대로 생명력이 가득한 사람이었다. 니스의 바다를 마주 보는 높은 산에서 정원을 가꾸며 가족들과 함께 살고, 빵과 쌀, 몇몇 공산품 외에는 자급자족한다. 원하는 것을 갖는 게 아니라 가진 것으로 원하는 삶을 산다. 아시아, 남미, 아프리카를 모두 누빈 로익의 모험담을 듣다가 나는 그가 쉽게 죽을 운명이 아니라는 확신이 들었다. 가방 하나 메고 떠난 낯설고 위험한 곳에서 잘 곳도 정하지 않은 채 수시로 길을 잃었으며 사람을 그저 믿었다는데, 왜인지 나에게는 지극히 안전하게 들렸다. 그런 사람과 떠나는 모험이니 나 역시 무사하리라는 추론은 전혀 논리적이지 않지만, 어쩌겠는가. 그렇게 되어버린걸!

예정했던 닷새를 넘기고 니스에서만 일주일, 그리고 사흘을 더 보낸 지금, 썸머는 살아있다는 보고를 드린다. 어떤 신발을 신었건 어떤 옷을 입었건 뛰어들어야 할 물이 있으면 풍덩 뛰어드는 사람이 되어가고 있다는 귀띔도 함께.

복숭아 씨앗을 발라내며

"고거 참 요상해."

"뭐가?"

"사람들이 자꾸 너에게 먹을 걸 주잖아. 우리 할머니도 매일 무화과를 주러 오시고, 우리 아빠도 그렇고. 나한테는 생전 그러지 않으신다구!"

"글쎄. 내가 좀… 허기져 보이나?"

제러미네 집에 놀러 간 날, 제러미 아버지가 나를 보자마자 복숭아 바구니를 내밀었다. 늘 그렇듯 사양 없이 받아먹는데 로익이 하나 따라 집으며 질투를 한다.

한여름 프랑스 복숭아는 우리나라 것만큼이나 말랑하고 들척지근한 단물이 그득하다. 신기하게도 모양새가 아기 엉덩이처럼 봉긋하지 않고 동글납작하다. 마치 옥춘당이나 치즈 덩어리 같다. 올라의 남자친구이자 과일 판매상인 프레드릭이 말하길, 프랑스에서는 농부들이 복숭아를 딴 직후 한 번씩 발로 지그시 밟아 그

런 모양을 만들어낸다고, 굉장히 어려운 기술이라고 한다. 당신, 믿으셨나? 괜찮다. 나도 믿었었다.

한두 입이면 끝날 크기라 금세 과육을 다 발라 먹었다. 한쪽 볼에 씨를 밀어 넣고 이것을 어디에 버리면 좋을까 두리번거리는데, 옆에서 로익이 한참을 더 오물거린다. '녀석… 준 사람 안 아깝게 잘도 먹네' 생각하는데 그가 제러미 아버지에게 묻는다.

"이거 Fresh한 거죠?"

"물론. 오늘 정원에서 따온 거야."

로익은 좀 전보다 훨씬 더 섬세히 입을 오물거리더니 과육이 완벽히 제거된 깨끗한 씨앗을 손바닥에 뱉어냈다. 그리고선 싱크대로 가져가 물로 씻고 키친타월로 물기를 제거한 다음 쿠킹포일에 싸서 내게 주었다.

"선물이야. Fresh한 거니까 심으면 복숭아나무로 자랄 거야."

언젠가 충청도에서 온 친구가 말했다. 시골에서 나고 자란 사람들이 도시에서만 자란 사람들보다 세상 이치를 잘 안다고. 씨앗이 심어지고 싹이 나고 나무로 자라고 과실을 맺고 이파리를 떨구는 과정을 보고 자란 사람은 어떤 원인이 어떤 과정을 거쳐 어떤 결과를 자아내는지, 즉 '인과'의 개념을 자신도 모르게 체득하고 그것을 인생에 적용할 줄 안다는 말이었다. 슈퍼마켓에 진열된 과일이 공장 컨베이어 벨트에서 만들어지는 줄 아는 사람과는 인생을 대하는 자세가 다르다고 했다.

나 역시 결과만 뚝딱 제시하는 단절된 교육을 받으며 도시에서 자란 사람으로서, 로익이 말한 Fresh가 무슨 뜻인지, Fresh하지 않으면 씨앗의 역할을 못 하는 것인지는 잘 모른다. 그저 볼 안에 넣어두었던 씨를 가지고 그가 했던 그대로 따라할 뿐.

손바닥에 복숭아씨 두 개가 놓였다. 한국 땅에 심겠노라 약속을 했다. 그가 복숭아씨를 건넨 순간, 그것을 진지하게 받아 든 순간, 잃어버리지는 않았나 여행 중에 확인을 거듭했던 순간, 한국에 돌아와 새로 터 잡은 북촌을 산책하다 작은 흙이라도 있으면 저기에 심으면 어떨까 가늠하는 순간, 더딘 시간을 견디는 순간⋯ 어느 순간을 원인으로 삼아야 할지, 어느 순간이 결과가 될지 아직은 알 수 없다.

집에 가자

기억에서 가장 먼 곳이 가장 가깝고 가장 아플 수 있다. 나는 아빠와 단절되어 있다. 뭐하니? 일. 밥은 먹었니? 배 안 고파. 이 정도를 대화의 범주에 넣어주지 않는다면, 우리 둘은 대화라는 걸 해본 적이 없다고 봐도 무방하다.

나는 아들을 바라는 집안에 민망하게도 줄줄이 태어난 세 딸 중 마지막 딸. 엄마의 셋째 임신 소식에 아빠는 끼고 있던 금가락지를 빼내어 엄마가 앉아있던 방바닥에 내동댕이쳤다고 한다. 가락지를 돈으로 바꾸어 아기를 없애라는 말과 함께. 친척들은 아홉 살 여자애를 가운데 두고 깔깔대며 '다 지난 이야기'를 나누었다. 엄마는 "아유, 이걸 안 낳았으면 어떡할 뻔했어"라며 나를 품 안에 끼고 꾸욱 안았다. 푹신한 품 안에서 나는 아무 말 없이 굵은 선을 하나 주욱 그었다. 선 이쪽의 엄마는 나를 지켰고 선 저쪽의 아빠는 나를 버렸다.

차창 밖으로 스치는 낯선 풍경의 속도에 맞추어 그날의 얼굴들이 빌려 떠나간다. 니스의 버스 회사는 생폴드방스Saint Paul de Vence*까지 단돈 1유로로 1시간 남짓한 여행길을 제공한다. 반짝이는 바다를 끼고 오랫동안 평지를 달린 후 버스는 가파른 산을 오르기 시작했다. 푸른 언덕을 여러 개 넘실대며 마침내 산꼭대기에 다다랐다. 거기에 마을이 있었다.

생폴드방스는 잘 짜인 카펫 같은 마을이다. 돌로 된 집들의 구획은 씨실과 날실의 교차만큼이나 단단하고 그 패턴의 완성은 가히 예술이다. 피카소와 샤갈, 미로와 마티스, 그 외 내가 알지 못하는 수많은 예술가가 오랜 시간을 들여 한 줄씩 만들어낸 패턴이다. 고성은 중세 시대부터 이 작은 마을을 견고히 지키고 있다. 이제는 창칼의 위협으로부터가 아니라, 예술가들이 이곳을 작업실로 선택했을 적에 들었던 이유를 그대로 지키고 있다. 예술가들은 마을을 모태로 삼고 쏟아지는 햇살과 풍요롭고 안전한 땅의 기운을 아이가 젖을 빨듯 빨아들였다.

생폴드방스를 영원한 안식처로 삼은 자들의 심미안을 기리듯, 언덕 정상에는 아름다운 공동묘지가 있다. 그동안 보아온 묘지 중에서 유일하게 습기가 느껴지지 않는다. 묘지조차 지중해의 햇빛에는 화사하게 대응한다. 샤갈의 무덤을 내려다보다가 발걸음이 떨어지지 않아 버스 하나를 그냥 보냈다. 언젠가 다시 오겠다고 스스로와 약속한 후에야 겨우 다음 버스에 오를 마음이 생겼다.

지난 것들과 상쾌한 안녕을 고할 준비는 언제쯤 될까. 정답을

---

* 매해 250만 명의 관광객이 찾는 프랑스의 대표적인 예술인의 도시로 많은 화가들이 작업실을 꾸리고 있다. 인구 3천 명의 작은 도시에 70개에 달하는 갤러리가 있다.

받아내기에는 돌아오는 길이 너무 짧았다. 니스의 버스터미널에 내렸을 때는 예상대로 집으로 가는 마지막 마을버스가 끊겨있었다. 숨을 한 번 폭 내쉬고 전화를 걸었다.

"어디?"

"버스를 놓쳤어."

"잠깐만. 금방 갈게."

이어폰에서 흘러나오는 노래 한두 곡이 채 끝나기도 전에 파란 바이크 한 대가 터미널에 들어왔다. 뒷자리에는 여분의 헬멧이 놓여있었다. 먼 곳에서 오래된 일을 복기하고 있던 나는 바보였다. 시간은 가까운 곳에서 안타깝게 흐르는데…. 무겁던 표정을 털고 그에게 웃어 보였다.

"죄송합니다. 저도 한 번쯤은 혼자 힘으로 귀가하려고 노력은 했는데 말이죠!"

"그럴 줄 알고 근처에서 기다렸어."

로익은 내가 니스를 떠나는 다음 날 중국으로 출국한다. 상하이에서 2년간 지내며 침술을 배우고 돌아와 침술원을 차리고 싶다고 했다. 출국 전에 그는 친척과 친구 들을 만나 굿바이 키스를 해야 했고, 트럭과 바이크를 팔아야 했고, 의뢰인들의 사무실을 돌며 밀린 임금을 받아내야 했다. 그 와중에 버스를 잘 놓치는 어리바리한 어행지도 돌봐야 했다. 그래서 로익은 산속의 집이나 작업 현장보다 시내에 있는 시간이 많았다.

여행자는 로익의 모든 친척과 친구를 만났고, 트럭과 바이크의 매매 현장에 함께했고, 로익이 의뢰인의 사무실에 들어가 체불을 따져 물을 때는 사무실 건물 앞 벤치에 앉아 기다렸다. 한번은 늘 씩씩한 로익이 어깨를 떨구고 심각한 표정으로 사무실을 나왔다.

"돈을 줄 수 없대. 지금 돈이 없대."

"그래? 어디, 내가 가볼까? 사무실이 저기야? 저 건물에 불을 지르면 되는 거지?"

로익은 폭소를 터트렸다. 그러면서 큼지막한 손바닥으로 내 머리를 마구 흐트러뜨렸다. "돈 받아내야지! 어서 가자!" 분연히 일어나는 나를 말리며 그는 임금을 뜯긴 사람 같지 않은 여유로운 톤으로 말했다.

"괜찮아. 돌아와서 받아볼게. 집에 가자."

사라지지 않아도 좋은 상처

아직 해가 완전히 지지 않아 푸릇함이 남아있던 시간, 발코니에 서서 눈 앞에 펼쳐진 풍경을 보았을 때, 들이마신 숨에서 세상의 모든 공기를 빨아들인 듯 단번에 가슴이 차올랐다. 신들이 인간 세상을 내려다보며 살던 곳이 지금도 있다면 아마 이런 모습이겠지 생각했다.

지중해가 아득히 내려다보이는 산의 중턱, 그의 정원은 산안개가 파고들어 곳곳을 간지럽혀도 점잖게 자리를 지켜왔다. 가파르게 높지만 아무것도 찌르고 싶지 않다는 듯 너그럽게 포개진 봉우리들 사이, 드문드문 자리 잡은 이웃들의 보금자리가 있었다. 어둠이 찾아오고 불이 켜지면, 검은 천에 보석을 뿌려놓은 듯 반짝이는 마을이 거기 나타났다.

산 아래는 늘 뜨거웠다. 복잡하고 좁은 골목길은 미세혈관처럼 심장을 향해, 광장을 향해 뻗어있었다. 뜨거운 바닷가에 누웠던 사람들은 해가 떨어지면 광장에 쏟아져나와, 벌게진 몸으로 무엇이든 먹어 치우고 노래하고 춤을 추었다. 로익이 산 아래 사람이었다면, 나는 그날 그 밤에 레몬나무 뒤로 떨어지는 일곱 개의 별 똥별을 보지 못했을 테지. 그러니 일곱 개의 소원 중 하나를 아껴두었다가 로익에게 주기로 마음먹은 건 큰 선심도 아니다.

나는 우리의 영어가 각자 모국어의 반의반만큼도 되지 않는 게 좋았다. 기막힌 수사 대신 쉬운 단어들의 나열과 그사이 빈틈들이 만들어내는 상상의 여지가 좋았다. 잘 들어보려고 서로에게 몸을 기울이고 귀를 기울이는 노력이 좋았다. 실수가 많으니 그가 말을 걸어오면 벌써 웃을 준비를 하게 되는 것조차 좋았다. 내가 웃어도 창피해하지 않아 좋았다. 에두르기도 매혹하기도 없이 당돌하고, 때론 어린아이 같은 우리의 대화가 좋았다.

"난 요리의 신이 되겠어."

로익은 잠깐 갸우뚱하더니 곧 고개를 끄덕였다.

"그러고 보니 포도주의 신은 있어도 요리의 신은 없어."

"신전은 부엌이야. 세상에서 가장 아름다운 부엌. 우리가 요리하는 동작들은 제례가 될 거고, 사람들이 음식을 맛보고 짓는 탄성은 찬송가가 될 거야. 신전 한가운데에는 커다란 경전이 있는데 거기에는 온갖 음식의 레시피가 적혀있어. 제일 재밌는 파트가 뭔 줄 알아? 사제들의 유니폼이 앞치마라는 거지!"

웃음이 정원을 뒤흔들자 레몬나무에 내려앉았던 달이 조각조각 반짝였다.

"내가 신이 될 수 있다면… 소통의 신이 될래. 난 사실 오랫동안, 한 10년쯤? 불통의 세계에 갇혀 살았어. 세상 사람들이 다 나를 미워한다고 여겨서 늘 혼자 있었거든. 그게 내가 정원사가 된 이유야. 사람과 말을 하지 않아도 되는 일을 찾다 보니까 그게 정원사였어. 자연만은 날 미워하지 않는 것 같았거든."

가당찮은 말이었다. 왜냐하면 로익은 물 같은 사람이니까. 어떤 사람의 그릇에도 자연스레 흘러들어 편안하게 담기더니 어느새 그릇의 일부가 되어버리는 사람. 로익은 내가 그의 친구와 만나고 가족과 어울리는 모습을 보면서, 나를 자신의 인생에 들이는 게 너무나 쉽다고 말했다. 하지만 그건 로익이 모든 문을 열어둔 사람이었기에 가능한 일이었다.

"3년 전이 최악이었어. 식구들과도 담을 쌓았으니까. 그러다 심리치료를 받았는데 다행히 효과가 있었어. 그다음부터 세상 사람들이 어떻게 사는지 너무 궁금하더군. 10년간 못 했던 걸 한풀이라도 하듯, 닥치는 대로 사람을 만났어. 특히 아주 다른 세계의 사람들 말이지. 아프리카, 인도 여행도 그즈음에 한 거야."

어울리지 않는 흔적이 그의 등 뒤에 있다면, 그 사람이라서 가능한 모험 하나가 코앞에 있었다. 어느 날 가지치기를 하다가 문득, 자신이 나무와 싸우고 있다는 기분이 들어 정원사 일을 관두기로 했다고, 사람이 사는 이야기, 사람이 만나는 이야기, 사람이 사랑하는 이야기를 충분히 들은 로익은 이제 사람 그 자체가 궁금해서, 사람 몸 안에서 일어나는 일이 궁금해서 동양의 의학을 배우러 중국에 간다고 했다. 사람에게서 돌아섰다가 사람 안으로 들어가기로 작심을 하다니. 이유도 결정도 정확히 로익답다고 생각했다.

그는 이미 사람을 치유하고 있었다. 캐녀닝 후 집에 돌아와 샤워를 하려고 몸에 물을 흘렸을 때 나는 예상치 못한 통증에 소스라쳤다. 언제 생겼는지 모를 손바닥만 한 찰과상이 왼쪽 허벅지 뒤에 새빨갛게 새겨져 있었다. 로익은 곧장 정원의 200년 된 올리브나무 열매로 짰다는 오일을 가져왔다. 거기에 알 수 없는 허브를 빻아 넣더니 작은 용기에 그득 담아 내게 건넸다.

"매일 밤 바르고 자면 5년 안에 상처가 없어질 거야."

5년. 아득한 시간을 약속하는 그의 말은 확실하고 믿음직스러웠는데, 안도했어야 할 나의 마음에는 다른 생각이 스며들었다.

'사라지지 않으면 좋겠어…'

어디로 가야 할지 모를 때는

"Summer. In the future, if you don't know where to go, I think you can come here. My family will welcome you."

썸머. 나중에 어디로 가야 할지 모를 때는 여기로 와. 우리 가족이 널 맞아줄 거야. 로익이 또박또박 말했다. 그의 출국 전 마지막 가족 만찬에 나도 초대받아 외출 채비를 하는데, 어떤 앞뒤 맥락도 없이 던지는 말이었다. 이 사람… 무얼 알아챈 걸까. 나는 대답을 못 하고 로션을 바르는 척하며 두 손으로 얼굴을 가린 채 한참을 있었다. 얼마 만에 흘려본 눈물이었을까. "왜 그래?"라고 묻는 그에게 "응. 너무 더워서…"라고 답했다.

우리는 피부색도 쓰는 말도 다른데, 미래에 어디로 가야 할지 모를 때 찾으면 되는 사이가 되었다. 여행은 나에게 할아버지와 할머니, 아빠와 엄마, 언니 오빠와 동생, 사촌과 조카를 주었다.

한국에 돌아온 나는 군산의 부모님 집에 내려가 한 달쯤 쉬다가, 다시 상경해 친구네 집에 머물며 이 책의 초고 집필을 시작했다. 또 한 달쯤 지난 어느 날 어느 순간, 나는 묘한 기분에 빠졌다. 내가 왜 서울에 혼자 있는 건지 이해할 수 없었다. 서울에 있어야 할 이유가 있던 것도 아닌데 나는 또 가족에게서 벗어나 있었다. 고등학교를 졸업하고 처음 집을 떠난 그날부터 늘 그랬듯 본능적으로, 버릇처럼.

여행에서 만난 가족들의 마음에 눈물을 흘리던 나의 눈은, 나도 모르는 사이 오래 못 본 척했던 나의 가족을 향해있었다. 한 가족을 만날 때마다 그들이 나의 굳은 고개를 조금씩 돌려놓아 이제 응당 보아야 할 곳을 보게 된 사람처럼.

나는 바로 군산으로 내려갔다. 찬바람이 들어 조금 콜록대자 엄마는 주사를 맞아야 금방 낫는다며 병원에 가자고 성화다. 아빠는 퇴근할 때마다 전화를 걸어 "아이스크림 사갈까?" 묻는다. 싫다고 하면 "과자는?" 또 묻는다. 이제는 형제들이 모두 떠나 엄마와 아빠뿐인 집에서, 서른넷의 나는 열아홉의 내가 그토록 부러워하던 외둥이로 살고 있다. 로익이 맞다. 어디로 가야 할지 모를 때는 가족에게 가는 거다.

새로운 향을 맡을 준비

손바닥으로 얼굴을 에워싼 채 필사적으로 눈물을 말렸다. 어느 정도 되었을 때 얼굴에서 손을 뗐다. 로익은 내 앞에 서 있었다. 나는 입을 삐죽이며 말했다.

"다시 오면 뭐 해. 네가 여기에 없잖아. 내가 버스를 놓치면 누가 데리러 온담!" 그는 눈으로 웃으며 답했다. "그럼… 내가 있을 때 오면 되지."

눈물을 보이지 않으려던 노력이 허무하게 실패로 돌아갔다. 오후에 들렀던 그라스*의 향수 박물관에서 왼쪽 손목에 뿌려준 라벤더 향만이 공간과 시간을 채웠다. 나는 내일 유럽의 더 남쪽으로 향한다. 그다음 날에 그는 아시아로 모험을 떠난다. 아이러니하게도 우리는 자리를 바꾸어 서로의 세계로 들어간다.

---

* Grasse. 프랑스 남동부에 있는 도시. 꽃 재배 지역으로 프랑스 향수 제조업의 중심지이다. 영화 『향수』(2006)의 촬영지

향수 박물관의 조향사는 하루에도 수십 개의 향을 맡는다. 우리 관람객을 앞에 두고 그는 다른 향을 맡기 전에 코를 리셋하는 법을 가르쳐주었다. 그는 어떤 향도 뿌리지 않은 자기 맨살, 팔뚝 안쪽 가장 부드러운 맨살에 코를 박고 깊게 숨을 들이마셨다. 그렇게 코는 새로운 향을 맡을 준비를 마친다. 섬세하게 느끼고 상쾌하게 빠져나오기. 그러기 위해서는 뒤도 앞도 아닌 지금, 그 어떤 사람도 아닌 나에게 향하고 나에게 물어야 한다.

나는 리셋에 서툴렀다. 다음으로 가는 기차 안에서 지난 일의 미련에 애가 탔다. 지금 흐르는 아름다운 풍경을 낚아채지 못했다. 언제라도 빠져나올 채비를 했다. 전력을 다하지 않은 100미터 달리기 같던 날들…. 이번엔 다른 결말을 만들 수 있을까? 로익과 처음이자 마지막 포옹을 나누며 나는 내 살이 아닌, 뜨겁게 탄 그의 목덜미에 코를 닿을 듯 대고 깊은숨을 들이마셨다.

햇빛 조각을 비늘옷 삼아 유영하던 바다의 향, 야생 허브가 바람결에 담겨오던 산의 향, 나의 공간을 내어주고 싶은 향, 나의 핏줄 안에 담아 내 것으로 삼고 싶은 향이 거기 있었다. 이 향을 어떻게 기억해야 할까. 물음에 대한 대답은 온 세상이 한데를 가리키듯 의심의 여지가 없었다. 무서웠던 것이 더 이상 무섭지 않았다.

이탈리아에서 임자를 만나다

나의 첫 번째 이탈리안 친구, 피렌체의 루카. 그로 말할 것 같으면 나에게 '임자' 같은 존재다.

"난 요리를 좋아해. 머물 곳을 빌려주면 한국요리를 해줄게!"라고 카우치 요청을 보내자 "우리 집에 웰컴! 당장!" 하고 답장을 보내온 루카. 음식에 있어서는 재료며, 손질법, 역사에 음모론까지 속속들이 꿰뚫고 있는, 삶의 테마가 음식인 듯한 사람이다. 그간 만나온 친구들 역시 부엌의 일에 일가견이 있으셨으나 루카는 최고로 센 놈, 즉 끝판왕이다!

아침 인사를 건넬 때도 "오늘 어디 구경 갈 거니?"가 아니라 "오늘 점심(또는 저녁)은 집에서 먹을 거니? 아니면 밖에서?"라고 하는 정도니까. '식재료 사 모으기'가 취미인 루카의 부엌에는 문자 그대로 없는 게 없고 심지어 둥근 쌀, 납작한 쌀, 검은 쌀, 붉은 쌀, 약이 되는 쌀, 이 나라 쌀, 저 나라 쌀… 아시아에서 온 나보다 더 많은 종류의 쌀을 가지고 있었다. 조리도구? 두말하면 잔소리! 파스타는 파스타 계량기나 저울에 정확히 재고, 삶을 때는 전자 타이머를 사용하는 칼 같은 녀석이었다.

혼자 요리하면서도 한 종류만 내오는 법이 없었다. 다양한 재료를 잔뜩 사서 동시에 여러 가지 요리를 척척 해냈다. 녀석의 첫 요리는 바질페스토에 버무린 스파게티와 말린 참치알을 갈아 올린 오일스파게티, 거기에 소금과 후추로 간을 한 버펄로 모짜렐라 슬라이스였다. 그 와중에도 식후 입가심할 커피를 모카포트에 올리는 걸 잊지 않았다. 여기서 잠깐, 혹시 특이점을 눈치챈 독자분이 계시려나? 분명 게스트룸을 빌리는 답례로 내가 요리해주겠다고 했는데, 녀석과 함께 일주일을 보내며 내가 한 요리라고는 떠나기 전날 저녁 한 끼뿐이었다. 녀석은 애시당초 나에게 앞치마를 내줄 생각이 없었다. 자기 요리를 먹일(=실력을 선보일) 대상이 필요했던 것이다.

재료 이야기가 나와서 말인데, 녀석이 가장 신이 났던 일 중 하나는 나를 시장에 데려가 이것저것 가리키며 "이거 알아? 이거 본 적 있어?"라고 묻기였다. 나는 시장을 저엉말로 좋아한다. 어느 도시에 가든 시장부터 가고 시장이 좋으면 다른 것은 없어도 된다. 상인들이나 지역 사람들을 관찰하며 그들이 어떤 애정으로 식탁을 꾸리는지 느껴보는 게 낙인데, 이번엔 그럴 수가 없었다. 척척 박사 루카 녀석이 이거는 이렇고 저거는 저렇고 재잘대는 통에 관찰할 여유가 하나도 없었다. 가장 큰 문제는 이거는 이렇고 저거는 저렇고에 이어서 곧 "먹어볼래?"가 나온다는 것.

　나는 이미 캠프힐의 성분 무조정 전지우유Full fat milk와 벨기에의 초콜릿, 오스트리아의 케이크, 프랑스의 푸아그라와 치즈, 크루아상을 거치며 10킬로그램을 붙인 상태였다. 그러니 녀석의 전투적인 급식에 최선의 방어를 하려고 노력했다. "No thanks가 이탈리아말로 뭐니?"라고 물어봤을 정도니까.

　하지만 먹을 것을 권하는 선한 뜻을 번번이 거절하기란 힘들다. 특히나 "와아, 이런 건 처음 봐!"라며 신기해한 이상, "그럼 먹어볼래?"로 이어지는 자연스러운 흐름을 깨기란 쉽지 않다. 그래서 어제 점심으로 먹게 된 것이 바로… '양의 뇌'였다.

　"꼭 어린애 뇌 같지 않니? 후후후!"

　루카는 뇌 주름 사이사이 검붉은 핏덩이를 물로 꼼꼼히 씻어내더니 한입 크기로 숭덩숭덩 썰었다. 이어서 물과 밀가루만으로 가

벼운 튀김옷을 만들어 딥프라이!

"네 입맛에 맞지 않을 수 있으니까 맛보기로 조금만 만들게!" 라는 새빨간 거짓말과 함께 이탈리안 한니발 렉터는 내 눈이 똥그래지는 것을 즐기며 뇌 하나를 전부… 튀겼다. 뇌를 튀기는 동시에 다른 팬에는 로즈마리와 타임으로 마리네이드한 닭고기를 굽는 것이 녀석의 진면목!

피렌체는 육식으로 유명한 지역이다. 두툼한 쇠고기를 아주 가볍게 구워 소금, 후추만 곁들여 먹는 스테이크가 대표 요리다. 이탈리아라면 피자나 파스타를 생각하기 쉽지만, 이곳은 프랑스만큼이나 다양한 식재료, 조리법을 자랑하는 자타공인 식도락의 천국이다.

"자, 다 됐어! 먹자!"

녀석이 접시 두 개를 테이블에 올렸다. 치킨 스테이크와 노릇하게 잘 튀겨진… 뇌. 당대의 대문호가 나서서 아무리 맛깔나게 묘사하려 해도 '뇌'라는 단어가 들어가면 어찌할 도리가 없다. 루카는 고기 위에서 신선한 라임을 쥐어짜 즙을 뿌리고 소금과 후추로 간을 했다.

"어서 먹어봐!" 눈에 웃음을 가득 담고 권하는 녀석의 다정함⑵에, 에라 모르겠다! 뇌 한 조각을 입에 넣었다. 위아래 어금니 사이에 살짝 물었다가 각오를 하고 조심스레 씹어보는데… 응? 바삭한 튀김옷 안에 푸아그라보다 백배 부드러운, 형태가 있는 것 같기도 없는 것 같기도 한 무언가가 말캉! 씹히더니 크림처럼 녹아 없어졌다. 아… 뇌… 맛있다! 아니, 맛 자체는 담백덤덤하다. 대신 혀와 입 안, 목구멍의 감각이 단체로 기립한다. '맛'보다는 '감', 뇌는 뇌로 먹는 것이었다! 나는 기꺼이 코리안 한니발 렉터가 되어 "더 주세요!"를 외쳤다.

아까 우리는 시장 안 카페에서 에스프레소와 브리오슈로 아침을 먹었다. 나는 집을 나서기 전에 과일과 시리얼을 먹었으니 괜찮다고 했지만, 루카는 이탈리아 전통이라며 초콜릿이 담뿍 들어간 브리오슈를 주문해 가져왔다. 장을 다 보고 돌아오는 길에는 젤라또 가게에 들러 그라니따(Granita, 시칠리아식 셔벗)를 큼직하게 한 그릇 주입당했다. 그러고 나서 곧장 차려진 점심상이 양뇌 튀김과 치킨 스테이크. 수십억 인류 중 이런 임자를 만난 것은 나의 복일진대, 문제는 루카의 태도에 있었다. 차고 넘치는 자기 확신!!! 말하자면 이런 식.

"점심 뭐 해 먹었니?"

"응. 파스타."

"뭐 넣고?"

"허브 화분에서 바질 뜯어서 넣고, 마늘이랑 토마토, 오일로 소스 만들고 발사믹 식초 좀 뿌렸어."

"뭐? 말도 안 돼! 파스타에 발사믹이라니! 퓨전에도 지켜야 할 선이 있는 거야. 맛에 대한 기본은 존중해야지!"

내용을 떠나 화법 자체가 훈계조인 요 녀석과는 가까워지기 어렵겠다고 생각했다. 그런데 같이 장을 보고 요리를 하면서, 일주일에 하루 출근한다는 녀석의 만만한 직장에 놀러 가 브런치를 먹으면서, 한밤중 배불러 죽겠다며 산책을 나와서는 걷기는 뒤로 하고 젤라또를 사 먹으면서, 그렇게 며칠을 함께 보내고 나니 외동으로 자란 녀석의 여린 속내가 차츰 보이기 시작했다. 자연스레 우리의 대화도 달라졌다.

"발사믹이 왜 안 돼? 난 실험적인 사람이야. 다음엔 고추장도 넣을 거야!"라며 아무 말이나 치고 나가면

"음… 그건 괜찮겠는데?"

"일본 된장은 어떨까?"

"에이~ 그건 좀 별로다."

"네가 일본을 가봐야 해. 된장 아이스크림도 있다구!"

"정말? 우엑!"

이런 식으로 대화가 풀렸다. 처음엔 녀석을 꼿꼿하게 '마주 보기' 하느라 긴장했다면, 이제는 엄한 척하며 한껏 몸을 부풀린 녀석의 옆구리를 쿡! 찔러 피시식 바람을 빼는 방법을, 녀석과 노는 방법을 알게 되었다고나 할까. 그렇게 녀석의 일방적인 기운이 주던 불편함은 사라져갔다. 그리고 늘 그렇듯 이제 조금 알겠다 싶을 때면 헤어짐도 눈앞에 와 있다. 내일은 '이탈리안 임자'와의 마지막 날, 녀석의 부모님을 뵈러 토스카나 언덕의 포도원으로 여행을 떠난다.

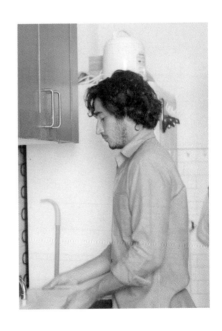

너는 젤라또

"건물 밖에서부터 정말 맛있는 냄새가 나는 거야. 속으로 빌었지. 제발 우리 집이기를! 우리 집에서 나는 냄새이기를! 복도를 지나 우리 집 문을 여는데, 와… 정말 우리 집이었다니!"

해산물을 좋아한다는 루카에게 새우구이, 연어구이, 주꾸미볶음, 홍합리조또를 해주고 내 평생 요리로 들은 말 중에서 가장 매력적인 칭찬을 얻었다. 화려한 비유도 아니요, 학구적인 분석도 아닌 그저 숨김없는 마음, 아이 같은 순수함. 그것은 마치 어린아이처럼 그리는 법을 알기 위해 평생을 바쳤다던 피카소의 그림 같았다!

문을 열자마자 부엌으로 뛰어 들어와 산타클로스와 마주친 꼬맹이 표정으로 이런 말을 하는데, 누가 요놈을 미워할 수 있을까. 얄밉게 입을 나불댈 때는 한 대 쥐어박고 싶은 까칠한 도시 남자지만 그래도 미워할 수 없는 건 이 천진난만함 때문이다.

반대로 그가 요리사일 때는 이렇다. "정말 맛있어!"라고 엄지손가락을 번쩍 치켜세워 주면, 요리 전에 늘어놓던 찬란한 유세 및 허세는 간데없고 숨을 곳이 필요해보일 정도로 부끄러워하며 으허허허 웃기만 한다. 날카로운 콧대, 딱 떨어지게 차려입은 옷, 단테의 언어*를 쓰는 꼬장꼬장한 피렌체 남자가 순식간에 무장해제되는 광경이다. 나는 상대가 빈틈이 없는 사람이면 같이 그렇게 되는 편이다. 루카를 만나 오랜만에 깍쟁이 도시 사람 품새를 취하다가도, 그가 이렇게 풀어놓는 타이밍에서는 나도 맥없이 풀려버리고 만다. 그래서 우리 둘은 빈틈없는 티키타카를 주고받다가도 어느새 마주 보고 실없이 웃는 일이 많았다.

성공적인 해산물 디너를 마치고 혼자 밤 산책을 갔다가 돌아오는 길에 집 앞에서 낯익은 실루엣을 발견했다. 곱슬머리, 피케셔츠, 하프팬츠, 가죽구두 차림에, 두리번두리번 주변을 살피는 움직임. 저건 어딜 가려고 나서거나 반대로 어디에서 돌아오는 중이 아니다. 무언가를 기다리거나 찾는 거다. 나는 저런 움직임을 본 적이 있다.

올해 초등학교에 들어가는 내 조카 건하. 연중 한두 번 볼까 싶은 녀석과 어쩌다가 언니네 집에 단둘이 남은 적이 있다. 나는 미취학 아동과 말을 잇는 재주가 없고, 건하는 가족 같기도 남 같기도 한 내 존재가 이색했다. 우리는 서로 애매한 간격을 유지하다

---

* 피렌체는 이탈리아 통일 후 4년간 이탈리아의 수도였다. 당시 지방마다 달랐던 언어를 통일하는 데 피렌체에서 쓰인 언어가 그 기반이 되었다. 피렌체의 언어는 가장 아름다운 이탈리아어를 구사했다는 단테의 『신곡』에서 비롯했으니, 이탈리아어는 곧 단테의 언어인 셈

가 헤어질 때가 되어서야 조금 친해지곤 했다. 그것을 매년 한두 번 반복했다. 여하튼 그날은 녀석이 자길래 잠깐 동네를 산책하고 오는데 아파트 복도에서 녀석이 잠이 덜 깬 모습으로 누군가를 찾 듯 서성이고 있었다. 그때의 건하와 똑같은 쭈뼛거림이 지금 피렌 체 남자의 실루엣에 고스란히 있었다. 나는 깍쟁이 도시 사람 행 세를 그만두기로 했다.

"루카!"

동네 사람 다 깨울 기세로 이름을 불렀다. 그가 내 쪽을 봤다. 사람으로 꽉 찬 기차역, 아주 오랜만에 만나는 친구를 마중 나왔 다가 방금 기차에서 내린 그를 발견하기라도 한 듯, 나는 손을 높 이 들어 휘적휘적 이쪽 공기를 세차게 흔들었다. 사람이라곤 녀석 과 나뿐이던 어둑한 밤 골목에서 말이다. 나는 어떤 의도도 계산 도 체면도 없는 아이의 모양새로 폴짝폴짝 뛰었다. 우리 건하에게 뛰어가던 그날 밤처럼.

"여기에서 뭐 하고 있어?"

"어디 갔었니?"

녀석은 내 질문 따위에 대답할 생각이 없다. 그래도 괜찮다.

"응. 우피치 앞까지!"

"젤라또 먹으러 가자!"

루카의 단골 젤라또 가게는 늦은 밤에도 불야성이었다. 컵 가 득 젤라또를 받아 들고 집 앞 천변으로 나왔다. 철제 벤치에 허벅 지가 닿는 순간, 그 차가움에 기분 좋게 놀랐다. 낮에는 앉으려다

벌떡 일어났을 정도로 뜨거웠는데. 피렌체의 여름 여행은 밤에서 부터 이야기가 된다. 차가운 젤라또와 차가운 벤치, 시원한 강바람과 함께, 그리고 작은 고백과 함께.

"썸머, 있잖아."

"응."

"나 사실… 네 영어 잘 못 알아듣겠어."

"나도 그래. 그런데 괜찮아."

"하긴. 좀 모르면 어때."

우리는 또 실없이 낄낄거렸다. 젤라또는 신기하게도 입 밖에서는 금방 녹지만 혀 위에서는 쫀득하게 오래 머문다. 너는 젤라또를 닮은 사람. 그러니 겉돌지 말고 쏙 안고 가야야 한다.

아그리투리스모 Agriturismo (www.agriturismo.net)
농업, 전원을 뜻하는 Agrario와 여행 Turismo의 합성어. 숙박 시설을 갖춘 목장이나 농장에서 보내는 휴가로, 우리나라의 펜션 여행쯤 된다. 루카 부모님의 펜션이 있는 토스카나 지방은 이탈리아에서도 가장 풍요로운 땅이다. 이날 루카 어머니는 손수 이탈리안 빅 런치를 만들어주셨다. 토마토 샐러드, 파스타, 소고기 구이, 호박꽃 튀김… 어마어마한 양과 맛에 역시 루카 어머니답다고 해야 할지, 루카가 이 댁 아들답다고 해야 할지, 아니면 이 사람들이 토스카나답다고 해야 할지!

"9월 중순에 말야, 1년에 딱 하루 포도 따는 날이 있어. 온 친지가 다 모여 포도를 딴 다음 Really big big Italian lunch & dinner가 펼쳐지는데, 이번 주말이 그날이야. 너라면 함께하고 싶을 텐데?"

루카다운 새침한 초대를 다음 일정 때문에 거절한 것은 두고두고 아쉽다. 녀석은 얼마나 잔소리를 해댈지, 또 얼마나 이탈리아 자부심을 내세울지 상상만 해도 귀가 따갑지만 그래도 좋으니, 아니 그래서 좋으니 이 포도나무 사잇길을 녀석과 함께 다시 걸을 수 있기를….

낭만에 대하여

"자, 썸머. 이 중에서 누가 여기 사는 사람이고, 누가 손님인지 맞혀봐!"

나폴리 초초네 집에서만 할 수 있는 게임! 초초가 사는 아파트에는 일곱 개의 방이 있고, 한 개의 카우치와 한 개의 여분 침대가 거실에 있다. 정식으로 거주하는 일곱 명을 제외하고 최소 두 명, 많게는 대여섯 명이 드나드는 이 집은 조용할 날, 심심할 날이 없다. 손님이라 불리지만 완벽한 거주자 포스의 그들은 주로 거주자의 친구, 애인, 친구의 애인, 애인의 친구 등등이다. 거기에 이상한 나라에서 온 카우치 서퍼까지!

그들은 같이 산 지 1년 또는 그 이상이 되었고 싸워 나간 사람없이 무탈한 동거를 즐기고 있다. 곁에서 지켜보니 꼼꼼한 성격의 큰언니 같은 우리 초초가 금전 관리며 청소 담당 지정 등 소소하지만 꼭 필요한 일을 도맡아하고 있다. 이 집에서 초초의 별명은 신데렐라다.

초초는 내게 자기 방을 내주었다. 침대 시트, 베개 커버까지 새 것으로 바꿔서. "여길 내가 써버리면 너는?" 하고 묻자 "괜찮아. 이 집에는 어딘가에 항상 빈방이 있어!"라고 했다. 정말이었다. 밤마다 초초는 집 안의 어딘가로 사라졌다가 아침에 잘 잔 모습으로 나타났다.

이어서 초초와 비슷하게 생긴 시커먼 남자애들이 트렁크 바람으로 나와 "본 조르노~ 두 유 원 커피?"를 웅얼거렸다. 화장실 수납장에는 여성용품과 남성용품이 한데 엉켜있고, 문고리에는 누구 것인지 아무도 모르고 관심도 없는 파란색 줄무늬 끈팬티가 내가 도착한 날부터 떠나는 그날까지 걸려있었다. 이쯤 되면 이것은 인테리어일 수도 있겠다며 납득하게 된다.

자, 이제 부엌으로 가보자. 작은 부엌에서 10인분이 족히 넘는 요리를 하자면… 단순해져야 한다. 그래서 우리의 주메뉴는 아무 소스에나 비빈 파스타! 큰 냄비 가득 파스타가 익고 닭갈비 팬

만큼 큰 팬에서는 소스가 끓는다. 친구들과 어깨를 부딪쳐가며 먹는 이 단순한 파스타의 맛은 끝내준다. 그러다 누군가 본가에라도 다녀오면 메뉴가 조금, 아주 조금 풍성해지곤 한다. 키코네 아버지는 정육점을 운영하시니 키코가 집에 다녀오면 고기를 먹는 식이다.

테이블에는 늘 와인이 올랐는데 유리병이 아니라 페트병에 담긴 와인이다. 라벨도 없고(원래 붙어있던 생수 라벨이 고대로 있다) 가격표도 없는 이 정체불명의 와인은 동네 술가게의 커다란 오크통에 담겨 팔리는 와인이다. 오크통의 꼭지를 열면 와인이 주르륵 쏟아져나온다. 중세 시대를 그린 영화의 술집에서 나올법한 장면 그대로다. 가격은 고작 1~2유로. 마시고 나면 다음 날 반드시 머리가 아팠지만, 나폴리를 떠날 무렵엔 아무렇지 않아졌다.

밥을 먹고 나면 누가 시키지 않아도 알아서들 설거지를 후다닥하고 식탁에 다시 모인다. 기타를 치면서 모두 함께 목청 높여 노래를 부른다. 한쪽에서는 정치나 경제에 대한 불같은 토론이 벌어지기도 한다. 그런 다음에는 또다시 알아서들 벌떡 일어나 집 앞 10분 거리에 있는 산 도메니코San Domenico 광장으로 나간다. 거기엔 '초초와 친구들'과 똑같이 생긴 녀석들 수십, 아니 수백 명이 몰려나와 있다. 여기서 우리는 변함없이 와인을 따르고 기타를 치고 노래를 부르고 토론을 한다. 이 루틴은 하루도 어긋난 적이 없다. 아이리시는 펍에 가고 나폴리탄은 광장에 간다. 꼭 밤이 아니어도 누군가 "자, 슬슬 나가볼까?" 하면 다 같이 나간다. 하루에

두세 번 나간 적도 있다.

　이제는 유물 또는 설화로만 존재할 '청춘의 낭만' 같은 것이 이곳에 이렇게 있다. 이탈리아가 살기 좋은 나라라서? 전혀 그렇지 않다. 내가 나폴리에 머물 때, 이탈리아의 국가 신용 등급은 개발도상국 수준으로 내려갔다. 베를루스코니 총리의 추악한 기행, 마피아보다 신뢰도가 떨어지는 정치인들, 높은 실업률과 낮은 임금, 마피아의 횡포로 청년 창업은 꿈도 못 꿀 일. 그런 나라에서도 가난하기로 유명한 우리 나폴리 대학생들의 노랫소리는 밤늦은 줄을 몰랐다. 밖은 썩었어도 안은 유쾌했다.

　현실 인식이 떨어진다거나 마냥 꿈같은 전망을 하며 유쾌한 것이 아니다. 이들은 일단 모인다. 모여서 아름다운 것은 아름답다고 노래하고, 어둡고 썩은 것은 드러내 이야기하며 서로의 뜻을 듣는다. 이들은 수다스럽다. 수다 속에서 불안은 해소되고 종종 해결점도 찾게 된다. 도서관에서 서로 등 돌리고 있기보다, 모여서 얼굴을 마주 본다. 그래서 초초네 집은 아파트라기보다 아지트다. 나폴리의 광장은 열린 아지트고.

　나는 이들에게서 "내 친구들은 지금 다 이러저러한데 나만 왜…"라는 상대적 고민이나 푸념, 절망의 한숨을 들어본 적이 없다. 이들에게 친구는 경쟁이나 비교 상대가 아니다. 나보다 집안이 좋아도, 학점이 좋아도, 취직이 빨라도 그건 각자의 인생이고, 애시당초 인생이란 비교의 대상이 아님을 노래한다.

　얼마 전 한국의 서바이벌 쇼를 보는데, 한 참가자가 심사위원에게 부정석인 평가를 받고 낙담하다가 다른 참가자들이 더 혹독한 평가를 듣자 웃음을 되찾는 장면이 나왔다. "쟤들보다 낫잖아요!"라며 콧노래까지 부르는 자의 심리를 초초는 상상할 수 있을까? 타인의 불안에서 나의 안정을 찾으려는 사람의 심리를. 배를 드러낸 고양이처럼 부빌 수 있는 친구들이 있는 곳, 엄친아, 엄친딸이라는 허상이 존재하지 않는 곳에 비로소 낭만이 존재한다.

96학번으로 문과대학에 들어갔던 나는 기타 잘 치는 공대생 초초, 시 짓는 철학도 발레리오를 동경의 대상으로 삼을 수 있던 세대, '대학의 낭만'의 끝물을 맛본 운 좋은 세대다. 그리고 지금은 11학번이 되어 나폴리에서 두 번째 학창 시절을 보내고 있다. 다시는 없을 줄 알았던 푸릇한 봄의 시절을.

가난한 우리들의 뜨거운 한 끼
나폴리탄 파스타 Napolitan Pasta

토마토케첩과 비엔나소시지를 넣는 일본식 나폴리탄이
아니다. 나폴리 사람들이 즐겨 만드는 진짜 나폴리탄
파스타 레시피!

{ 재료 }
물 1L
얇게 썬 마늘 서너 쪽
햄 또는 베이컨 200g
감자 두 개
파스타 1인분 (펜네 또는
파르팔레같은 짧은 면이
좋다)
치즈 (파르메산, 체다 등
갈아 넣는 치즈 종류 아무
거나)
올리브오일

❶ 달군 팬에 오일을 두르고 마늘을 굽는다.

❷ 햄, 베이컨, 감자를 잘게 썰어 먹음직스러운
갈색이 되도록 볶는다.

❸ 냄비에 분량의 물을 반 정도 넣고 끓인다.

❹ ❸에 ❷를 넣고 으깬다.

❺ 남은 물을 넣고 팔팔 끓인 후 파스타를 넣고
삶는다. 필요하면 소금간!

❻ 접시에 담고 치즈와 후추를 곁들인다.

닥치고 나폴리 피자

'마르게리따 피자의 생가, 피쩨리아 브란디Pizzeria Brandi에 가서 피자를 흡입한다!' 나폴리에 오려던 나의 계획은 단순하며 건전하기까지 했다.

하지만 나폴리탄 매트릭스에 편입되어 이 광장 저 광장 옮겨 다니며 페트병 와인에 젖다 보니, 어느덧 나는 알코올 의존 일보 직전의 여자가 되어있었다. '나폴리는 곧 피자'라는데, 초초는 아직 나를 피쩨리아에 데려가지 않았다. 특별한 것만 골라 보여주고 싶은 마음에 자신들에게는 너무 흔한, 생활 그 자체인 피자는 미처 생각하지 못했을 수 있다(그렇다. 나는 모든 면에서 얘들 입장에서 생각하고 있다). 나 역시 피자를 먹으러 가자고 굳이 조르지 않았다. 초초와 친구들이 쉼 없이 만들어내는 이벤트의 파도에 실려 부유하는 시간도 즐거웠으니까(그렇다. 나는 무조건 얘들 편이다).

그러던 어느 날 밤, 사건이 터졌다. 열댓 명의 나폴리탄들 틈에 끼어 식탁에 둘러앉은 평범한 날이었다. 나는 순수하게, 어떤 의

도도 없이 질문 하나를 던졌다.

"초초, 프랑스의 니스가 2차 세계대전 전에는 이탈리아 땅이었다지?"

"맞아. 니스가 지금은 프랑스지만 토박이들 얼굴이나 도시 분위기에서 이탈리아 냄새가 물씬 나는 게 그 이유야. 그런 금싸라기 땅은 날름 빼앗기고 소말리아나 쳐들어가는 게 우리 이탈리아지! 맘마미아~"

"니스에서 함께 있었던 가족이 프랑스와 이탈리아 혼혈이었어. 곧 피자 먹으러 이탈리아 간다고 하니까 이러더라구. 니스에도 이탈리아 문화가 꽤 강하게 남아있으니 충~분히 좋은 피자를 먹을 수 있다, 이탈리아에 꼭 갈 필요가 없다, 그냥 니스에서 한 달 더 있는 게 어떠…"

말이 다 끝나기도 전에 난리가 났다. 나와 초초의 대화를 알아듣는 수준의 영어를 하는 자들이 일시에 소리를 질러댔다. 맘마미야! 마돈나!! 초초의 콧등에는 분노의 주름이 잡혔고, 늘 그 자리에 있던 '반하지 않고는 배길 수 없는 초초의 눈웃음'은 사라지고 없었다.

초초는 단어 하나하나에 힘을 주어 말했다.

"우리나라에 오는 걸 막았다고? 프.랑.스. 피자 따.위.를 권하면서 말이야? 맘마미아!"

"막았다기보다 뭐… 이탈리아 음식이 끝내주지만 결국 just pizza and pasta인데 한 달이나 머물기엔 too much 아니냐… 라더라구."

"무어어어야? J.U.S.T PIZZA AND PASTA???"

모두가 미리 짠 듯이 앞뒤 말은 쏙 자르고 'just pizza and pasta'만 따내어 이구동성으로 외쳤다. 불에 기름을 부은 격이었다. 이봐, 초초와 아이들! 나는 분명 소문자로 말했다고!

"내일 점심은 무조건 피자다! JUST PIZZA? 쥐뿔도 모르는 프랑스 놈들이 감히!"

"뭐야, 썸머는 아직까지 나폴리 피자를 먹어보지 못한 거야? 맘마미아~ 초초, 이건 네 잘못이야."

제나로가 거든다. 나는 '당장 레츠 고!'를 외치고 싶었지만, 잔뜩 흥분한 초초가 귀여워 조금 놀려주기로 했다.

"내일? 어쩐다. 점심에 프로치다 섬*에 갈까 했는데…."

"닥쳐! 당장 내일인 거다. 어디 갈 생각하지 마!"

나의 사랑스러운 이탈리아노들은 임전 태세의 뉴질랜드 마오리족처럼 눈을 부라리며, 격앙된 목소리로 '이탈리아에 대한 프랑스의 있을 수 없는 모독'에 관해 한참을 분개했다. 알아듣지는 못했지만 전반적으로 굉장히 자극적인 용어로 점철된 프랑스 비난 + 비방 + 험담이라는 건 쉽게 짐작할 수 있었다. 이것은 축구 경기를 보거나 정치토론을 할 때와 맞먹는 열기. 나는 새어 나오는 웃음을 꾸욱 참았다. 여기서 웃었다간 프랑스에 세뇌당한 코리안 첩자로 낙인찍혀 당장 밤거리로 쫓겨날지도 모르잖나!

---

* 영화 『일 포스티노 Il postiono』(1993)의 촬영지

흥분의 밤이 지나고 결전의 태양이 떴다. 초초는 오후 2시에 퇴근하기 때문에 제나로를 미리 피쩨리아에 파견해 자리를 맡아 두게 하는, 이탈리아 남부 남자들에게서는 찾아볼 수 없는 준비성과 기민함을 발휘했다. 어젯밤의 전투적인 기운이 여전히 서려 있는 초초와 함께 당도한 곳은 피쩨리아 소르빌로Pizzeria Sorbillo. 제나로가 미리 와 기다렸지만 가게 앞은 대기자로 가득했다.

사실 나는 마르게리따의 탄생지인 브란디에 가게 되겠지 예상했지만, 전혀 실망하지 않았다. 관광객에게 유명한 곳보다 현지인의 입맛으로 선택한 소르빌로가 더 매력적이니까. 하지만 살짝 초초를 떠보았다.

"듣기로는 어떤 피쩨리아가 정말 유명하다던데 여기가 거기야? 마르게리따가 만들어진 데라던가 뭐라던가…."

초초는 한심하다는 듯 나를 쳐다보았다.

"하아… 썸머. 나폴리 자체가 피자의 성지야. 위.대.한. 피쩨리아가 단 하나일 거라고 생각해? 이탈리아에 훌륭한 축구선수가 단한 명이어야 한다는 논리와 뭐가 달라?"

빙고! 곧 가게 안에서 "제나로, 셋!"을 호출하는 안내 멘트가 흘러나왔다. 1층 안쪽에서는 벽돌 화덕이 훨훨 타오르는 붉은 속을 훤히 내보이고, 흰 반팔 셔츠의 건장한 남자들이 피자도우를 주무르고 소스를 바르고 토핑을 올리고 오븐에 넣고 빼고를 쉴 새 없이 반복하고 있었다. 그들은 마치 대장간의 대장장이들 같았다. 피부는 오븐열에 익어 반질반질 윤이 나고, 땀방울은 검은 머리카락을 타고 흘러내려 셔츠 안으로 사라졌다.

피쩨리아에서 가장 행복한 사람은 역시 쟁반만 한 피자를 앞에 받아 든 사람들이다. 양 볼이 불룩하게 피자를 베어 물고, 조금이라도 흘릴세라 입술을 앙다문 채 먹어치우는 사람들. 우리 셋도 곧 그렇게 될 터였지만 당장의 부러움은 어쩔 수 없었다. 자리를 잡고 엄청난 리스트를 갖춘 메뉴 책을 펼쳐 오랜 고민 끝에 세 가지 피자와 맥주를 주문했다. 가격은 2, 3유로대가 대부분, 비싸봤자 5유로 안팎이었다. 벽에는 대대손손 가게의 역사를 잇는 사람들의 당당한 사진들이 걸려있었다. 좀 둘러보며 10분쯤 지났을까. 드디어 피자가 나왔다.

접시도 이미 커다란데, 피자는 그 밖으로 흘러나올 지경으로 크고 아름다웠다. 500도가 넘는 화덕의 열기를 증명하듯 하얀 도우 위로 검게 탄 동그란 반점들이 요염하게 아름다웠다. 토마토소스의 붉은 융단 위에 얇게 녹아든 새하얀 버펄로 모짜렐라는 순수하게 아름다웠다. 그 위에 아무렇게나 뿌려진 신선한 바질은 싱그럽게 아름다웠다. 이것이 바로 나폴리 피자의 상징이라 할 수 있는 마르게리따!

제나로가 고른 피자에는 톡 쏘는 향이 그만인 루꼴라가 듬뿍, 얇게 썬 프로슈토가 마치 숙녀가 떨어뜨린 손수건처럼 살포시 접혀 올라가 있있다. 내 피자에는 세계 최고의 버펄로 모짜렐라와 구운 가지가 박혀있고, 피자 위에는 세계 최고의(자꾸 반복되지만 어쩌겠는가. 그게 사실인데!) 이탈리아산 올리브오일이 "이것이 나폴리

P R E Z Z A R I O

MARINARA	
MARGHERITA	€ 2,50
MARINARA CON TONNO E OLIVE	€ 3,00
MARGHERITA A FILETTO	€ 5,00
MARGHERITA A PROSCIUTTO	€ 4,00
MARGHERITA CON FUNGHI	€ 4,00
MARGHERITA ALLA COCCA	€ 4,00
MARGHERITA ALLA ROMANA	€ 4,00
MARGHERITA CON MELENZANE	€ 4,00
MARGHERITA CON WURSTEL	€ 4,00
MARGHERITA BIANCA Panna e Prosciutto	€ 5,00
MARGHERITA BIANCA Panna · Prosciutto · Funghi	€ 6,00
MARGHERITA CON TONNO	€ 5,00
MARGHERITA Peperoni · Salame · Olive · Fior di Latte	€ 6,00
CAPRICCIOSA	€ 6,00
TARANTINA	€ 5,00
LASAGNA	€ 5,00
QUATTROGUSTI	€ 6,00
BIANCA Salsiccia · Friarielli · Fior di Latte	€ 6,00
BIANCA Rucola · Parmigiano · Fior di Latte	€ 5,00
BIANCA Rucola · Parmigiano · Fior Di Latte · Prosciutto Crudo	€ 6,00
BOSCAIOLA Carne · Piselli · Funghi · Panna · Fior di Latte	€ 6,00
4 FORMAGGI BIANCA Gorgonzola · Soresina · Grana · Pecorino · Fior di Latte	€ 5,00
BUFALA Pomodorini · Mozzarella di Bufala · · Formaggio · Basilico	€ 5,00
RIPIENO AL FORNO	€ 4,00
RIPIENO AL FORNO CON FUNGHI	€ 5,00
FRITTA RIPIENO	€ 4,00

피자란다!"라고 말하듯 휘갈겨 있었다.

우리는 각자의 피자를 세 조각으로 갈라 서로에게 한 조각씩 나누어주었다. 세 종류의 피자를 골고루 맛볼 수 있는 즐거운 분배! 마르게리따를 먼저 들었다. 피자 토핑이 안으로 들어가도록 반으로 접어 한입 가득 베어 물었다. 이 순간 이후부터 나는 집중력이 강해지는 것을 느꼈다.

'황홀'이라는 단어를 쓰기엔 이 전통 어린 점잖음을 담을 길이 없고, '순수'하다고 하기엔 관능미 역시 놓치기 싫었다. 수수하면서도 지극히 우아한 모든 것의 이름을 가져다 대고픈 이 단정한 아름다움. 그때, 나폴리에서 기차로 세 시간 떨어진 저어 먼 피렌체로부터 루카의 목소리가 들려왔다.

"좋은 피자의 조건 중 하나는 단순한 재료! 현지에서 생산한 신선한 재료로 만든 토핑이야. 나폴리가 왜 이탈리아 피자를 대표하는 줄 알아? 최고의 모짜렐라를 생산하는 지역이기 때문이지."

나는 더 이상 초초를 자극하는 데 흥미를 못 느꼈다. 그저 '절대 맛' 앞에서 꼼수를 내려놓고 고분고분해졌다고 할까.

"이 피자도우, 이렇게 얇은데 파사삭 부서지는 게 아니라 쫄깃해. 토마토소스는 정확히 좋은 양이야. 아쉽지도 넘치지도 않아. 이런 고소한 모짜렐라는 또 뭐야! 이런 피자를 어떻게 만들어? 물론 국가 기밀이셨시?"

"하하. 무슨 호들갑이야~ 피자 한 조각 가지고. 나 참~"

대수롭지 않다는 듯 말하는 초초의 입은 이미 귓가에 걸려있고

'누구나 반해버릴 초초의 눈웃음'도 어느새 돌아와 있었다. 그 큰 피자를 다 먹어 치우고는 후식으로 피스타치오와 레몬 젤라또를 한 스쿱씩 올려 집으로 돌아오는 길, 나는 초초의 팔뚝을 톡 치며 말했다.

"내일 점심도 피자 어때? 그리고 다음 내일, 또 그다음 내일도. 매일매일 여기 와서 모든 종류의 피자를 다 먹어보자!"

"그러려면 두 달은 더 걸릴걸! 여기에서 살 작정이야?"

"안 될 게 뭐 있어! 나폴린데!"

피쩨리아는 남자들의 일터였다. 도우를 만드는 일도, 오븐의 불을 살피는 일도 모두 남자들의 몫인 듯했다. 그런데 3년 후 나폴리를 다시 방문했을 때, 나폴리 4대 피자가게 중 하나인 다 미켈레Da Michele에서 처음으로 여자 점원을 보았다. 피자를 직접 만들지는 않았지만, 오븐에서 갓 나온 피자를 접시에 담아 서빙하는 동작과 표정이 얼마나 뜨겁고 힘차던지!

괜찮아, 다 괜찮아

나폴리.

'이탈리아 맛의 루트'를 짤 때 가야 할지 말아야 할지 기나긴 고민을 했던 도시다. 잠시라도 한눈을 팔면 주머니에 낯선 손이 샤샥 들어왔다 나가고, 마피아 소유의 청소 회사가 정부와의 알력 싸움으로 걸핏하면 파업하는 바람에 거리에 쌓인 쓰레기로 걷기 조차 힘들다는 후기가 파다했기 때문이다(악취는 기본이고!).

루카에게 이런 고민을 털어놓자 "흠… 그건 사실이야. 하지만 나폴리엔 꼭 가야 해. 왜냐하면! 나폴리 피자를 먹지 않고서 너는 이탈리아 음식을 논할 수 없는 거야!"라며 내 근성을 자극하는 게 아닌가. 그래서 선언해버렸다. "그래. 간다, 가!"

피렌체를 떠나 친퀘테레와 살레르노를 여행하는 동안, 나폴리에서 지낼 카우치를 구했다. 다른 어떤 지역보다도 현지인과 함께 있는 게 안전하다고 판단했다. 여섯 명의 대학생과 산다는 초초에

게 '언제 갈지는 모르겠는데, 나폴리에서 하루 이틀 지내고 싶어'
메시지를 보내자 '아무 때나 웰컴. 내가 바쁘면 우리 집 애들이 놀
아줄 거야'라는 답장을 받았다.

언제 가도 좋은 카우치를 구해놓고도 결심이 서지 않았다. 살
레르노의 프란체스코네 집에서 엄마 아빠의 따뜻한 보살핌 아래,
삼시세끼 홈메이드 이탈리안 푸드로 사육당하며 살이 포동포동
오르던 때라 도무지 엉덩이가 움직이지 않기도 했다. 하지만 루카
녀석의 얄미운 말투가 자꾸 귓전을 울리는 것은 참을 수 없었다.
그래, 딱 1박만 하자! 초초에게 전화를 했다.

"내일 가도 돼?"

"물론이지."

"부탁이 있어. 저녁에 시내 구경을 시켜줄 수 있어?"

"응. 오후 2시에 퇴근이니까 그 이후로는 가능해."

"원래 혼자 잘 다니는데, 듣자니 나폴리가 위험하다고 해서.
그래서 부탁하는 거야."

"하하하하! 그게… 하하하하! 뭐, 사실이긴 해. 그런데 걱정하
지 마."

초초의 웃음은 내 걱정을 날리기에 충분히 상쾌했다. 그렇게
초초가 나폴리의 안전을 장담하는 순간! '에에에에에에엥~~~' 귀
를 찢을 듯 다급한 앰뷸런스 소리가 수화기 너머로 들리는 게 아
닌가? 나는 깜짝 놀라 물었다.

"우앗! 뭐야? 거기 무슨 일 있어?"

"하하하하. 별거 아닐 거야."

"응… 그래? 참, 나 너희 집 가는 길을 몰라."

"시간 맞춰서 역 앞에 나갈게. 아무 걱정하지 말고 와."

과연… 누군가가 실려 가는 중인 그 도시에서 나는 안전하게 살아 나올 수 있을까?

나폴리는 듣던 대로 거칠었다. 중앙역은 유럽의 어떤 역에서도 느낄 수 없던 범죄적 긴장감이 가득했다. 사람들의 눈에는 서로를 경계하는 기운이 역력했다. 설마 했던 길거리 역시 쓰레기가 산을 이루고 있었고 연신 코를 틀어막아야 했다. 고색창연한 건물들을 뒤덮은 공격적인 그라피티에 눈살이 찌푸려졌다. 특히 자동차와 스쿠터, 사람이 뒤섞여 질주하는 도로는 그야말로 카오스. 횡단보도와 신호등이 멀쩡히 있지만, 차는 파란불에 서지 않고 사람들은 빨간불에 길을 건넜다. 알아서, 눈치껏 다녀야 한다. 그 눈치가 있을 리 없는 햇병아리 관광객인 나는 파란불에도 건너질 못하고 한참을 발만 동동거리기도 했다.

결론을 말하자면, 그런 나폴리에서 나는 놀랍게도 9일을 지냈다. 기차역에서 초초를 만났던 첫날 저녁, 기차에서 내리기 전부터 카메라며 지갑은 가방 깊숙이 넣어놓고 약간의 동전만 바지 주머니에 넣는 등 만반의 준비를 하는데 초초에게 전화가 걸려왔다.

"어디야? 나 역에 와 있는데." 저쪽에서 펄쩍펄쩍 뛰어오는 초초의 환한 눈웃음을 본 순간부터 나폴리는, 나의 도시는 안전했다. 초초는 늘 나보다 먼저 약속 장소에 나와주었고 늦겠다 싶으면 전화로 미리 알려주었다. 지하철 파업으로 늦겠다던 날도 나보다 먼저 나와 있었다. 늦은 시간에 대중교통을 탈 일이 있으면 매표소가 닫을 경우를 대비해 내 표까지 미리 준비해두었고, 내가 언제 집에 오는지, 별일은 없는지, 밥은 먹고 오는지 늘 물어봐 주었다.

9일 동안 초초가 내게 가장 많이 한 말은 "걱정하지 마"였다. 내가 어떤 걱정을 해도, 어떤 부탁을 해도, 어떤 미안함을 말해도 "걱정하지 마. 괜찮아. 아무 걱정하지 마"라고 했다. 아무리 태산 같은 걱정거리가 있어도 초초가 그렇게 말하면 나도 모르게 마음이 터억 놓였다. 우리 나이로 서른인 그는 호기심이 가득해 "이게 뭐야? 그게 뭐야?" 질문하기를 좋아하는 소년 같은 사람이다. 그 소년이 세상 근심 다 안고 사는 예비 노파에게 "걱정 마! 나만 믿어!"라고 하는데 그 말이 딱 믿기는 거다. 나는 녀석의 웃음, 녀석의 배려가 만든 안전한 공기에 포옥 기대어버렸다.

초초는 누구나 "거기는 위험해"라고 말하는 도시에 사는데도 걱정이 많거나 예민하지 않다. 초초의 친구들도 그렇다. 그들은 걸어 잠그는 대신 낯선 사람을 안에 들이고, 광장에 쏟아져 나와 오늘 만난 이와 피자를 나눈다. 나에게 나폴리는 '절대 피자'의 도시노, 마피아가 징익힌 도시도, 카오스의 도시도 아니다. 먼저 웃고 서로를 안심시키며 사는 초초 같은 사람들의 도시. 나에게 나폴리는, 초초다.

고양이를 버리다

캠프힐에서 무얼 얻었냐는 초초의 질문에.

텅텅 빈 2차선 도로였어. 저 멀리 갓길에 덩치 큰 개 한 마리가 앉아있더라. 녀석의 얼굴이 잠깐 이쪽을 향했어. 우린 눈이 마주쳤던 것 같아. 녀석이 느릿느릿 일어나더니 느릿느릿 도로로 걸어들어오더라구. 우리는 속도를 늦췄어. 녀석이 길을 건널 시간을 충분히 주고 싶었거든. 그런데 웬걸. 우리 차선 한복판에 멈춰 서더니 가만히 있는거야. 히치하이킹이라도 하려는 건가? 우리 차는 녀석에게 점점 가까워졌고 3, 4미터쯤 남았을까? 경적을 울리려던 차에 녀석이 왜 그 자리에 멈춰 섰는지 이유를 알게 됐지.

정말 작은 새끼 고양이였어. 아스팔트와 구별이 되지도 않는 잿빛 고양이. 구슬 같은 고양이 한 마리가 우리 차선 한복판에 앉아있었던 거야. 개가 고양이에게 뭐라 말을 했는지 고양이가 슬슬 움직이기 시작했어. 우리 쪽을 힐끔 보더니 사뿐사뿐 길 건너 풀

숲으로 사라졌는데, 그제야 개는 느릿느릿 갓길로 나가더니 아까 앉았던 자리에 고대로 다시 앉더라고.

고양이를 지키는 일이 개의 사명인 걸까? 어느 날 개가 고양이를 지켜주길 그만둔다면 어떻게 될까? 아무 예고 없이, 어느 날 갑자기. 그럼 고양이는 어떻게 될까? 그저 내 안에 푹 빠져 앞뒤 가리지 못하던 시절부터 나를 오랫동안 지켜봐 주던 사람이 있었어. 그 개처럼 조용하고 태연하고 당연하게. 당연하게, 그게 문제였어. 당연하다고 말하는 내가 말이야.

어느 날 갑자기 그가 나를 떠나겠다고 선언하는데, 나는 그를 다시 내 길 안으로, 내 인생 안으로 끌어들일 수 있다고 자신했어. 그의 선택이 비논리적이니까 내가 옳은 논리를 펼치면 제 위치로 돌아올 줄 알았지. 그런데 그의 선택은 논리와 비논리, 이해와 설득의 문제가 아니었어. 그냥 그렇게 마음먹어버린 거야. 그냥 그렇다면 어쩔 도리가 없다는 것부터 나는 도무지 이해할 수 없었지.

그런 상태로 캠프힐에 갔는데 없던 버릇이 생겼어. 관찰하는 버릇. 입 다물고 머리도 다물고 그저 바라보기. 말하는 대신 듣고, 이끄는 대신 따르고, 뛰는 대신 가만히 관찰했어. 10대들의 유치한 토론을 경청하고, 비생산적인 결정에도 따라보고, 나무공방 장애인들의 지루히지만 성실한 대패질도 가만히 보고, 위버리에서 씨실과 날실이 서로의 허리를 꼬옥 감싸며 카펫이 되어가는 과정도 가만히 봤지. 화분에 허브 씨앗을 심고는 언제쯤 싹이 나오나

가만히 기다려도 보고, 언제 비가 올까 언제 볕이 들까 하늘도 가만히 바라보았지.

날씨. 아일랜드 날씨는 정말 변덕스럽거든. 아무 때나 비가 오고 바람도 사방에서 불어. 창문을 깜빡 열어두고 온 날에 소나기가 내리면 일하다 집으로 뛰어가 닫고 오기도 했지. 매트리스는 흠뻑 젖어버린 후였지만! 사람이란 축축해진 양말, 떨어진 단추, 집에 두고 온 지갑만으로도 심술궂어지고 방금까지 멀쩡하던 자신의 삶을 저주하고 세상에 애먼 불똥을 튀기기 마련이잖아? 그런데 캠프힐의 누구도 그러지 않았어. "비가 오는 걸 어떡해" "눈이 올 줄 알았나" 하고 말지. 젖은 머리를 수건으로 말리고, 진흙 묻은 신발은 현관의 거친 발판에 잘 문대어 닦으면 그만. 그러고는 "무엇도 탓하면 안 돼" "아무도 탓하면 안 돼" "그냥 그런 일이 있었던 것뿐이야" 하며 툭툭 던지는데 그 말들이 날씨에 한정한 이야기로 들리지 않더라고. 그러니 나도 별 수 있나. 촉촉한 매트리스를 침대 프레임에서 떼어내 라디에이터 쪽으로 옮겨 말려두고는 베이커리로 총총 돌아가 굽던 빵을 마저 굽는 거지. 뭐!

"내가 준비되어 있지 않으니 이 비는 옳지 않아. 멈춰야 해!"라며 그 자리에 붙들려 시시비비를 가리고 있을 수는 없잖아? 자연을, 시간을, 현상을 인정하고 나니 이제 사람이 조금씩 보이기 시작하더라. 자신만의 룰로 살아가는 사람들의 모둠, 그 안의 인생 하나하나가 말이지.

우리의 삶은 '날씨의 선' 같은 게 아닐까. Line 말이야. 각자 자기 선을 걷는 중에 교차점이 생겨서 햇볕도 쬐어주고 비도 뿌려주며 서로에게 크고 작은 영향을 주지만, 사실은 자기 선을 걷고 있는 거지. 누가 어느 쪽 선에 편입되는 건 아니야. 선과 선의 만남이 점이 될 수도, 꽤 긴 길이만큼 포개질 수도 있는데 그건 각자의 입장이 낳은 각자의 결정이겠지. 그러니 늙은 개는, 고양이를, 언제고, 떠날 수, 있는 거야.

그 순간이 뒤엉킨 실뭉치의 실마리가 됐어. 그동안 나는 그와 지낸 시간이 내 인생의 일부이니, 어떤 결정도 내 의지로 내리게 될 거라고 자신하며 살았어. 위대한 착각이었지. '내 인생의 주인공은 나'라는 명제는 지당하지만, 조연의 출연과 퇴장은 주인공 맘대로 정할 수 있는 게 아니더라. 나도 그의 인생 라인에서는 조연이란 걸 인정하고 나니까 정말 가벼워졌어.

지금은 각자 한 번뿐인 인생에서 사람들이 내린 선택의 저변을 이해할 수 있어. 그러면서 내가 선택할 수 있는 범위도 비할 데 없이 넓어졌지. 타인이 내 논리를 위해 존재하는 게 아니라면, 나 역시 누군가의 입맛에 맞으려고 사는 게 아니라는 뜻이니까.

그날 나는 한 견생과 한 묘생의 우화 같은 교차점을 본 것뿐, 둘은 철저히 각자의 삶을 살고 있는 거야. 이 발견이 내가 캠프힐에서 얻은 두 번째 보물, 내 인생관이 바뀌게 된 사연이야. 첫 번째 보물? 물을 깃도 없지. '사람들'이 아니면 뭐겠어!

되는 것도 없고 안 될 것도 없다!

"음식은 무조건 재료야. 우리나라에서 가장 좋은 토마토, 올리브오일이 나는 곳이 거기야. 이유가 더 필요한가?"

시칠리아는 너무 멀고 섬이라서 싫다고 하자 루카는 "시칠리아를 포기할 거면 어디 가서 이탈리아를 안다고 말하지 말라"며 엄포를 놓았다. 피렌체에 하루만 더 있었으면 녀석의 뒤통수를 한 대 후려치고 말았을까? 하지만 녀석과의 이런 미묘한 신경전 덕에 두렵거나 번거로운 마음에 덮어놓으려던 여러 가지를 해냈다. 결국엔 고맙고 그리운 사람이 되어버린 루카.

루카의 꾸준한 주입식 교육과 '안 가면 지는 것' 같은 승부 근성에 힘입어, 시칠리아에 가기로 결심하고 교통편을 알아보기 시작했다. 일단 항공편은 공항까지의 접근성이 좋지 않고 수화물 처리도 번거로워 최후의 수단으로 미뤄두었다. 배편을 알아보니 나폴리에서 60유로 약간 넘는 요금으로 한나절 걸리는 페리가 있는데, 소렌토와 카프리, 프로치타를 이미 배로 누볐던 탓에 뱃전만 봐도 멀미가… '이거, 가지 말라는 신의 계시인가?' 슬쩍 덮으려던 차에 초초의 눈치 없는 오지랖이 입장했다!

"전 여자친구가 시칠리아 출신인데 늘 기차를 타고 오가던 데… 기차를 알아봐줄까?"

초초는 기차 예매 사이트를 검색하더니 시칠리아의 가장 큰 도시 팔레르모까지 가는 49유로짜리 직행 기차편을 금세 물어왔다. 시칠리아는 분명 섬이므로 "기차로 바다를 어떻게 건너지? 다리가 있나?"라고 물으니, 초초가 대폭소한다.

"방금 그 말, 굉장히 정치적인 발언이라는 거 알아?"

이야기인즉슨, 우리나라 정치인들이 선거 때마다 선심성 토목 공사 공약을 들고나오듯, 이탈리아 정치인들도 시칠리아와 이탈리아 본토를 잇는 다리를 짓겠다며 공수표를 날려대는 모양이다. 결론은 그런 다리는 없다는 것. 그러면 기차에서 내려 배로 바다를 건너 다시 기차를 타는 식인지 물으니 초초는 역시 씨익~ 웃으며 대답했다.

"아니. 넌 그냥 기차에 앉아있으면 돼! 세상 어디에도 없는 일을 경험하게 될 거야!"

얼마 후, 나는 초초의 곱슬머리를 마구 비벼 헝클어뜨린 다음 긴 포옹을 하고 기차에 올랐다. 열 시간이 넘는 여정이었다. 카페에 들러 2리터짜리 물과 큼직한 포카치아 한 덩어리를 사두었다. 그러지 않으면 기차 안에서 음식을 파는 서비스가 없으니 시칠리아에 도착하기 전에 아사할지도 모른다. 실은 그동안 하루도 빠짐없이 포카치아를 먹은 터라 이번에는 베이글을 사려고 했다. 유리 진열장 속 베이글을 손가락으로 짚어 보였고, 점원은 고개를 끄덕였다. 신용카드로 계산을 마치고 기다리는데 점원이 베이글 옆에 있던 포카치아를 들고 왔다. 나는 베이글을 주문했다 하니 포카치아가 베이글보다 비싼데 어떻게 하겠느냐고 묻는다. 차액을 돌려줄 수 없다는 황당한 말. 결제 취소는 애초에 되지도 않는단다! 포카치아를 먹든지 손해를 보든지 하라는데, 먹고 싶지 않은 포카치아를 먹는 것은 손해가 아니란 말인가!

한번은 이런 일도 있었다. 살레르노에서 나폴리까지 가는 기차를 타려던 때의 이야기다. 표를 사고 얼마 안 있어 기차가 70분이나 연착된다는 알림이 전광판에 뜨길래 가상하게도 환불을 시도했다. 창구 앞 긴 줄에 서서 뒤에 있던 이탈리아 부인에게 통역을 부탁하자 그는 콧방귀를 뀌었다.

"환불? 꿈도 꾸지 말아요. 왜 환불을 원하는지 신청서를 내야 하고 지금 신청하면 두 달은 걸릴 거예요. 물론 그건 역무원이 당신 서류를 누락하지 않았을 때, 즉 당신이 매우 운이 좋을 때 이야기고요. 가장 현명한 방법? 그냥 기다렸다가 타세요."

도무지 되는 게 없는 나라다! 나는 부인의 현실 조언을 받아들였다. 어쩌겠는가. 빵을 살 때는 내가 원하는 빵을 점원이 제대로 집는지 예의주시하고, 기차를 탈 때는 70분 연착쯤은 귀엽게 봐주는 성격을 갖출 수밖에.

①나폴리 중앙역에서 떠난 기차는 ④팔
레르모에 가기 위해 ②와 ③사이의 바다
를 건넌다.

아무튼, 억지 포카치아를 들고 오른 기차 칸은 3명씩 마주 앉아 가는 6인용 객차였다. 여객은 나 이외에 단발머리 이탈리아 여자 한 명뿐이었다. 우리는 눈인사만 주고받았다. 운동화를 벗어 좌석 밑에 넣고 실내용 슬리퍼를 꺼냈다. 다리를 뻗어 앞좌석에 올리고, 캠프힐 위버리에서 작별 선물로 받은 양모 숄을 발가락 끝까지 덮었다. 2와 3 사이에 무슨 일이 일어나는지 궁금했지만 몰려오는 잠에 그대로 빠져들었다.

기차가 오래 멈추어있는 느낌이 들어 눈을 떴다. 후진하는 움직임이 감지되었다. 후진…? 기차가 후진을 하는 경우란 도대체 무엇인가! 창밖을 보니 기차는 부둣가 아주 가까이 닿아있었고, 가는 것도 멈추는 것도 아닌 무언가 '직업'을 하는 듯했다. 마주 앉은 여자가 말했다.

"기차를 페리에 싣고 있는 거야. 놀라지 마."

우리는 나폴리에서 지금까지 6시간 내내 한 마디도 나누지 않은 사이였는데 이 여자, 막달레나가 어리둥절한 나를 안심시키는 친절을 베푼 덕에 관계가 시작되었다.

막달레나는 시칠리아 출신으로, 나폴리에서 대학을 다니고 이 노선을 자주 이용하기 때문에 지금의 상황에 빠삭했다. 부둣가에서 기차를 두 덩어리로 분리해 페리에 싣고 그대로 바다를 건넜다, 섬에 도착하면 다시 이어 붙이고 지상 선로를 달린다고 했다. 페리 안에는 선로도 깔려있고 바다를 건너는 사이 주유를 하기 위해 기름을 가득 담은 드럼통도 즐비했다. 막달레나는 기차를 왜 통째로 옮기는지에 대해서도 명쾌하게 알려주었다.

"귀찮아서지. 기차에서 내려 배를 갈아타고 섬에 들어가 기차를 또 탄다? 그런 걸 이탈리아 사람들에게 기대해선 안 돼. 우린 그냥 이렇게 해버리는 민족이야. 이런 건 이탈리아에서나 볼 수 있을 거야. 좀 창피한 일인가?"

막달레나는 어깨를 한 번 들썩이며 멋쩍게 웃었다. 두 덩어리로 나뉜 채 5킬로미터도 안 되는 좁은 폭의 바다를 건넌 기차는 마치 분리 마술이라도 되는 듯 허리를 다시 이어 붙이고 태연하게 달리기 시작했다. 철로가 해안에 바짝 붙어있어서 기차 안으로 파도의 포말이 튕겨 들어올 것만 같았다. 사람도 싣고 차도 싣고 기차도 실어버리고 마는 시칠리아행 페리는 이탈리아 그 자체다. 어차피 되는 것도 없고 까짓것 안 될 것도 없는 이런 막무가내가 결국은 그리워질 나라, 이탈리아!

떠나지 못하는 남자

"직업이 너무 좋으면 여행을 할 수 없어."

시칠리아의 카타니아에 사는 에디는 자신이 여행을 사무치게 좋아하면서도 하지 못하는 이유에 대해 이렇게 말했다. 직장이 안정적인데다(이탈리아에서는 드물게) 급여 수준이 높다고 했다. 여행하려고 작심하고 회사를 관둔 적도 있는데, 그때마다 곧장 더 나은 조건의 스카우트 제안이 와서 수락할 수밖에 없었다고. 그런 선택에 대해 '당연하고도 행복한 결정'이라고 했다.

에디는 수십 명의 서퍼를 맞이한 슈퍼 호스트다. 그의 집은 서퍼들이 준 선물과 엽서로 장식되어있다. 냉장고에는 한국의 전통 혼례복을 입은 인형 자석도 붙어있다. 한국인이 별로 찾지 않는 이 카타니아에서 내가 그 집에 들른 세 번째 한국인 서퍼인 것만 보아도 대충 그의 서핑력을 짐작할 수 있다.

그런 만큼 그는 철두철미했다. 서랍장 가득 카타니아뿐 아나라 시칠리아 전역에 대한 여행안내서가 준비되어있고, DVD 진열장에는 『시네마 천국』(1990), 『지중해』(1991), 『일 포스티노』(1994) 등 이탈리아 영화 섹션이 따로 있을 정도. 시내 구경을 시켜줄 때도 시간 낭비 없이 완벽한 동선으로 움직였고, 카타니아에 대한 해박한 지식은 전문 가이드 못지않았다.

하루는 "썸머, 마피아를 보고 싶지 않니?" 하고 묻는 것 아닌가. 마피아의 본거지라는 이미지 때문에 관광객들이 걱정을 많이 하고 오는데, 사실 조직 수입의 많은 부분이 관광업에서 충당되기 때문에 그들이 관광객을 건드리는 일은 없다고 했다. 마피아와 마주치고 싶어도 그럴 일이 없을 거라고, 그래서 되려 관광객들이 아쉬워(?)한다면서 마피아들이 모여 산다는 동네로 차를 몰았다. 겉보기에는 평범한 동네였지만 현지인들도 이곳에는 쉬이 주차하지 않는다는 에디의 말에 나는 동네 분들의 심기를 거스를세라 정자세로 앉아 전방만 주시, 감히 두리번거리지도 못했다. 우리는 속도를 늦추지 않고 그대로 드라이브 스루하여 마피아 동네를 빠져나왔다. 잘못한 것 없이 괜히 머리카락이 쭈뼛 서는 체험 코스랄까.

내가 혼자 다니는 시간에도 에디의 집중 케어는 빛을 발했다. 시내 구경을 하겠다는 날에는 버스 이용권 1회권과 1일권을 모두 주며 상황에 맞게 쓰라고 했고, 타오르미나에 가는 날 아침엔 『론리 플래닛Lonely Planet』 시칠리아 편이 타오르미나 페이지에 책갈피까지 딱 꽂혀서 식탁에 놓여있었다. 돌아오는 시간에 맞추어

버스정류장으로 픽업하러 오겠다는 쪽지와 함께.

에디는 완벽한 직장에서 6시쯤 퇴근하고 돌아와 완벽하게 쾌적한 그의 아파트 부엌에서 파스타를 삶으며, 그동안 맞이했던 서퍼들과의 에피소드를 풀어놓거나 현재 진행 중인 내 여행기를 청했다. 처음 만난 순간부터 어색한 침묵이라고는 없었다. 적당한 화제를 던져 늘 분위기를 쾌활하게 만드는 그였다.

하지만 에디가 조금 묵묵해지는 시간이 있었다. 하루를 마감할 때면 그는 발코니에 나가 등을 동그랗게 말고 앉아 바깥을 바라보며 아몬드 와인을 홀짝이는 루틴을 가지고 있었다. 껑충하게 키가 큰 에디지만 뒷모습만은 작았다. 그럴 때 식탁 위에는 또 한 잔의 아몬드 와인이 말없이 놓여있었다. 그는 혼자의 시간을 가지면서도 게스트를 잊지 않고 챙겼다. 첫째 날에는 에디의 시간을 그대로 지켜주었다. 둘째 날에는 호기심이 생겨 고양이 걸음으로 다가가 그의 시선을 따라가 보았다. 낮은 아파트가 즐비한 동네 위에 진한 감색 담요를 덮은 듯, 9월의 밤이 포근하게 내려와 있었다. 에디가 숨을 깊게 들이마시고 오래 내쉰 뒤 물었다.

"썸머, 넌 어떻게 그리 자유롭게 다니지? 형제는? 부모님은?"

"우리 부모님은 젊으셔. 엄마도 늘 일을 하고 자식들에게 기대는 걸 싫어해. 형제들이 부모님과 가까이 살면서 잘 챙기는 편이야. 난 막내이기도 하고 스무 살 때부터 나와 살아서 우리 가족들은 내 삶을 잘 몰라. 모르는 게 약이요, 무소식이 희소식이랄까!"

나의 농담이 무안하게 에디는 몸을 더 조그맣게 만들며 웅얼거렸다.

"여기서 100미터 떨어진 곳에 우리 부모님이 사셔. 아버지가 알츠하이머병에 걸리셨어. 하나뿐인 누나는 로마에 살고. 엄마도 연로하셔. 언제 어떤 일이 일어날지 몰라. 오늘 점심에도 엄마가 불러서 다녀왔어. 벌써 10년째야. 이런 인생이… 이 아파트에서."

이런. 내가 도대체 무슨 말을 늘어놓은 거지? 이번 여행을 하며 말 때문에 후회하기는 처음이었다. 에디에게 어색한 유감을 표하고서 그의 아파트를 다시 둘러보니 이곳은 완벽한 섬이었다. 에디는 자기만의 섬을 단장해 여행객을 초대한다. 여행객들은 그가 보지 못한 세상의 이야기를 들려준다. 떠나지 못하는 에디는 그렇게 여행을 하고 있었다.

셋째 날에는 에디와 나란히 앉아 아몬드 와인을 홀짝였다. 아일랜드, 벨기에, 체코, 오스트리아, 프랑스, 이탈리아… 내가 떠나온 길과 떠날 수 있었던 고마운 이유들을 돌이켜보는 늦여름, 밤이 짧았다.

만남도 이별도 없는 여행

기차가 페리 안에 정차하는 동안 자유롭게 페리를 돌아볼 수 있다며, 막달레나는 짐을 봐줄 테니 구경하고 오라고 권했다. 그러면서 페리의 매점에서 파는 아란치니*를 꼭 사 먹으라고 했다. 시칠리아 전통음식이니 시칠리아로 들어가는 페리에서 먹는 것도 좋은 추억이 되지 않겠냐며. 그의 권유대로 아란치니 하나를 사 들고 데크에 나가 이탈리아 본토 쪽을 바라보았다.

가만히 서 있기 힘들 정도로 강한 바람이 페리를 밀어 시칠리아로 보내고 있었다. 점점 작아지는 육지에는 이탈리아만 있지 않았다. 아홉 달을 산 아일랜드와 두 달 반 동안 훑은 나라, 만난 사람, 쌓은 이야기 들이 다 저곳에 있었다. 나는 그 덩어리에서 혼자 뚜욱 떨어져나오고 있었다. 눈이 시리고 온몸이 부들부들 떨렸다. 시칠리아에 가야겠다고 교통편을 알아보고 정보를 주워 모으던,

---

* Arancini. 라구소스를 비빈 밥으로 주먹밥을 만들어 튀긴 시칠리아 음식. 주먹밥 안에는 고기, 시금치, 모짜렐라 치즈 등이 들어간다.

나폴리에서의 마지막 며칠부터 그랬다. 이탈리아 사람들도 부러워하는 시칠리아 여행을 하러 가면서도 호기심이나 기대보다 착잡함이 먼저 자리했다.

섬. 아일랜드섬Ireland에서 첫 여행지인 벨기에로 갈 때는 '들어간다'는 기분이었다. 반대로 유럽 본토에서 시칠리아섬으로 가는 지금은 '나간다'는 행위가 먼저 떠올랐다. 입장과 퇴장. 그동안 수십 번 짐을 싸고 풀고 수십 개의 문을 나섰으며 수십 번의 굿바이를 말했지만 늘 다음이 있었다. 이번은 진짜 '떠남'이다.

야속하게도 마지막 정거장 시칠리아는 그동안의 추억을 싣고 들어와 그에 젖는 낭만을 허락하지 않았다. 팔레르모역에는 한밤중에야 도착했다. 첫 행선지로 가는 버스시간표는 미리 인터넷으로 봐둔 것과 딴판이었다. 심지어 팔레르모에서 한 시간 거리라던 카우치 호스트의 말과 달리, 두 시간 반은 족히 걸린다는 판매원의 말은 당혹을 넘어 공포였다. 신경질적인 판매원의 독촉에 일단 표는 샀는데 그마저도 두 시간 후에나 오는 버스였다. 카우치도 버스도 취소하고 근처에서 숙소를 잡을까 했지만 한번 구매한 표는 환불이 안 된다는, 베이글이 먹고 싶은 내게 포카치아를 떠넘길 때와 같은 이탈리아스러운 대답이 돌아왔다.

버스를 기다리며 초초에게 잘 도착했다는 전화를 했다. 수화기 너머로 스쿠터 경적 소리, 사람들 소리, 음악 소리로 시끌벅적한 나폴리의 광장이 느껴졌다. 도착한 버스에 올라타 기사에게 내릴 곳의 정거장 이름을 써보이며 이곳이 되면 알려달라고 부탁했다. 기사는 영어를 못했다. 손짓, 발짓 섞어가며 이야기하면 대충 통하는데 이번엔 아니었다. 버스는 출발했고 옆자리 할아버지에게 부탁했지만 역시 불통. 그러는 사이 저 멀리 뒷자리에 앉아있던 승객이 달려 나와 나를 도와주었다. 언제나 누군가 어떻게든 도와주었다.

이런 식의 통과의례를 치르고 나면 안도하고 느긋해지던 나였는데, 이날은 달랐다. 도와준 승객에게 고맙다는 인사를 하고 자리에 앉았는데 눈물이 쏟아졌다. 두 손으로 얼굴을 감싸고 가슴을 꾹꾹 눌렀다. 걱정스럽게 바라보는 할아버지의 눈길이 느껴졌다. 우는 이유를 모르니 그칠 수도 없었다. 그 후 9일간, 내내 그랬다. 팔레르모, 카타니아, 타오르미나로 발걸음은 이어지고 새 친구들을 만나 새 추억들도 더해지는데, 미안함도 같은 양만큼 쌓여갔다. 이때 만난 다섯 친구는 내게 최선을 다했지만 나는 그렇지 못했다.

캠프힐에서 겪은 감정의 파고는 만만치 않았다. 예정에 없던 긴 여행은 많은 에너지를 필요로 했다. 짐을 푼 횟수만큼 만났고, 짐을 싼 횟수만큼 이별을 했다. 새로운 경험과 관계들… 무엇 하나 버리고 갈 것이 없었다. 다 챙겨 들고, 왔던 곳으로 돌아가야 한다. 하지만 내 가방은 너무 작고 약했고… 맞아, 처음이었다. 가이드를 따라 계획된 일정으로 정돈된 시설에서 좋고 안전한 것만 누리고 오는 '관광'은 했었지만, 내 몸으로 부딪치고 내 몸에 고스란히 새겨지는 '여행'은 처음이었다.

한숨 쉬자. 365일의 마지막 4일은 시칠리아 남동쪽 끝 작은 마을 시라쿠사에서 홀로 보내기로 했다. "시라쿠사는 반나절이면 다 보는 곳이야. 아주 작고 조용해. 나흘씩이나 있을 필요가 없어"라고 에디가 만류했지만, 바로 그 점이 끌렸다. 작고 조용하게 혼자, 만남도 이별도 없는 여행을 하자.

시라쿠사의 처방전

시라쿠사에 대해서는 아무것도 몰랐다. 숙소 예약도 하지 않았다. 이민 가방에 배낭까지 30킬로그램이 넘는 짐을 지고 거리를 헤맨다거나, 바가지를 뒤집어쓰면서도 어쩔 수 없이 허접한 곳에 묵게 될 수도 있지만, 왠지 모르게 운을 걸어보고 싶었다. 어떻게든 해결해냈고 누군가는 도움을 주었던 이번 여행에서의 마지막 운.

이탈리아 최남단답게 시칠리아의 오후 햇살은 9월 말에도 따가웠다. 볼거리와 숙소들이 모여있다는 구시가지를 향해 걸었다. 무거운 가방과 더위, 거기에 운을 건다해도 완전히 사그라뜨릴 수 없던 불안까지 더해져 걸음걸음이 버거웠다.

20분 정도를 걸어 구시가지에 도착했다. B&B 간판이 눈에 띄면 무조건 벨을 눌렀다. 시설은 깨끗했고 주인들은 친절했으며 가격도 합당했다. 그런데 결정이 내려지지 않았다. 무난히 좋은 것

말고 좀 더 나다운 무언가가 뒤에 있을 듯한 알 수 없는 촉이 동했고, 무엇보다 '힘들고 지치니 그냥 여기로 해버리자'는 식으로 상황에 내몰리고 싶지 않았다.

관광안내소에 가면 숙소 리스트를 받을 수 있을 테니 B&B 직원에게 안내소 위치를 물었다. 시내에서 10여 분을 더 걸어 항구까지 가야 한단다. 숨을 깊이 들이마셨다가 후욱 내뱉었다. 산 넘어 산. 나의 안락한 침대까지 몇 겹의 산이 더 버티고 있을지 모르지만 일단 가보자!

직원이 알려준 위치에는 도무지 안내소로 보이는 건물이 없었다. 대신 바닷가 바로 앞에 〈Info point〉라는 간판을 건 작은 스탠드가 있었고, 여자 한 명이 관광객을 상대로 무언가를 설명하는 광경이 보였다. 시골의 관광안내소란 역시 간소하구나. 반갑게 다가가 내 차례를 기다렸다가 여자에게 질문했다.

"숙소 리스트 있나요?"

"어떤 거 구해요?"

"호텔이나 B&B."

"내가 아는 데가 있는데, 아파트예요. 바닷가 근처고 부엌도 있고 아늑해요."

"얼마나 해요?"

"하루에 60유로쯤? 성수기엔 80유로였죠, 아마?"

"비싼데….."

"며칠 밤?"

"3박이요."

군더더기 없는 문답 후 여자는 어딘가로 전화를 걸었다. 이탈리아어가 오갔다.

"됐어요. 1박에 40유로. 혼자니까 깎아준대요."

여자는 시내 지도를 꺼내더니 바닷가 쪽 광장에 동그라미를 그린 후 내게 건넸다.

"1시까지 여기로 가면 주인이 데리러 올 거예요. 이제 12시니까 시내 구경하다 가면 되겠네. 그 무지막지한 가방들은 여기 두고 가요. 이따 주인이 스쿠터로 실어다 줄 거예요."

엉겁결에 거래가 성사되었고 몸과 마음이 모두 가벼워졌다. 조금 전의 나라면 위치가 어떻게 되는지 어떤 옵션이 있는지 발과 눈으로 확인하고 나서야 확정을 했을 텐데, 지금의 나는 무턱대고 오케이를 했다. 하기야 여자가 지도를 주기 전까지 나는 지도를 찾지도 않았다. 나중에 안 사실이지만, 그곳은 관광안내소도 아니었고 여자가 안내원인 것은 더더욱 아니었다.

그곳은 보트 여행 상품을 파는 스탠드였고 그 여자, 플로렌시아는 판매직원이었다. 나중에 우연히 그를 시장에서 만났는데 그때서야 전모를 들었다(당시 플로렌시아는 올리브오일을 팔고 있었다. 도대체 당신의 정체란!). 명색이 관광안내소라는 곳은 도저히 찾지 못하도록 자리한 탓에, 항구를 헤매던 관광객들이 〈Info〉사인을 보고 홀리듯 끌려와 그에게 이것저것 묻기 시작했단다. 맘 좋은 플로렌시아는 국가의 행정 미숙으로 발생한 업무를 사명으로 받아들이고 시내 지도까지 갖추고는 오는 관광객을 다 상대해주고 있었다. 그런 이를 만났으니 확실히 여행운은 내 곁에 꼭 붙어있었다.

"헤이! 당신이 플로렌시아가 보낸 사람인가?"

시간에 맞추어 동그라미에 가니 동글동글한 아저씨와 스쿠터한 대, 여분의 헬멧 하나가 나를 기다리고 있었다. 아저씨의 영어는 예상 밖이었다. 그동안 이탈리아에서 만난 사람 중 가장 높은 수준에, 이탈리아 특유의 악센트도 전혀 없었다. 내 짐들은 스쿠터에 어찌어찌 구겨 태워졌고 나는 뒷자리에 올라타 아저씨의 허리를 잡았다. 스쿠터가 달리자 더웠던 여름 공기는 이내 시원한 바닷바람으로 바뀌었다. 스쳐 가는 바다 마을의 풍경은 여유롭고 낭만적이었다. 이곳은 로마가 아니며 아저씨는 그레고리 펙이 아니요, 나 역시 오드리 헵번이 아니지만, 오늘이 '로마의 휴일'이라고 한들 어깃장 놓을 사람은 없었다. 빨래를 널러 나온 동그란 할머니들, 건강하게 뛰노는 아이들, 삼삼오오 무리 지어 노닥이는 청년들의 눈인사, 매끈한 고양이 몇 마리를 모두 지나, 청소도구와 세제가 가득 쌓여있는 어느 집 앞에 스쿠터가 섰다.

"집사람은 청소 중독이야. 여보, 손님 왔잖아!"

주인아주머니는 유쾌하고 밝은 웃음과 높은 톤의 이탈리아어로 뭐라 뭐라 말하며 나를 꾸욱 안아주고는 다시 청소에 몰입했다. 그만해도 될 것 같은데 마르고 낳노독 청소하는 아주머니 더에 아파트의 모든 것이 말끔했다.

아파트는 가족이 쓰기에 모자람 없는 규모였다. 현관으로는 바

다에 갈 수 있고 집의 뒤편은 고요한 정원과 이어졌다. 정원 쪽으로 난 창문 아래에는 메인 침대가, 그 옆에는 아이들이 방방 뛰었을 이층침대가 있었다. 3박에 침대 세 개니까 매일 다른 침대에서 자볼까? 가장 마음에 든 곳은 부엌. 온갖 조리도구에 최신형 전기오븐까지 있고, 결정적으로 전기 인덕션 대신 화력 좋은 가스레인지가 있어 요리 욕구가 샘솟는 공간이었다. 마침 점심때라 아저씨에게 장을 볼 만한 시장이 있는지 물었다.

"정말 끝내주는 동네 시장이 있는데, 이 시간이면 파장이야. 당장 먹을 게 없을 테니 우리 집에서 점심 할래? 우리도 이제 먹을 참이거든."

"네!" 망설임 없이 답이 나왔다. 부부의 이름은 이바와 벤지였다. 이바 아주머니가 올라와 같은 폴란드인이라는 말에, 우리는 해외에서 동포라도 만난 듯 반가움을 나누었다. 올라는 있어야 할 때 있어 준 사람이었다. 올라가 나의 외로움을 알아채고 외면하지 않았기에 첫 번째 캠프힐을 좋은 기억으로 마무리할 수 있었다. 여행을 하겠다며 겨우 익숙해진 곳을 다시 떠나야 했을 때도 그가 있었다. 선뜻 자신의 프랑스 집에 와서 지내라고 문을 열어주지 않았더라면 '기대'보다는 '불안'으로 여행을 시작했을 것이다. 가이드가 이끄는 여행, 동행자가 짜놓은 여행만 해봤던 나였으니. 그리고 오늘, 친구네 집도 카우치 서핑도 아닌 숙박시설에서 처음으로 지내야 하는 날, 올라는 다시 나타났다.

프랑스에서 올라와 함께 보낸 맛있던 날들, 폴란드식 만두 피요르기와 오이피클, 우리들이 하던 사랑만큼이나 뜨거웠던 폴란드산 보드카… 나는 올라와의 추억을 내 몸 한구석에서 꺼내어 부부 앞에 늘어놓았다. 작은 내 안에 구깃구깃 쌓여있던 그 추억들은, 이렇게 때를 만나자 봄싹이 트듯 자연스럽게 튀어나왔다. 싹 잎에는 어떠한 구김살도 없었다. 나는 부부의 안락한 부엌에서 순식간에 다시 혼자가 아니게 되었다. 어쩌면… 나는 혼자였던 적이 없었는지도 모르겠다.

시장이 좋으면 다 좋다

　시장은 현재진행형이다. 과거를 보려면 박물관에, 현재를 보려면 시장에 가야 한다. 나는 시장의 직접적이고 적나라한 면이 좋다. 논리는 필요 없고 오감이 살아나 작동하는 곳. 침샘이 자극되어 턱은 시큰해지고 몸에 피가 도는 경험을 하고 싶다면, 당장 시장에 가야 한다. 벤지 아저씨가 말한 '끝내주는 우리 동네 시장'은 그 역할을 충분히 한다. 시칠리아답게 어시장이 주인공이며, 규모는 작지만 생명력만큼은 그간 만나온 어느 시장보다 싱싱하다.

　이탈리아 내륙에 위치한 피렌체의 시장에는 육류가 제대로 갖추어져 있었지만(양의 뇌를 기억하라!), 어류는 구색만 내민 정도였다. 그런 곳에서는 느낄 수 없는 어시장만의 생명력이 이곳에는 있다. 사실 시장의 많은 것은 죽었거나 죽어가고 있다. 특히 육류는 가장 노골적이다. 우리는 살아있는 소나 돼지를 보고, 또는 마당을 푸덕거리며 노니는 닭을 보고 군침을 삼키지 않는다. 그것들은 도축이 되고 적당히 조리되어야 인간의 구미를 돋운다.

해산물은 그렇지 않다. 그물에서 퍼덕거리는 것이 가장 맛있어 보인다. 바다에서 건져낸 후로는 매력도가 급격히 떨어진다. 아무리 근사하게 조리해놓아도 산 것만 못하다. 그러니 생선가게 상인들이야말로 유혹하기에 정통한 자들이 아닐까. 이미 죽은 것을 가지고 선도를 최대한 끌어올려 내보이는 그들의 내공이란!

이탈리아 생선가게의 재밌는 점은 여자 상인이 없다는 것이다. 생선 손질도, 포장도, 계산도 모두 남자가 한다. 대개들 담배를 삐딱하게 문 채로 고래고래 호객을 한다. 결코 담배를 떨구지 않으면서! 한쪽에서는 맨손으로 생선 대가리를 뚜욱뚜욱 따고, 한쪽에서는 섬세한 손길로 안초비 뼈를 발라낸다. 흥정은 손님을 잡아드실 기세로 몰아친다. 채소가게에서는 얌전했던 손님도 이곳에서는 덩달아 박력이 생긴다. 남성 호르몬으로 충만한 '이탈리안 마초맨'을 보고 싶다면 어시장이 제격이다.

화끈한 어시장을 지나면 푸르른 채소코너가 펼쳐진다. 유럽 생활에서 흔히 보던 토마토, 허브라도 이탈리아 것들은 유독 힘차다. 비교하자면, 프랑스에서 본 것들은 아름답지만 낙낙하고 온순했다. 프랑스의 토마토가 수채화라면 이탈리아의 토마토는 유화였다. 불타오르고 날뛰는 유화.

뭐든 이탈리아가 세계 최강이라고 주장하는 루카조차 "치즈는 프랑스…"라며 꼬리를 내렸지만, 나에게 있어서 최고의 치즈는 시라쿠사 시장 끝 왼쪽에 있는 작은 가게에 있다. 당신이 시라쿠사에 간다면 이곳은 절대 놓치지 말아야 하며, 놓치고 싶어도 놓치지 못할 수 있다. 모른 채 지나치려는 당신 코앞까지 고소한 치즈가 잔뜩 담긴 시식 접시를 들이밀 테니까!

말이 시식이지 아주 큰 덩어리를 몇 번이나 내미는 통에, 특히 겉은 불에 그을려 시컴시컴하고 속은 두부같이 촉촉한 리코타 치즈는 그 자리에서 본제품만큼의 양을 먹어 치운 듯하다. 한번은 동네의 말썽꾸러기 무리가 시식 접시를 통째로 들고 튀었다…고 하기엔 너무 여유로웠으므로 그냥 들고 갔다는 말이 맞겠다. 치즈 가게 주인은 "이놈의 녀석들!" 정도의 호통은 쳤지만 녀석들을 딱히 붙들진 않았다. 아이들도 가게 주인도 손님들도 그저 웃을 뿐이었다. 그 광경을 보고 있는데 녀석 중 하나가 "먹을래?" 하는 표정으로 접시를 내미는 게 아닌가. 나는 본능적으로 엄지와 검지를 쭉 뻗어 치즈를 집어 먹고는 치즈 서리의 공범이 되어버렸다.

치즈 가게의 필살기는 샌드위치다. 넉넉한 빵에 큼직한 치즈를 듬뿍, 프로슈토를 즉석에서 샥샥 썰어 넣고, 발사믹 소스를 휘익 뿌린다. 그걸 숭덩숭덩 잘라서는 지나가는 사람들에게 또 시식이라며 내민다. 치즈를 사고 싶으니 추천해달라고 하자, 다양한 치즈를 이것저것 잘라 푸짐한 샌드위치를 만들더니 일단 먹어나 보라며 또 준다. 따지고 보면 내가 산 치즈보다 덤으로 먹은 샌드위치의 낟가가 너 비쌌을 것이다.

나는 기타노 다케시의 영화 『자토이치』(2004)의 마지막 군무 장면을 정말로 좋아한다. 논밭에서 일하는 사람들의 곡괭이질,

집 짓는 사람들의 톱질과 망치질이 각자였다가 어느 순간 어우러져 박자를 갖춘다. 그렇게 마을 전체가 거대한 춤의 무대가 되고 마을 사람들은 댄서가 되어 각자의 본분에서 신명 나게 탭댄스를 추는 장면. 우리가 내는 지극히 생활적인 소음들이 리듬이 되고 음악이 되고 춤이 되고 예술이 되는 광경을 나는 이 시장길에서 본다.

언젠가 한참 라틴 댄스에 빠진 지인을 카페에서 만났는데, 그 춤이 얼마나 매력적인지를 설명하던 그가 내 쪽으로 바짝 다가오더니 누가 들을세라 이렇게 속삭인 적이 있다.

"있잖아요. 제대로 춘 살사는요… 섹스보다 나아요."

어떤 희열이 그럴 수가 있지? 그땐 의아했지만, 지금의 나는 그 말의 뜻을 슬쩍 알 것 같다. 댄스홀이 아닌 이탈리아의 시장 한복판에서.

시라쿠사 치즈가게의 시식은 피하려야 피할 수가 없다. 이 사진을 찍는 중에도 긴박하게 치고 들어오는 저 UFO같은 시식 접시를 보라!

백지 사전

마지막 아침은 시장에서 시작한다. 전에 말한 치즈 가게에서 통후추 박힌 치즈와 산양젖 치즈를 주먹만 한 크기로 세 덩어리씩 산다. 두 개씩은 한국의 친구들에게 줄 요량으로 빼놓고, 남은 하나씩은 나폴리의 초초네로 보낼 참이다. 초초와 친구들을 생각하며 소소한 선물을 하나씩 넣으니 이바 아주머니가 구해준 신발 상자가 금세 찬다. 아주머니는 상자를 포장지로 한 번 싸고, 비가 올지도 모른다며 랩으로 돌돌 말아준다. 초초네 주소를 적어달라고 부탁하자 아주머니는 지워지지 않도록 유성 매직으로 확실하게 적는다.

같은 알파벳이나 숫자라 해도 내가 쓰는 것과 현지에서 먹히는 것은 천지 차이였다. 캠프힐에서 가장 먼저 한 것은 평생 써온 숫자를 유럽 사람들이 알아보는 모양새로 바꾸는 일이었다. 한번은 〈빵 11개 주문〉이라는 메모를 보고 77개를 만들 뻔했다. 다음으로 알파벳을 바꾸었다. 내가 쓴 G를 C와 매우 작은 T의 결합으로 읽은 사람도 있었다. 중요한 메모를 받을 때는 한 글자 한 글자 대문자로 적는 버릇을 들였다. 이제는 어느 정도 익숙해졌지만, 이렇게 현지인과 함께 있다면 대신 써달라고 부탁하는 게 마음 편하다. 부탁이란 창피하고 번거로운 일이라 여겼지만 나는 곧 바뀌었다. 누군가가 기대고 누군가가 호의를 베푸는 그 사이의 공기가 얼마나 포근하고 귀여운지 알아버렸기 때문이다. 이제 얼마 후면 나의 원래 숫자, 나의 원래 알파벳이 통하는 곳으로 돌아가니, 남은 시간을 활용해 나는 최대한 많은 부탁을 하리라!

치즈와 잔망스러운 물건 몇 개뿐이지만 이바 아주머니의 단단한 단속으로 대단히 중요한 신분이 된 신발상자를 우체국에 맡긴다. 이탈리아 우체국의 일 처리가 아무리 엉망이래도 이 상자만큼은 무사히 도착할 것이다. 오는 길에 식료품 가게 올리브Olive에도 들른다. 올리브는 시라쿠사에 있는 가게 중에서도 가장 아름다운 곳이다. 처음 그곳에 갔을 때 흑판에 일본어 안내문이 분필로 적혀있었는데, 쓴 지 오래되었는지 글씨가 번져있어 말끔하게 새로 쓰고 한국어 안내도 추가해드렸다. 그러자 가게 주인인 쟝 할아버지가 "Good girl, good girl!" 하며 페페론치노 초콜릿을 답례로 주셨다. 다음 날 아침에는 우리 집 앞 해변에서 수영을 함께하고 할아버시 댁으로 자리를 옮겨 오후의 홍차를 마셨다. 프랑스 사람인 할아버지는 휴가차 왔던 시라쿠사에 반해 아예 정착을 해버렸다고 한다. 프랑스인이 운영하는 이탈리아 식료품 가게라니! 이를 가리켜 '금상첨화'라고 하겠지?

점심으로 노오란 탈리아텔레 생면, 낙지와 토마토, 바질, 트라파니 소금, 루카네 농장에서 받아온 올리브오일로 파스타를 만들기로 한다. 혼자서 나만을 위한 식사를 준비하는데 이상하게도 어느 때보다 많은 사람과 함께 있는 기분이 든다. '여행을 하며 사람을 만나고 요리를 하겠다'던 계획은 여행을 시작하자마자 바뀌었다. 나는 사람을 만나며 요리를 하고 여행을 했다. 같은 단어들의 조합인데 의미는 꽤 달라진다.

사람, 요리… 말고도 어떤 단어들이 여행 위에 있었던가, 끓는 소금물에 파스타를 던져넣으며 복기한다. 실수, 완벽, 장애, 나이, 공동체, 일, 돌봄, 우정, 오해, 사랑, 기대, 불안, 도전, 시작, 과정, 끝… 분명 이미 아는 단어였는데 이상한 나라들을 거치면서 갑자기 낯설어지더니 어떤 경우엔 처음 듣는 말처럼 서먹했다.

예를 들어 '눈물'이 그랬다. 첫 번째 캠프힐에서 '부적응 대책 회의'에 끌려갔다가(39페이지) 방으로 돌아와 터져나오는 눈물을 억지로 삼키고 있던 그때, 계단을 오르는 발소리가 들리더니 누군가 내 방문을 두들겼다.

"썸머, 나와서 같이 이야기하자. 응?" 마리앤이었다. 나는 "지금 당장 울 것 같아서 나갈 수 없다. 이 모습을 보일 수 없다"고 답했다. 그러자 마리앤이 말했다.

"괜찮아, 썸머. 우는 건 좋은 거야."

그때 내 눈앞에는 눈물 대신 섬광이 비쳤다. 이게 무슨 말이야.

남들에게 약한 구석을 들키면 안 된다고, 특히 어린 사람에게 어른스럽지 못한 모습을 보이면 안 된다고 배웠는데… 울어도 된다니! 우는 건 좋은 거라니! 이제 갓 고등학교를 졸업한 꼬마가 서른셋의 나를 위로하는 말에 내 마음은 더욱 갈피를 잃었었다.

여행은 '모르는 책 한 권이 툭, 나의 발 앞에 떨어져 있는 것을 발견하며 펼쳐진 이야기'와 같았다. 재미와 행복만을 기대하며 순수하게 주워 든 그 책의 제목은 『백지 사전』이었다. 아직 아무것도 적히지 않은 백지의 사전. 첫 장을 여니 문장 하나가 적혀있었다.

세상의 말들을 나만의 정의로 풀어 이곳을 채울 것
주어진 시간은 1년

구체적인 지침도, 베껴 쓸 모범답안도 없었다. 부모님과 선생님, 교과서, 조직에서 쥐여준 사전에 충실히 살던 나는 이 미션을 시도가 아닌 시험으로 받아들였다. 내 몸과 마음은 뻣뻣했는데 다행스럽게도 사전은 관대했다. 틀리면 끝인 줄 알았지만 매번 다음 장이 있었다. 배우지 않은 생소한 일에 놓여보고, 주전선수가 아닌 벤치의 관찰자가 되어보고, 같은 나이가 아닌데도 서로 친구라 부르고, 자기의 공간과 시간을 낯선 이에게 내어주는 이상한 사람들과 어울리는 동안, 사전은 차곡차곡 채워졌다.

그들이 내 주머니에 넣어준 잉크에 펜촉을 적셔가며 우리만의 경험에서 추출한 정의를 밤새워 풀어 쓰는 즐거움이란! 잉크병에는 라벨이 붙어있다. 가장 즐겨 쓴 것은 '호의'라는 잉크. '여유' 잉크도 빠질 수 없지. '포기'나 '단절'의 잉크도 절대로 필요했다. 웃음과 긍정, 성공뿐인 세상은 완벽하지 않다. 물론 내 사전의 '완벽'에 따르자면 말이다.

빙긋빙긋 웃는 동안 파스타는 금방 익는다. 접시째 해변에 들고 나가 싹싹 비운 후, 항구 쪽으로 향한다. 항구 근처에는 시라쿠사의 명물이 있다. 울창한 거목이 몇 그루 있는 평범하고 작은 공원인데 거대한 새 떼가 나뭇가지 사이사이에 앉아서는 굉장한 소리로 지저귄다. 그 소리가 공원 50미터 전방부터 들리기 시작하는데 처음 들었을 때는 그곳에 폭포가 있는 줄만 알았다. 흥미롭게도 이 새들은 어떤 약속에서인지 해 질 녘부터 밤사이에만 운다. 낮에도 가보았지만 쥐 죽은 듯, 아니 새 죽은 듯 고요했다. 새소리가 슬슬 들려오기 시작하는 곳에 나는 멈춘다. 그곳이 석양을 보기에 가장 좋은 위치다. 자연스럽게 그 주위에는 근사한 레스토랑들이 늘어서 있다. 와인 잔 부딪히는 소리, 접시에 포크와 나이프가 닿는 소리, 여러 언어로 웅성대는 소리가 혼자 석양을 보기에 적적하지 않을 정도의 배경음악이 되어준다.

시라쿠사의 석양은 카프리에서 본 것만큼 강렬하진 않다. 파랗던 하늘이 어느덧 분홍이 되었다가 보라색이 되었다가 감청색이 되어가는 변화가 섬세하고 차분하다. 여행의 석양이 일상의 석양과 다른 것은, 내가 오늘 이 석양을 보겠다고 부러 선택했다는 점이다. 아무리 날고 긴다 해도 사람은 단 하나의 시공에만 머물

수 있다. 오늘 시라쿠사의 석양을 보기로 했다면 오늘 팔레르모의 석양이나 타오르미나의 석양을 포기했다는 말과 같다. 석양, 이동 수단, 숙소, 음식, 일, 사람, 경험… 나의 선택과 나의 포기로 나의 세상은 모양이 잡혀간다. 매번 좋은 것과 더 좋은 것 사이의 선택 은 아닐지라도 받아들이는 연습을 하기에 여행만큼 적당한 것이 있을까.

시라쿠사의 모든 것이 바다와 함께 물드는 시간을 바라보며 나는 의심하지 않는다. 내가 내일 이곳을, 이 사람들을 떠난다 해 도 새로운 여행은 다시 시작된다는 것을. 또 한 권의 백지 사전 이 주어진다는 것을. 그렇다면 나는 그것을 기쁘게 주워 들겠다는 것을.

부록

잠깐!
이상한 나라의 여행, 어땠나요? 부록은 바로
읽지 말고 아껴두었다가 문득 책 속의 친구들
이 그리워질 때 펼쳐보면 좋습니다. 물론 이 말
을 따르리라고는 생각하지 않습니다만, 여하
튼 일러둡니다.

쳇 베이커와 마티아스

특정 음악을 들으면 특정 때와 장소로 순간이동을 하여 특정 인을 만나게 되는 일이 있다. 쳇 베이커Chet Baker를 들으면 나는 2010년 아일랜드 캠프힐의 작은 방으로 간다. 그리고 어김없이 그 녀석을 만난다.

한국을 떠나기 전, 친구가 내 노트북에 음원 파일을 잔뜩 넣어 주었다. 최신가요부터 클래식, 국악, 팝, 재즈로 폴더가 구분되어 있었고 노트북 용량을 꽤 차지할 만큼 어마어마한 양이었다. 캠프 힐에서의 큰 축복은 시간이 참 많다는 것. 그 점을 십분 활용해 나는 이 폴더, 저 폴더를 다 드나들어 보았고 그중에서도 재즈, 그중 에서도 쳇 베이커의 『Chet Baker Sings』라는 폴더를 매우 자주 열 었다.

첫 번째 캠프힐에서 자꾸 어둠 속으로 파고들던 그 겨울에 특 히 그랬다. 숙소에 방이 모자라 잠시 근처 교회에서 지낸 적이 있 다. 교회 첨탑 아래 꼭대기 방이었는데 머리를 감고 말리지 않은

채로 자면 다음 날 아침 머리카락이 가닥가닥 얼어붙을 정도로 추
웠다. 있는 대로 옷을 껴입고 따뜻한 차를 연거푸 마시며 스탠드
만 켠 채 친구들에게 손편지를 많이 썼고, 그때마다 쳇 베이커가
있었다. 순수한 듯 퇴폐미가 스민 목소리… 그 목소리로 느릿느
릿 읊조리면 그게 곧 노래가 되는 게 좋았다. 신기하게도 그가 연
주하는 트럼펫과 피아노도 목소리로 들렸다. 그 목소리를 곁에 두
면, 들이마시는 숨마다 콧속이 알싸해지던 노란 방에서의 시간도
그렇게 처량하지만은 않았다.

두 번째 캠프힐에 가서도 쳇 베이커를 자주 들었다. 젖소 목장
건물 2층에 살았는데, 장애인과 함께 사는 집이 아닌지라 음악도
크게 틀고 목청껏 노래해도 되었다. 이때부터는 「Looking for the
silver lining」이나 「Let's get lost」같은 경쾌한 곡을 더 자주 듣고
내 맘대로 흥얼거렸다. 콧노래 사이로 음머음머 젖소 우는 소리가
추임새처럼 새어 들어갔다.

그러던 어느 날, 같은 집에서 일하는 얄미운 마티아스 녀석이
방문을 두드렸다.

"쳇 베이커 알아?"

나는 깜~짝 놀랐다. 마티아스 따위가 재즈를 입에 올리다니!
힙합이나 록밴드를 쫓아다닐 나이 아닌가. 그런데 재즈라니! 녀석
과 나에게 공통의 취향이 있다는 건 인정할 수 없었다.

"왜?"

"내일 저녁에 쳇 베이커 들으러 가지 않을래? 시청 홀에서 콘

서트가 있대."

"뭐? 쳇 베이커가 아일랜드에 온다구?"

순간 마티아스는 늘 그렇듯 저 자신을 높은 곳에 앉혀놓고 나를 한심한 눈으로 내려다보았다. 물론 그저 키가 커서 그렇게 느껴진 것일 수도 있지만.

"풉. 쳇 베이커가 살아있었으면 건반 누를 힘도 없을걸? 아일랜드 재즈밴드가 쳇 베이커를 연주하는 콘서트야."

나는 얼굴이 새빨개졌다. "아… 알지! 시… 실수야!"라고 더듬대고는 황급히 문을 닫아버렸다. 물론 "내일 나 데려가!"라고 덧붙이면서.

음악가든 미술가든, 좋아해도 깊이 파보는 일 없던 나는 쳇 베이커의 생몰 연도는 둘째치고, 그가 어느 시대에 살았는지도 몰랐다. 반년 동안 매일 밤 함께한 음악가에 대해 너무 몰랐다는 게 송구하기는커녕, 마티아스 녀석에게 또 졌다는 분함에 얼굴이 달아올랐다.

마티아스는 다음 날 콘서트홀에서 연주된 모든 곡의 제목을 알고 있었고, 물어보지 않아도 이것저것 쳇 베이커에 대한 에피소드를 들려주었다. 트럼펫과 더블 베이스 박자에 까딱까딱 발끝을 움직이는데 그것마저 왜 이렇게 잘났고 아니꼬운지!

그 후 또 다른 콘서트에 마티아스와 함께 갔다. 더블린에서 열리는 어떤 기타리스트의 단독 콘서트였다. 마티아스는 그때도 내 방문을 두들기더니 "누구누구 알아?" 물었고, 다행인지 불행인지

나는 그 남자가 누군지 전혀 몰랐고(지금도 기억나지 않음), 마티아스가 마음껏 아는 체 할 수 있는 자리를 열어주었다.

여기까지. 두 번의 콘서트를 떠올리고 풋 하고 웃으면 나의 쳇 베이커 순례가 마무리된다. 참, 이렇게 읊조리는 것도 잊지 않아야지.

"왜 그렇게 착했는지…."

나 말고, 마티아스 말이다. 그와는 6개월간 한 집에 소속되어 일했다. 말이 '일'이지 매일, 매 순간 오해의 연속이었다. 우리 캠프힐에 있던 봉사자들은 예의 바르고 호의적이었는데 마티아스는 그중 최고였다. 가장 지적이었고 격식도 차릴 줄 알았고 성실했다. 음악이나 미술, 철학에 대한 조예가 깊었고 엉망진창일지언정 케이크도 구웠다.

그렇게 사랑스러운 아이와 어떻게 티격태격할 수 있냐고? 그만큼 나는 삐뚤어져 있었다. 첫 캠프힐에서 상처를 많이 받았다. 마음의 벽을 단단히 치고 캠프힐을 옮기게 된 차에 운 나쁘게 걸린(?) 게 마티아스였다. 내가 아니라 녀석의 운이 나빴다. 나는 영어로 싸우다가 말이 막히면 한국어로 대뜸 퍼부어버렸으니, 그가 겪은 고초가 만만치 않았을 것이다.

캠프힐 생활에서 나를 수렁에서 건진 사람으로 올라나 클라라의 이름을 먼저 거론했지만, 나의 모난 구석을 정면으로 마주하고 사정없이 찔러준 건 마티아스였다. 녀석 덕에 나는 둥글어졌다. 어제 싸웠어도 오늘 아침에 먼저 말을 거는 쪽도, 콘서트며 펍이며 꾸준히 챙긴 쪽도 녀석이었다.

당시엔 〈우린 제법 안 어울려요〉배지를 달고 다니는 사이에 왜 자꾸 나를 챙기는지 귀찮았다. 하지만 지금은 조금 안다. 녀석은 나를 좋아하고 싫어하고를 떠나 먼저 들어온 사람으로서, 그리고 한집에서 같이 일하는 동료로서 끝까지 내 옆에 서주려고 노력했다는 것을. 밉고 싫다 해도 피하지 않고 할 도리를 하는 태도, 그 점을 나는 대단하다고 여긴다. 내가 녀석의 처지였다면 책임이고 뭐고 나 몰라라 했을지도 모른다. 그러니 나는 지금 "마티아스 녀석, 왜 그렇게 착했대~"라고 말할 수밖에.

잠깐. 나라고 늘 못되게 군 건 아니다. 마티아스가 캠프힐을 떠나기 전날, 녀석이 원하는 메뉴로 점심을 차려준 것은 내가 봐도 잘한 일이다. 그때 마티아스는 도우가 얇은 피자를 주문했고, 나는 최선을 다해 피자 반죽을 밀었고, 아가 오븐 화덕의 바닥을 그대로 이용해 정말 바삭하고 쫄깃하게 피자를 구워주었다. 그런데 녀석, 토핑으로 올린 구운 마늘을 다 걷어내고 있는 게 아닌가!

"마늘 왜 안 먹어?"

"냄새나."

"생마늘도 아니고! 구운 거라서 그렇게 심하지 않아!"

"응. 안 먹어."

우아하고 고상한 족속인 마티아스는 끝까시 마늘을 기부했고 나는 녀석을 힘껏 째려보았다. 구운 마늘! 녀석과 티격태격한 마지막 건수다.

첫 베이커의 목소리에 담겨 떠오르는 마티아스와의 인연에는 작은 아쉬움이 있다. 우리가 지금의 나와 지금의 녀석으로 만났더라면 어땠을까? 캠프힐이 아니라 어딘가를 여행하다가 만났더라면? 어쩌면 내 미운 마음이 쏟아질 대상이 되는 것이 녀석의 쓰임이었던 걸까? 그것이 마티아스를 새기는 나의 방식인가? 새로운 이미지를 굳이 만들기보다, 그 모습 그대로의 이야기로 남겨두고 싶기도 하다. 하지만 전하지 않은 진심이 있다는 건 꽤 아쉽다.

"마티아스, 고마워!"라는 말을 꼭 전하고 싶다. 첫 베이커를 들을 때 마티아스가 떠오르는 게 아니라, 실은 마티아스가 보고 싶을 때 첫 베이커를 듣는다는 고백도.

콜린(가운데)의 송별회. 설거지를 하다가 어른의 포옹을 받았던 나와 마티아스(121페이지). 마티아스는 지금 베를린의 한 대학에서 연구원으로 일한다.

- 썸머! 다음 주에 캠프힐 멤버들 모임이 있어. 너도 오면 좋겠어!
잊을만하면 야콥에게서 페이스북 메시지가 온다. 녀석들은 매해
여름 독일에서 회동하고 있다. 대부분 독일에 살고 마가야는 네덜
란드, 클라라는 오스트리아에 있어서 우리로 치면 전국 각지에서
강원도로 집결하듯, 마음만 먹으면 어렵지 않게 모일 수 있다.
꼭 오라는 야콥의 메시지를 바라보며 '하아… 여기가 어딘 줄 알고
그렇게 쉽게 갈 수 있다고 생각하는 거니!' 어이가 없으면서도, 멀
리 있는 나까지 챙기는 마음이 기특하고 고맙다. 모임 후 찍어 보
낸 사진 속에서, 녀석들은 함께하지 못한 사람들의 이름을 일일이
종이에 씨서 들고 있었다 '하아… 내 이름은 hayoung이 아니라
hajung이란다.' 고개를 절래절래, 한숨을 폭 쉬었지만 내 한글 이
름을 어설프게라도 기억하고 있다니 이 또한 고마운 나의 좋은 그
룹. 말리는 호텔경영을 공부하고 마가야는 네덜란드에서 사회복지
관련 일을 한다. 니클라스는 전업 음악가가 되어 록밴드에서 기타
를 치고 있다. 마르텡은 네덜란드에서 대학원을 다니고 있다.

그 여자의 초록

이바를 만나러 벨기에서 체코로 날아간 날, 마중 나온 이바의 차에 올라탔는데 공항을 빠져나오자마자 이바가 메인 토픽을 꺼냈다.

"나, 남자친구랑 헤어졌어."

"뭐?"

나는 니코가 챙겨준 벨기에 커피과자를 오물거리다가 뱉어낼 뻔했다. 이바와 그의 아이리시 남자친구는 무척이나 사랑스러운 커플이었기 때문이다. 도대체 무슨 일이 있었는지 물었더니 이바는 그동안 남친에게 가졌던 불만, 둘 사이에 있었던 어긋남을 여차저차 이야기했다. 그리고는 털어놓았다.

"나… 예르카랑 사귀어."

"뭐어어어어어어???!!!"

나는 처음 뭐?보다 수십 배 더 긴 뭐?를 외쳤다. 예르카라니…

예르카라니…! (예르카가 누구야 싶은 독자는 이 책의 154페이지를 펼쳐보시길.)

도대체, 왜, 어쩌다가? 응? 마구 파헤쳤다. 아이리시 남자친구와 균열이 가던 중, 같은 체코사람인 예르카에게 종종 상담을 했다는데 그러다가 서로 좋아하게 되었단다. 흥분이 가라앉자 기쁨이 차올랐다. 둘 다 영적인 면을 중시하고 둘 다 다정한 사람이기 때문에 둘이 사랑에 빠지는 것은 굉장히 자연스러운 일. 나는 둘을 축하했고 둘의 이야기에 행복했다.

이바는 캠프힐을, 아일랜드를 떠날 생각을 진지하게 하고 있었다. 체코의 임금수준이 낮아 일부러 아일랜드로 이주했는데, 지금은 마음이 많이 떠났다고 했다. 하지만 앞으로의 커리어나 경제적인 면을 따지면 여전히 아일랜드에 있는 편이 낫다. 중요한 선택을 앞두고 이바는 걱정이 많았다. 차창 밖으로 스치는 너른 초원을 가리키며 이바에게 말했다.

"언덕의 모습은 비슷해도 이 초록은 아일랜드에서 본 초록이랑 달라. 너희 나라만의 초록인 거지."

"응. 나도 그 차이가 보여. 이 초록이 나는 좋아."

"네가 있어야 할 곳은 여기인가 봐. 물고기가 물에 있어야 하는 것처럼 말이야."

얼마 후 이바는 캠프힐 생활을 정리하고 아일랜드를 떠나 체코로 돌아왔다. 지금은 조용한 초원에 예르카와 함께 집을 짓고 있는데, 방부터 부엌, 심지어 화장실까지 모두 나무란다. 사랑스럽게도 그 집에는 바퀴가 달려있어서 어디든 갈 수 있다고 했다. 누군가에게는 작고 좁은 트레일러로 보이겠지만, 내가 보기엔 정확히 그 여자답고 그 남자다운 집이다.

(위) 2년 만에 다시 만난 이바네 가족. 똑같은 포즈로 기념사진을 남겼다.

(왼쪽) 이바의 큰오라버니가 품절남이 되었다는 소식을 전한다. 뭇 여성 독자들이 흠모했던 '농부의 더운 팔뚝'을 웨딩사진에서는 볼 수 없지만 사랑하는 여자와 낀 손깍지가 어찌나 단단한지, 그 모습에서 나는 여전히 들판의 볕, 뜨거운 기운을 느낀다. 답답한 넥타이를 매고 어색한 구두를 신어도 어찌할 수 없는 농부, 농부의 가족이다.

이바와 예르카의 집. 바퀴가 달린 이동식 집이라길래 간소한 캠퍼밴을 상상했는데, 웬걸! 완벽한 부엌과 세탁실, 각종 가전에 욕조까지 갖춘 아름다운 나무집이었다. 예르카는 젊은 날에 집을 여러 채 지은 건축가였다고!

오스트리아에서 만난 클라라는 장애인과 정원을 가꾸는 단체에서 일하고 있었다.
클라라의 집은 역시나였다. 히피의 동굴, 아주 약간 밝아진 도시 히피의 동굴!

그 여자의 테이블

"나, 헤어졌어….."

"뭐???"

또 한 건의 결별 소식. 발신지는 프랑스. 발신자는 믿을 수 없게도, 올라.

소식을 듣던 때의 나는 덴마크 아네뜨 할머니네 집에서 지내며 『장래희망은, 귀여운 할머니』출간을 위한 취재 작업을 하고 있었다. 이번에는 40일 일정이었다. 통상 무비자 체류 가능 기간인 90일을 꽉 채우곤 했지만, 이제는 집에서 나를 기다리는 존재, 고양이 '동동'이 생겨버린 터라 해야 할 일만 딱 하고 돌아오자며 잡은 게 40일이었다. 그래서 유럽의 친구들에게도 알리지 않았다. 만나러 갈 수 없는데 괜한 아쉬움만 생길 테니 말이다. 그런데 어느 하루, 일과를 마치고 쉬는데 문득 올라의 안부가 궁금해졌다. 그러고서 들은 청천벽력… 뭔가 이상하더니….

이바의 결별소식은 상쾌했지만 올라의 것은 불안하고 두려웠다.

"이틀 전에 벌어진 일이고, 급한 대로 시내에 집을 하나 잡았어. 오래되고 낡은 아파트야. 살림? 중고 거래 앱으로 하나하나 보고 있는데… 무조건 가장 싼 걸로… 어제는 테이블이 올라와서 보러 가봤거든? 세상에… 그 사람들, 너무 가난한 거야. 이민자로 보이는 4인 가족이 쓰는 둥근 테이블이었는데… 혼자 사는 내 집보다 더 좁고 허름하다니… 그걸 팔고 새 테이블을 살 것 같진 않았어. 차마 들고나올 수가 없더라. 그랬더니 아직 밥 먹을 테이블도 없지 뭐야…"

당장에 덴마크 코펜하겐 출발, 프랑스 툴루즈 도착 비행기를 끊었다. 축축하고 서늘한 아파트, 낡을 대로 낡은 나무 문은 문틀에서 어긋나 제대로 닫히지 않았다. 문을 열 때도 열쇠를 끼우고 문 전체를 들썩거려야 열렸다. 프레임도 없이 매트리스만 깔아놓은 침실, 카우치 하나가 전부인 거실, 손바닥만 한 부엌과 화장실. 창을 여니 앞집과 옆집의 지붕이 보이고 그 위에선 비둘기들이 이쪽 사정은 모르는 채 한가로웠다.

캠프힐을 떠난 후 올라를 세 번째 방문하는 건데, 전에 두 번 만닌 곳은 여기와 너무 달랐다. 해바라기가 물결치던 포근한 능선의 그 집, 오렌지색 기와가 말끔한 지붕, 아몬드 나무와 허브기 자라던 마당, 하늘창으로 들어오는 빛을 수직으로 받던 큼직한 욕조, 부엌은 또 얼마나 풍족하고 여유로웠던가. 올라의 등 뒤에서 그 집의 이미지를 떼어내기가 쉽지 않았다. 하지만 해야 한다. 우리는 이제 새로운 배경에 적응해야 한다.

올라는 지역 중학교에서 상담교사로 근무하고 있지만, 수입이 넉넉하진 않았다. 가장 큰 문제는 주변에 사람이 없다는 것. 폴란드에서 프랑스 시골로 이주하다 보니 가족은 고사하고 대화 상대라고는 노부인 한 명이 전부였다. 물론 노부인이 낙낙히 감싸주고 있었지만 지금 올라 곁에 또래 친구가 없는 상황이 못내 맘에 걸렸다. 이럴 때는 비슷한 정신 수준에서 함께 화내고 맞장구쳐줄 사람이 절실한 법이니까.

어느 날 밤에는 올라가 샤워가운을 붙들고 고군분투하길래 들여다보니, 샤워가운에 새겨진 전 남자친구의 이름을 커터칼로 뜯어내고 있었다. 금색 실로 우아하게도 새겨진 남자의 이름. "엄마가 폴란드에서 비싼 것으로 특별히 맞춰온 건데… 나쁜 자식!"

나는 칼 하나를 더 찾아와 작업을 도왔다. 올라는 이름을, 나는 성을 뜯어냈다. 어찌나 단단하고 촘촘히 새겼는지 잘 뜯어지지도 않았다. 두 여자가 금발과 흑발을 맞대고 앉아 새하얀 가운을 맞잡고 이제 남이 된 남자의 이름을 뜯어내는 광경이라니. 남자는 우리의 입을 통해 가루가 되도록 까였고, 그의 이름은 금빛 보푸라기가 되어 마룻바닥에 흩어졌다.

이름이 빠져나간 자리는 확연히 티가 났지만, 시간이 지나면 다른 부분과 같아질 것이다. 나는 올라에게 교훈을 주었다. 남자란 다 똑같다, 필요 없다, 우리끼리 잘 살자…가 아니라 "왜 성까지 새겨서 이 고생을 해. 다음부턴 이름만 새기라구, 이름만!!!"

떠나는 날, 올라가 출근한 틈에 현금지급기를 찾아 무리가 되지 않는 선에서 최대한의 돈을 인출했다. 그리고 메모와 함께 봉투에 넣었다. '나는 테이블의 요정이다. 이 돈으로 남 부럽지 않은 테이블을 사거라.' 올라의 거실에는 아직 자리를 못 찾고 바닥에 놓여있는 그림 액자가 있었다. 정신없이 옷가지만 싸서 들고나오는 중에도 저 액자를 챙겼다니… 어지간히 아끼는 그림이겠지. 나는 봉투를 그 뒤에 숨겼다.

올라가 어떤 테이블을 샀는지 나는 모른다. 하지만 봉투를 발견하고 내게 메시지를 보낸 그의 기분은 얼핏 안다. 그리고 올라의 식사 테이블에는 이제 세 명이 둘러앉는다는 것도 안다. 삶이란, 참…!

올라는 이후 지금의 남편을 만나 아기를 낳았다. 이름은 쥴리엣. 그 이름을 듣고 나는 덴마크에서 독일로 넘어가던 버스에서 만난 두 사람*을 기억해냈다. 독일의 쥽리악과 덴마크의 쥴리, 그리고 프랑스의 아기 쥴리엣! 내 인생의 사랑스러운 칠월이들!

*『장래희망은, 귀여운 할머니』 등장인물

실은 말하지 않은 게 있어

책*이 출간되자마자 벨기에 겐트에 사는 슈테판에게 두 권을 보냈다. 한 권은 네가 갖고 한 권은 내 친구에게 전해달라 부탁했다. 나는 친구의 전화번호만 가지고 있었는데 국제전화로 주소를 묻기보다는 슈테판을 통하는 쪽을 택했다. 나는 이 친구와 전화나 이메일을 나눠본 적이 없다. 모르면 모르는 대로, 궁금해도 궁금한 채로 두는 편이 좋은 친구, 지구 어디에 있어도 근황을 주고받는 게 아무 일도 아닌 시대가 되었지만 아무 일도 아닌 일은 하고 싶지 않은 친구. 우리는 느리고 번거롭던 옛날 그 시절의 방식이 어울리는 사이였다. 몇 주 후 슈테판이 전했다. 책을 받은 친구가 무척 놀라며 기뻐했다고.

3년 만에 벨기에에 가게 되었을 때 슈테판에게 또 부탁해두었

---

* 나의 캠프힐&카우치서핑 이야기는 2012년에 『이런 여행 뭐, 어때서』라는 제목의 책으로 출간되었고, 그 책을 친구들에게 항공우편으로 보냈었다. 2년 후 나는 다시 유럽을 찾았다. 책에 등장한 친구들을 다시 만나러 가는 여행이었다.

다. 친구에게 "만나고 싶다"는 말을 전해달라고. 얼마 후, 그 친구 루돌프의 대답을 전달받았다. '두 팔 벌려 환영'. 벨기에에 도착해 짐을 풀고 몸과 마음의 시계를 이곳에 맞춘 후, 나는 슬슬 하고 싶은 일을 하겠다고 나섰다.

"다음 주에는 루돌프 아저씨를 보러 가야겠어."

들뜬 내게 슈테판은 곤란한 표정을 지었다.

"음… 썸머, 조금 늦춰야 할 거야."

우물쭈물 뜸을 들인다.

"실은… 말하지 않은 게 있어."

"어서 말해줘."

나는 그를 재촉했다. '실은…'이라는 단어에선 곤란의 냄새가 난다. 곤란한 기운은 증폭시키고 싶지 않다.

"네가 걱정할까 봐. 일종의 나쁜 소식인데…."

살면서 우리가 맞닥뜨리는 나쁜 소식이란 무엇일까. 나쁜 날씨, 취소된 일정, 놓친 일자리, 마음이 변한 연인, 고치기 어려운 병…

암이었다. 루돌프는 수술 후 항암치료를 받는 중이고, 이번 주부터 약 열흘간 입원해 집중 치료를 받아야 한다고 했다. 나는 놀라지 않았다. 다만, 세상의 한구석이 스러지는 기분이 들었다. 언젠가 『내셔널 지오그래픽』잡지에서 미국 캘리포니아의 레드우드를 본 적이 있다. 세상에서 가장 큰 나무. 큰 것은 어디로 움직이지 않는다. 그 자리에서 스러질 뿐이다. 레드우드가 아무런 소리도 내지 않고 천천히 스러지는 장면이 떠올랐다. 큰 만큼 스러지는 시간도 엄청 길 거야, 큰 만큼 아주 멀리까지 스러질 거야.

"그럼 지금부터 열흘을 보내고 우리가 다시 연락하면 돼? 아니면 연락을 기다려?"

"기다리자. 치료 마치고 전화해준댔어."

태어나 살고, 떠나고, 머물고, 만나고, 사랑하고, 헤어지고, 스러지고, 기억되고, 언젠가 기억도 사라진다. 그중 어떤 것은 내게 영원히 오지 않을 수 있고 어떤 것은 여생을 장악하는 경험이 될지도 모른다.

오늘 겐트 시가지를 돌아다니다 전에 지냈던 클리오의 아파트 앞을 지나쳤다. 우편함에는 클리오의 이름이 적혀있었다. 3년 전에도 그랬던가, 아니면 세 들어 살던 대학생들의 이름이 적혀있었던가. 기억이 나지 않았다. 클리오는 정처 없는 여행에서 돌아왔을까? 지금 누가 루돌프의 손을 잡아주고 있을까? 나는 궁금한 모든 이야기를 그저 기다리기로 했다.

사랑이 전부다

루돌프는 고급 울로 짠 목도리와 장갑을 보여주며 껄껄 웃는다. 내년 3월까지 통원 치료를 받아야 하는데, 그동안 따뜻하도록 병원에서 마련해준 선물이라고 했다. 이제 그의 몸은 추위에 아주 민감하기 때문에 찬물 한 잔에도 온몸에 소름이 돋을 거라면서. 우리가 얼음통에 담긴 샴페인을 마시는 동안, 루돌프는 실온의 탄산수를 마셨다.

처음 그를 만났을 때 나는 그의 친구의 친구였다. 그의 친구네 집에 머물며 그의 보살핌을 받았다. 3년 만에 그를 다시 만난 이곳은 그의 집이다. 정원에는 비단잉어가 노니는 연못이 있고 수국은 만개해 수백 마리의 나비가 앉아있는 듯했다. 그 사이사이 느긋한 고양이 두 마리, 커다랗고 붉은 장미 단 한 송이.

나는 그저 기다릴 뿐이었다. 벌써 두 달이 흘렀는데, 루돌프의 치료 스케줄과 상태 변화 때문에 어서 만날 수가 없었다. 기다리면서 어떤 상상도 하지 말자고 마음먹었지만 쉽지 않았다. 토요일 오후 4시에 집으로 와달라는 소식을 듣고는 어쩔 수 없이 두근거렸다. 무섭기도, 피하고 싶기도 했다.

슈테판에게 루돌프의 목소리가 어땠는지 물었다. 좋았다고 했다. 책에 실린 자신의 이야기가 궁금해 죽겠다고 했단다. 한국에서 가져온 같은 책, 그의 사진이 있는 페이지에 책갈피를 꽂아 가방에 넣었다.

루돌프의 집 앞으로 차가 미끄러져 들어갈 때, 나는 차창 너머로 그의 실루엣을 발견했다. 거실 테이블에서 무언가를 내려다보며 읽고 있는 남자. 껑충한 키, 든든한 어깨. 그대로였다. 창밖에서 자기를 보는 나를 이번에는 루돌프가 발견하고는 자리에서 벌떡 일어나 성큼성큼 문으로 다가왔다. 여전히 하얀 수염과 여전히 부드러운 양 볼에 키스.

정원 테이블에는 두 종류의 스푼과 두 종류의 포크, 나이프, 냅킨, 접시가 놓여있었다. 물 한잔 얻어먹고 일어나려던 우리의 작전은 빗나갔다. 인사를 나누자마자 그는 샴페인과 치즈, 올리브, 초리초에 세 가지 작은 요리를 내놓았다. 샴페인이 금방 비워지자 화이트와인을 한 병 더 내오고 그는 다음 요리를 위해 정원과 부엌을 오갔다. 그러는 동안 대장장이라는 친구가 방문했는데 두툼한 책 한 권을 옆구리에 끼고 있었다. 어디 구석에서 발견한 요리책인데 자신은 요리 문외한이니 루돌프에게 주고 싶다면서.

해가 떨어지고 어느덧 싸늘해진 공기를 피해 집 안으로 들어온

우리는 루돌프가 젊은 시절 활동했다는 밴드의 바이닐을 들었다. 루돌프는 퍼커션과 드럼을 다루었다.

"1985년에 친구들과 뉴욕에 놀러갔을 때 일이야. 클럽에서 연주를 했는데 어떤 남자가 다가오더니 우리에게 숙식을 제공하겠다는 거지. 덕분에 아주 고급스러운 프랑스풍 호텔에서 잘 지냈는데, 어느 날 남자가 "자, 이제 일해야지"라더니 우리를 녹음실로 데려가더라고. 그렇게 나온 앨범이야. 앨범 제목이 『프렌치 윈도 French window』인 것도 그 이유야. 즉석에서 지은 거지 뭐!"

루돌프가 그림을 그린다는 건 알았지만 음악까지 했다니! 대장장이 친구 역시 집안 대대로 겐트에서 음악과 미술을 해온 사람이었다. 그의 아버지는 겐트의 유명 음악 축제를 최초로 기획한 사람이라고 했다. 루돌프와 친구들은 젊었을 때부터 그림, 조각, 음악, 요리 등을 다루는 창작집단을 만들어 수염이 하얘질 때까지 꾸준히 활동하고 있었다.

루돌프는 무언가 떠올랐다는 듯, 지금 흐르는 곡의 기타를 연주했다는 친구에게 전화를 걸었다. 둘은 네덜란드어로 이야기를 나누었고 전화를 끊자마자 루돌프가 내게 물었다.

"썸머, 한국엔 언제 돌아간다고 했지?"

"다음 주 금요일 아침이에요. 26일."

"흠… 이 친구가 그날 저녁에 겐트에서 콘서트를 할 거래."

"아저씨도 가시나요?"

"물론이지."

"비행기를 미룰까 봐요."

"물론 그래야지."

날짜, 요일, 시간, 원, 유로… 머릿속으로 몇 가지 숫자가 빠르게 스치는데 루돌프가 파일 더미를 내밀었다. 공간 스케치와 인테리어 완성 사진으로 꽉 찬, 공간 디자이너로서의 기록이었다.

"이건 모스크바, 이건 바르셀로나. 의자며 조명이며 전부 다 그 앤틱 숍, 기억나지? 내 옆모습 사진 찍은 곳 말이야. 그곳에서 산 것들을 컨테이너로 실어다가 꾸민 카페들이야."

그는 잠깐 참견하더니 부엌으로 돌아가 리큐르에 새우를 굽고는 버섯과 송아지고기를 넣은 토마토수프를 만들었다. 나는 집 안 구석구석 더욱 파고들며 구경했다. 루돌프는 내가 묻기도 전에

"마음껏 찍으렴!" 하고 등 뒤로 소리쳐주었다. 집에는 옷, 모자, 그림, 사진, 음악, 가구 등 그의 수집품이 근사하게 자리 잡고 있었다. 수집품 하나하나에 그의 발걸음, 손길, 시간, 의미… 그의 인생이 담겨있었다. 그는 3년 전 이 현관에서, 이 모자들 중 매번 같은 모자를 골라 푹 눌러쓰고, 이 우산을 집어 들고는 매일 나의 아파트까지 와주었던 거구나. 그것도 늘 먹을거리, 요리할 거리를 한 아름 싸 들고.

나는 가방에서 책을 꺼냈다. 그동안 그가 궁금해 미칠 뻔한, 간지러워 죽을 뻔했다는 곳을 긁어주기 위하여.

"음… 먼저, 아저씨의 패션 감각에 관해 썼어요. 리넨 수트에 프린트 셔츠, 모자, 캔버스 운동화. 매일 요리를 해주었고 제가 굶지 않도록 냉장고를 채워주었죠. 비가 오면 우산을 제 쪽으로 많이 기울여주었고… 요즘의 카페를 싫어한다는 이야기도 썼어요. 실내에서 담배를 못 피우게 한다고."

"하하하. 그 문제는 이제 해결되었네."

대장장이 친구가 와락 웃는다. 암을 발견한 후 루돌프는 그렇게 즐기던 담배를 끊을 수밖에 없었다. 그는 자못 겸연쩍어했다.

"아 참, 이게 가장 중요해요. 제가 당신에게 키스를 배웠다는 사실."

모두 어리둥절해하는 가운데 나는 자초지종을 설명했다. 첫 여행지였던 벨기에, 볼에 키스하는 인사법이 어색했던 내게 아주 자연스럽고 편안하게 매일 키스를 해주던 남자. 그 덕에 누구와도 편안히 볼 키스를 할 수 있었다고. 루돌프는 왼쪽 눈을 찡긋! 윙크하며 내게 웃어 보였다.

우리는 서로의 책에 서명을 해주었다. 루돌프는 내 책에 〈Love〉라고, 나는 그의 책에 〈사랑이 전부다〉라고 한국어로 썼다. 뜻을 해석해주진 않았다. 그가 이해할 수 있다고 나는 왠지 믿는다.

당연하게 저녁 식사를 준비하러 부엌에 들어가는 루돌프를 보고 나는 원래 있던 저녁 일정을 그가 모르게 취소했다. 저녁을 넘어 밤까지, 시간이 빨랐다. 헤어질 때는 늘 내가 집 안쪽에 서서 "안녕히 가세요. 내일 또 만나요" 했는데, 이번에는 반대였다. 루돌프가 문 안쪽에 서서 볼 키스를 하고 더 안으로 들어갔다. 그의 뒷모습에 대고 나는 그의 여행에 행운과 안녕이 깃들길 빌었다. 그가 나에게 해주었던 것처럼.

루돌프가 활동했던 밴드의 바이닐 표지 사진. 모로 누운 남자, 헤드폰을 쓴 남자가 젊은 날의 루돌프다. 표지사진으로 보아 루돌프네 밴드는 꽤 아방가르드했을 것으로 예상된다.

(왼쪽) 또 다른 벨기에의 남자, 나의 첫 카우치 호스트였던 니코는 프랑스 파리에서 홍보 관련 일을 하며 살고 있다. 3년 후 겨울, 파리에 여행 갔을 때 니코의 아파트에서 지냈다. 정작 그는 연말연시 휴가로 벨기에 가족에게 가 있던 중이어서 얼굴을 볼 수는 없었다. 니코에게 한국 해변의 치맥을 맛 보여줄 날을 기다리고 있다.

(위) 로익이 중국에 있는 동안, 나는 프랑스 산골 마을에서 그의 가족들을 다시 만났다. 로익의 조카는 눈동자 색이 삼촌과 똑같았다. 그 사이 로익은 하얼빈 얼음축제 사진, 희한한 중국음식 사진, 온몸에 침을 꽂고 있는 사진 따위를 종종 보내왔다. 그는 2년 후 유학을 마치고 프랑스에 돌아가 침술원을 개업했다. 자신이 만들어준 고약을 바르면 5년 안에 사라질 거라던 내 왼 다리의 상처는, 그의 말대로 말끔히 사라졌다.

윙크 고양이를 위한 방

방이 여러 개 비어있었다. 나는 초초의 방과 마주한 아멜리아의 방을 쓰게 되었다. 침대며 책상도 예전 그대로였고, 옷장에는 약간의 옷과 신발이 남아있었다. 초초에게 아멜리아가 언제 돌아오는지 묻자 그는 조금 곤란한 표정을 지었다.

"음… 글쎄. 여전히 방 주인은 아멜리아지만… 돌아올지는… 모르겠어."

나는 더 묻지 않았다. 아파트에는 초초와 발레리오, 멜라, 그리고 포포뿐이었다. 프란체스코는 당분간 시칠리아에, 제나로는 아예 이 집으로 이사를 왔다는데 일하느라 거의 외박, 사브리나는 실연의 상처를 달래느라 본가에 가 있다고 했다. 늘 기타를 끼고 살던 파올로, 친구들을 우르르 몰고 다니던 블레시도 나폴리에 없다. 3년 전 함께 노래하던 아이들이 뿔뿔이 흩어졌다.

초초는 여전하다. 이 아파트에서 좋게 말하면 관리자, 있는 그대로 말하자면 자질구레한 일을 맡아 하는 총무 역할을 수행하며 자기 방을 지키고 있다. 발레리오는 연말에 프랑스로 이주할 예정이라고 했다. 초초에게 "발레리오도 떠나면 외롭겠네?" 묻자, "무슨 소리. 이 집은 늘 사람으로 넘쳐나는걸! 또 새로운 친구들이 들어올 거야. 걱정 안 해"라고 답한다.

그의 말대로 어제는 벨기에서 의학을 공부하던 초초의 대학 친구 스테파니가 나폴리에서 3개월간 실습을 한다며 들어왔다. 자세히 보니 전에 손님으로 온 적이 있던 안젤라는 아예 이 집에 들어와 살고 있었다.

그리고 포포. 그는 한눈에도 특별해 보였다. 1년 전, 포포는 한쪽 눈에 고름이 잔뜩 들어찬 채로 태어났다. 어미도, 그 어미의 주인도 손을 놓는 통에 눈의 상태는 나빠졌고 그것을 알게 된 이 집의 누군가가 포포를 데려왔다. 이 집 사람들은 얼마씩을 추렴해 포포의 수술비를 댔다. 덕분에 지금 포포는 크고 아름다운 윙크 고양이로 자랐다.

이 집 사람들이 모두 포포를 좋아하는 것은 아니었다. 특히 초초는 전형적인 강아지과 사람이라, 포포가 자기 방에 들어올라치면 내쫓기 바빴다. 안젤라 역시 고양이가 싫다고 했다. 그래도 포포는 이 집에서 함께 산다.

포포는 요즘 나와 아주 긴밀한 관계를 맺고 있나. 내기 알던 아이들이 여기저기 흩어져 쓸쓸하던 차에, 포포는 좋은 친구가 되어주었다. 아침에 일어나 방문을 열면 저 멀리에서 후다다다닥 뛰어

와 종일 내 방에서 지낸다. 무심코 아무 데나 시선을 던지면 꼭 거기에 녀석이 있다. 침대 밑을 보면 그 어두컴컴한 곳에 영락없이 들어가 있다.

초초는 "포포가 자꾸 네 방에서 먹고 자려 들면 쫓아내!"라고 했지만 나는 그럴 생각이 없다. 내 방은 누군가와 나누기에 충분하니까. 이 집에 늘 누군가를 위한 공간이 있는 것처럼.

이탈리아 경제 악화는 갓 대학을 졸업한 나폴리 친구들에게도 큰 타격을 주었다. 철학을 전공한 블레시는 스위스까지 가서 입주보모를 해야 했다. 발레리오는 프랑스의 한 이탈리안 레스토랑에서 일을 시작했다. 초초는 2012년 가을에 세미나 참석차 한국에 방문했다. 한글 읽기를 가르쳐주었더니 간판이란 간판은 나 읽고 다녔다. 온돌형 노래방에 드러누워 노래를 했고 강남역에서 말춤을 추었다. 기념품으로 고급 이태리타월을 사 갔다.

루카는 피렌체 근교의 시골로 이사했다. 주얼리 관련 사업을 준비하고 있다고 했다. 루카네 부모님의 펜션에 내 친구들 두 팀을 투숙객으로 보냈다. 모두들 대만족!

그곳은 멀고 나는 여기에 있지만

영화 『쇼생크 탈출』(1994)을 싫어하는 사람이 있을까? 우연과 필연을 절묘하게 엮으면서도 통쾌하게 정의를 구현하는 서사에, 연기, 음악, 미술… 어디 한군데 빠지는 구석이 없는 명작. 이미 몇 번을 보았대도 채널을 돌리다가 발견하면, 그냥 멈추어 또 보게 되는 영화랄까.

벌써 27년 전 영화다. 5년에 한 번쯤이라고 치면 못해도 다섯 번을 봤을 텐데, 볼 때마다 최고의 장면이 바뀐다. 처음에는 '탈옥 후 장대비 샤워' 장면이 최고였다. 두 번째 보고 나서는 '지붕 위의 맥주 세 병씩' 장면이, 세 번째는 '모차르트의 아리아가 울려 퍼지는 교도소' 장면에 푹 빠졌다. "이거야말로 최고의 장면이다! 왜 이제 알았지?" 하고 매번 놀라지만, 다시 보면 또 바뀌고야 만다.

변덕이 아니다. 영화와 함께 세월을 통과하며 내가 달라졌기 때문이다. 이제야 나를 건드리는 장면이 생기는 거다. 2021년, 지금의 내가 꼽는 명장면은 주인공 앤디가 대전환을 결심하며 레드에게 멕시코의 어느 해변에 대해 말하는 장면이다. 지후아타네호 Zihuatanejo. 여러 번 본 나도 이렇게 쓰자면 여전히 인터넷을 검색해야 하는데, 우리의 레드는 단 한 번 들은 그 어려운 지명을 평생 기억했다. 앤디가 남긴 비밀의 편지를 찾아낸 레드가 "지후아타네호!"를 첫 숨처럼 내뱉는 순간이야말로 최고의 카타르시스!

만약 레드가 지명을 잊어버렸다면, 영화는 그토록 개운한 엔딩을 맞을 수 없다. 영화의 화자는 레드다. 레드가 앤디를 만나지 않으면 앤디의 엔딩도 알 수 없게 된다. 상상해보자. "나는 어찌어찌 살았답니다. 앤디도 지금쯤 어딘가에서…" 했더라면? 별점 한 개 정도는 가뿐히 깎여버린다.

그 장면의 비중이 이제야 제대로 느껴지는 건 나에게도 어느덧 그런 장소가 생겼기 때문이다. 시라쿠사. 앤디에게 지후아타네호라면 나에겐 이탈리아반도, 시칠리아섬의 오른쪽 끝 마을 시라쿠사가 있다. 1년의 여행을 마무리했던 작은 마을 시라쿠사는 내게 단 하나의 여행지를 꼽으라면 주저 없이 말하는 곳이다. 여행하고 싶은 곳, 살고 싶은 곳, 숨고 싶은 곳, 어떤 상처도 없는 곳, 내 인생의 배경이 되었으면 하는 곳… 어떤 목적이어도 좋을 곳.

이 페이지를 비밀의 편지 삼아 나는 앤디보다 분명하게 말해둘 테니, 딩신은 레드처럼 단단히 기억해주시길.

"그곳은 멀고 나는 여기에 있지만, 우린 그곳에서 다시 만날 거예요. 어디라고 했죠?"

『시네마 천국』의 토토가 뛰어노는 학교,
『일 포스티노』의 마리오가 자전거로 밟던
골목이 지금도 그대로이듯, 시라쿠사 어시장
의 상인들도 책 속 그 자리에 그대로 있었다.
이번에는 내 책도 시장에, 그이들의 손안에
있다는 점만 달랐다.

나의 왼발

"당신, 대단해."

유진은 내 책을 섬세하게 읽고 아껴주는 사람이다. 내 여행을 말하는 그의 목소리에는 애정과 부러움의 뉘앙스가 묻어있었다.

"용감하고 재주가 많아서 이런 여행도 할 수 있고."

"하하. 아니에요. 제가 여행을 할 수 있었던 건요, 유진 씨….."

갓 출간된 책을 두고 감상을 나누다가 얼떨결에 아무에게도 한 적 없는 고백을 하게 되었다. 다 들은 유진은 화들짝 놀랐지만 나는 아무렇지 않았다.

"전 오랫동안 제대로 걷지 못했어요. 한… 20년쯤."

나의 왼 다리. 열 살 때 나는 왼쪽 정강이를 다치는 사고를 당했다. 동네 친구들과 트램펄린 위에서 뛰놀다가 발을 헛디뎠다. 그 순간 들렸던 소리.

딱.

부러지는 소리. 통증은 기억나지 않는데 그 소리만은 선명하다. 밖의 소리가 귓속으로 들려오는 게 아니었다. 내 안에서 난 소리였다. 각목처럼 단단한 물건이 딱 하고 부러지는 소리가 내 안에서 났다.

왼쪽 정강이뼈의 위쪽, 그러니까 허벅지뼈를 떠받치는 부분에서 손가락 한 마디만큼의 뼈가 떨어져 나갔다. 두 달간 깁스를 하고 뼈는 붙었지만, 문제는 그때부터였다. 나는 이상하게 왼쪽 허리가 자주 아팠다. 오래 걷지 못했고, 걷다가 자꾸 다리를 접질렸다. 뛰는 건 상상도 못 할 일. 눈썰미가 있는 친구는 내가 다리를 절기 시작했다는 것을 알아챘다.

부모님은 노동으로 바빴고 집에는 아이들만 있었다. 내 다리가 어떤지, 어떻게 자라고 있는지 가족들은 알지 못했다. 나는 걸을 수 있으니까 괜찮았다. 고등학교 때 체육대회를 하는데 갑자기 없던 이벤트가 생겼다. 담임과 반장이 짝을 이루어 반 대항 이어달리기를 한다는데, 운 나쁘게도 내가 반장이었다. 부반장을 추천할 틈도 없이 담임 손에 이끌려 스타트라인에 섰다. 나는 몇 미터 못 가 전교생이 다 보는 앞에서 넘어졌다. 아이들은 와아아아 웃었고 나는 괜찮았다. 툭툭 털고 일어나 걸어서 결승점을 통과했다. 물론 가장 마시막으로.

다리는 눈에 띄게 비틀어졌지만 스물이 넘어서야 처음으로 엄마와 병원을 찾았다. 대학생이 된 여자아이가 예쁜 치마 한번을 못 입는다고, 엄마가 의사에게 하소연을 했다. 정작 나는 치마 따위 입지 못해도 괜찮았지만. 엑스레이 사진과 의사의 건조한 설명을 통해 내 뼈가 어떤 상태인지 알았다. 왜 그렇게 되었는지도 알았다. 12년 만이었다.

딱! 하는 소리와 함께 떨어져 나간 것은 공교롭게도 성장판 부분의 뼛조각이었다. 뼈는 붙었지만 성장판이 손상되어 정강이뼈가 제대로 자라지 못했다. 정강이뼈가 허벅지뼈를 받쳐주지 못하니 허벅지뼈가 주저앉기 시작했다. 왼쪽 허벅지뼈는 오른쪽에 비해 얇고 짧았다. 양다리의 길이 차이 때문에 허리가 휘었다. 그래서 정강이가 아닌, 허리가 아픈 거라고 했다.

그때 나는 새까만 엑스레이 사진 속에서 삐뚜름하게 서 있던 하얀 척추뼈들을 보며 감탄했다. 너희가 그렇게 휘어서 버텨준 덕에 다리를 심하게 절지 않은 거였구나.

의사는 흔치 않은 케이스이고 수술할 수는 있지만 위험한 수술이며 잘못되는 경우도 있다고 했다. 아예 걷지 못할 수도 있다면서, 두꺼운 책을 펼쳐 수술과 재활 과정이 담긴 사진을 보여주었다. 의사는 담담했지만 엄마와 나는 그 자리에서 굳었다. 남은 설명은 귀에 들어오지 않았다. 병원을 나서며 사진 속 비주얼의 충격을 머릿속에서 털어내려고 애썼다. 엄마도 그랬을 것이다. 내 다리에 대한 이슈는 그렇게 끝이 났다.

삶은 여전했다. 제과제빵 학원에 다닐 때 케이크 장식대회에 예비 대표로 뽑히기도 했는데, 3~4시간을 내리 서서 훈련해야 했다. 얼마 견디지 못하고 관두었다. 짧은 거리도 택시를 탔다. 나는 내 장애를 밝히기보다 움직이기를 귀찮아하고 끈기가 없는 사람인 척 하기를 택했다.

할 수 있는 유일한 운동은 수영이었다. "수술하지 않으면 허리는 더 휘게 된다. 허리 근육을 단련해서 척추를 그나마 잡아주는 수밖에 없다. 그게 네가 할 수 있는 최선이다"라면서 의사가 수영을 권했다. 왼 다리의 힘이 오른 다리보다 약하니 물속에서도 균형을 잃었고, 반듯하게 앞으로 나아가려면 신경 써서 오른 다리의 힘을 줄여야 했지만, 중력을 받지 않는 그곳에서 나의 몸은 행복했다.

그리고 서른 살이 되었다. 문득 떠오른 생각이었다. 일하던 사무실에서, 정말로 문득, '이렇게 살고 싶지 않아'.

인터넷을 검색해 나와 같은 경우가 있는지 알아보았다. 있었다. 이번 의사도 스물둘 때 들은 수술과 같은 방법을 말했다. 그리고 또 하나, 효과는 그 수술의 70% 정도지만 훨씬 안전한 수술이 있다고 했다. 후자를 택했다.

나는 나의 왼 다리를 좋아한다. 칼자국이 무릎 양쪽에 한 개씩, 앞에서 보면 승리의 V 포지션으로 무릎을 감싸고 있다. 발목부터 허벅지까지 관을 삽입한 자국도 여기저기 남았다. 상처가 잘 사라지지 않는 체질이니 평생 갈 것이다. 엑스레이 사진도 가관이다. 하얀 정강이뼈에 나사와 핀이 뭉치로 박혀 있는데, 그걸 보면 이상하고 흉한 게 아니라 웃음이 나오고 재밌다. 그런 모양새로도 잘 살고 있네. 내 뼈, 내 다리….

서른한 살부터 나는 많이 걷는다. 10분을 걸어도 허리가 아프지 않고, 덜커덕 걸려 넘어지는 일이 없는 게 신기하다. 횡단보도 보행자 신호가 아슬아슬하거나 버스를 놓칠 성싶으면 살짝 뛰기도 한다. 내 다리에는 이제 피가 돈다. 그렇다고 완벽한 것은 아니다. 오르막은 문제없지만, 내리막에서는 빙판을 걷는 할머니처럼 조심조심 내딛는다. 왼 다리는 오른 다리보다 영원히 짧고 가늘고 약할 것이다. 그래도 걸을 수 있으니 괜찮다. 그러니 나의 왼 다리 덕이다. 여행할 수 있었던 건.

"걸을 수 있어서 여행했던 거예요. 유진 씨."

그러니까 여행할 수 있는 이유는 그런 거예요. 너무 당연해서 시시한 듯하지만, 사실 정말로 고마운 이유는 그런 거예요.

이상한 나라의 괜찮은 말들

1판 1쇄   2022년 12월 12일

지은이   하정
교정   구희진 @undobooks
사진보정   박연선 @oandfilm

펴낸곳   스튜디오 좋은여름
출판등록   2019년 5월 2일 (제2019-000053호)
주소   서울시 마포구 신촌로2길 19, 마포출판문화진흥센터 311호
이메일   77summerdays@gmail.com
인스타그램   @studio.goodsummer

- 크고 작은 고민을 함께 한 사람들
  강주현, 서진혁, 서미경, 김금수, 이은하, 한영심, 김나경, 손경여

ISBN 979-11-967029-9-1(03810)

스튜디오 좋은여름
유튜브 채널에 방문
하세요. 좋은여름의
문장을 목소리로, 음
악과 함께 즐길 수
있답니다.